주디스 버틀러의 철학과 우울

주디스 버틀러의 철학과 우울

사라 살리 지음 | 김정경 옮김

앨피 book

버틀러, 우리 시대 철학의 최전선

주디스 버틀러는 캘리포니아의 버클리대학에서 수사학과 비교문학 전공 교수로 재직 중인 이론가이다. 그러나 사라 살리가 이 책에서 밝혔듯이 이러한 이력은 버틀러를 이해하는 데 큰 도움이 되지 못한다. 버틀러가 다루는 주제들은 철학과 정신분석학, 페미니즘과 정치학, 그리고 해체와 푸코의 계보학에 이르기까지 방대한 영역에 걸쳐 있기 때문이다.

헤겔 철학의 프랑스 수용사를 검토한 논문으로 박사학위를 받은 이 철학자는 오스틴의 언어 이론에 바탕한 '수행성' 개념을 통해 섹스화되고 젠더화된 정체성의 문제를 다룬 『젠더 트러블』로 미국 학계의 스타로 떠오른다. 버틀러의 주저 『젠더 트러블』과 그 이후에 출간된 일련의 저서들은 단지 하나의 학문적 '이론'으로서뿐만 아니라 정치적 '실천'으로서 커다란 수행적 '효과'를 유발한다. 또한 버틀러는 난해한 문체와 복잡한 개념을 사용하는 것으로 악명이 높다. 물론 이러한 글쓰기는 버틀러가 지향하는 정치적 실천, 혹은 저항의 한 방식이다.

일련의 페미니즘 이론에 따르면 저항에는 두 가지 유형이 있다. 하나는 행위자를 강조하는 유형이다. 이러한 이론적 견해는 억압하는 권력과 억압받으면서 저항하는 주체가 명백하다고 보고 각각의 태도와 행위에 주목한다. 억압받는 여성의 인권을 회복하고, 여성의 목소리를 복원하려는 일군의 페미니스트들의 작업이 이에 속한다.

다른 하나는 담론 내에서 행위자의 위치를 강조하는 유형이다. 행위자가 자신의 의지에 따라 행동하는 것처럼 보이게 만드는 담론의 규칙을 찾아내는 작업, 어떠한 관념이나 대상이 자연스럽고 명백한 것처럼 보이게 된 과정을 역사적으로 추적해내는 계보학적 연구를 가리키는데, 이러한 입장에서는 행위자를 의식이 주인이 아니라 담론의 효과로 파악한다.

주디스 버틀러는 이 가운데 후자의 입장에 서 있다. 버틀러는 의식과 행동의 주인으로서의 행위자 역시 담론과 권력이 작용하는 지점이자 담론과 권력이 작용한 효과라고 주장한다. 나의 자발적 선택이라는 것도 사실은 사회가 나에게 제시한 보기 가운데 하나일 뿐이라는 것이다. 따라서 버틀러는 특정한 주체들을 억압으로부터 해방시키는 독립적 행위자의 행위 역시 또 다른 구속이라는 견해에서, 구속의 역사와 메커니즘을 파헤치는 데 집중한다.

버틀러의 이러한 견해는 수행성이라는 개념을 통해 가장 잘 드러난다. 주체는 행위의 원인이 아니라 결과이자 효과라는 주장은 근본적인 것으로 간주된 개념들, 가령 '여성'이나 '남성' 같은 개념의 역사성을 드러낸다.

버틀러의 이러한 계보학적 작업은 난해한 글쓰기를 통해 이뤄진다. 자명해 보이는 진리와 개념을 의문시하는 작업을 자명한 언어로 행한다는 것 자체가 모순이라는 입장은, 비단 버틀러뿐만 아니라 의미의 명료함이라는 환상을 자각하고 있는 다수의 이론가들의 작업에서 나타난다. 투명한 언어가 환상이라는 사실을 일깨우고자 버틀러는 전략적으로 난해한 글쓰기를 행하는 것이다.

그러나 글쓰기의 형식이 글의 주제 혹은 내용을 배신하는 것을 우리가 피할 방법이 있을까? 의도와 결과의 불일치를 의도적으로 바로잡는 것이 가능할까? 난해한 글쓰기를 통해 의미의 명료함이나 언어의 투명함을 회의하게 만들려는 '난해한' 이론가들의 작업이 성공할 수 있다면, 그들의 글쓰기가 글이 지닌 모순적 특징에서 벗어나는 단 하나의 예외라는 말인가?

난해한 글쓰기를 목적으로 하는 그들은 행위보다 앞서 존재하는 행위자의 모습과 너무나 흡사하다. 어려운 표현을 위해 고민하는 이론가의 모습 위로 새로운 예술적 표현을 찾고자 고심하는 작가의 모습이 겹친다. 예술품의 가치와 권위를 보장하는 최종적인 근거로서 작가(의 영혼) 개념은 바로 수행성 개념이 가장 먼저 문제시했던 것 가운데 하나가 아닌가?

한편 버틀러는 모든 행위는 이전 것의 모방이며, 그 모방은 필연적으로 패러디일 수밖에 없다고 주장한다. 그러면서 오스틴의 적절한 수행문과 부적절한 수행문 개념을 빌어와 '전복적인' 패러디와 일반적인 패러디를 구별한다. 체제에 종속된 패러디와 체제에 효과적으로 저항하는 패러디가 있다는 것이다.

계속해서 버틀러는 상실된 동성애 대상이 육체 표면에 기입된 것이 현재의 이성애자이며, 상실된 이성애 대상이 육체 표면에 기입된 것이 현재의 동성애자라고 설명한다. 그리하여 우리 모두가 우울증자라고 주장하면서도, 이성애자의 우울증과 동성애자의 우울증 간에는 동성애와 이성애에 대한 사회의 태도 사이의 간극만큼의 정도 차이가 있다고 말한다.

적절한 수행과 부적절한 수행, 정도가 더한 우울증과 덜한 우울증 개념과 함께, 근친상간 금지 이전에 동성애 금지가 있었다는 주장은, 또 페니스와 팔루스가 별개의 것이라면 팔루스 대신 레즈비언 팔루스여서는 안 될 이유가 없지 않느냐는 버틀러의 반문은, 여전히 이성애와 남근 중심주의에 대한 특별 취급에 다름 아니다.

무엇이 최초의 금지인가라는 질문은 그것이 근친상간이든 동성애이든 금지 이전에 욕망이 있었다는 사실을 전제로 한다. 버틀러는 태초에 있었던 동성애 욕망이 의도적으로 지워진 것이 문제라는 것이다. 그러나 금지가 욕망을 산출해내는 것이 아니었던가? 근친상간 '금기'가 있기 때문에 근친상간이 존재한다는 환상이 만들어진 것이 아닌가? 맨 앞자리에 반드시 동성애 금기가 와야 하는 이유는 금기가 모든 욕망에 선행하기 때문이 아니라 동성애 욕망이 모든 것에 선행하기 때문으로 보인다. 마찬가지로 페니스와 팔루스의 관계가 별개의 것이라면, 팔루스와 레즈비언 팔루스를 구태여 구별할 필요가 있을까 하는 의구심이 든다. 팔루스를 혀나 손, 골반 등으로 돌려야 할 까닭이 무엇인가? 그것은 팔루스가 혀나 손이라도 상관없지만 페니스여서는 절대 안 되기 때문이 아닌가?

전복적인 패러디, 보다 덜 비정상적인 동성애자, 최초의 금지 대상으로서의 동성애 욕망, 팔루스보다 더욱 보편적인 레즈비언 팔루스 등을 이야기하는 버틀러의 이론에서 동성애 또는 동성애적 욕망은 보편적이고 원초적이며 자연적인 것으로 읽힌다. 그렇다면 결국 저항적 행위는 계보학적 방법을 통해 문화의 기원에 동성애 욕망을 자리잡게 하려는 것이라는 말인가?

이러한 의문을 남김에도 불구하고 주디스 버틀러가 이 시대를 대표할 만한 이론가라는 사실에는 이론의 여지가 없다. 복잡하게 뒤얽힌 이론적 맥락들을 비판적으로 재구성하여 수행적 정체성 이론 등으로 풀어내는 버틀러의 저서들은, 하염없이 길게 계속되며 고도의 집중력을 요하는 문장의 난해함에도 불구하고, 그러한 노고에 걸맞는 즐거움을 선사한다.

사라 살리의 버틀러 해설인 이 책 또한 새롭고 급진적인 사유 방식을 소개하고자 하는 목적에 충실한 까닭에 난해한 텍스트와 씨름하는 불편함을 무릅쓰지 않을 수 없게 만든다. 때문에 새로운 사상을 담는 난해한 언어들을 독해하느라 씨름하면서 어려움에 부딪쳤던 적이 많았다. 특히 학계에서 마땅하게 합의된 용어를 발견할 수 없는 까닭에 버틀러가 다양하게 차용한 개념적 용어들의 번역어를 선택하는 일이 쉽지 않았다. 어쩔 수 없이 원어를 병기하여 독자들의 이해를 돕는, 혹은 독자들의 판단에 맡기는 경우가 잦아질 수밖에 없었다.

비록 미진한 번역이나마 이 책을 통해 버틀러의 사유가 갖는 창조적 에너지에 흥미를 갖게 되기를 바란다.

2007년 6월

김정경

차 례

04_언어

버틀러의 모든 것

왜 버틀러인가?

■ **일러두기**

• 이 책에서 자주 인용되는 버틀러의 책들은 본문에 약어로 표기했다. 해당 저서의 자세한 서지 사항은 책 뒤쪽 〈버틀러의 모든 것〉 참조

BTM *Bodies That Matter*, 1996.

CF 'Contingent Foundations', 1990/2

CHU *Contingency, Hegemony, Universality*, 2000

CTS 'Changing the Subject', 2000

ES *Excitable Speech*, 1997

FPBI 'Foucault and the Paradox of Bodily Inscriptions', 1989

GP 'Gender as Performance', 1994
GT *Gender Trouble*(first edition), 1990
GTII *Gender Troble*(anniversary edition), 1999
NTI 'The Nothing That Is', 1991
PLP *The Psychic Life of Power*, 1997
RBP 'Revisiting Bodies and Pleasures', 1999
SD *Subjects of Desire*(first edition), 1987
SDII *Subjects of Desire*(reprint), 1999
SG 'Sex and Gender in Simone de Beauvoir's *Second Sex*', 1986
SI 'Sexual Inversions', 1996
VSG 'Variations on Sex and Gender', 1987
WIC 'What Is Critique', 2000
WLT *What's Left of Theory?*, 2000

원어 표기 인명이나 지명은 외래어 표기용례를 따랐다. 단, 널리 알려진 이름이나 표기가 굳어진 명칭은 그대로 사용했다. 본문에서 주요 인물(생몰연대)이나 도서, 영화 등의 원어명은 맨 처음, 주요하게 언급될 때 병기했다.

출처 표시 주요 인용구 뒤에는 괄호를 두어 간략한 출처를 표시했다. 상세한 서지 사항은 책 뒤 〈참고문헌〉 참조.

도서 제목 본문에 나오는 도서 제목은 원 제목을 번역 표기하는 것을 원칙으로 하되, 국내에 번역 출간된 도서는 그 제목을 따랐다.

옮긴이 주 옮긴이 주는 〔 〕로 표기했다.

정체성을 행하는 사상가

비평 이론을 연구하는 사람에게 '주디스 버틀러가 누구인지' 묻는다면, '퀴어 이론', '페미니스트 이론', '젠더 연구' 같은 단어를 듣게 될 것이다. 조금 더 깊이 들어가면 '젠더 수행성gender performativity', '패러디', '드랙drag' 등의 용어도 들을 수 있을 텐데, 이러한 개념과 실천은 다소 오해의 소지가 있긴 해도 버틀러와 관련된 것들이다.

주디스 버틀러Judith Butler(1956~)는 캘리포니아 버클리대학의 수사학과 비교문학과 교수인데, 학계에서 통용되는 이러한 공적 직함이 현실과 동떨어져 보이는 이유는, 버틀러의 글이 정확히 수사학 또는 비교문학과 관련이 있다고 말하기 어렵기 때문이다. 이밖에도 버틀러를 헤겔 철학과 연결시키는 학자나 비평가가 거의 없다는 사실 역시 혼란을 불러일으킨다. 물론 19세기 독일 철학자 헤겔Georg Wilhelm Friedrich Hegel(1770~1831)이 버틀러의 저서에 끼친 영향을 과대평가할 수는 없다. 버틀러는 1980년대에 철학을 공부했으며, 그녀의 첫 번째 책은 헤겔의 저서가 20세기 프랑스 철학자들에게 끼친 영향을 조사한 것이었다. 그 후에 나온 책들은 정신분석학, 페미니스트 이론, 후기구조주의 이론에서 광범위하게 끌어들인 내용들을 토대로 한다. 정체성에 관한 버틀러의 광범위한 공식formations에서 이러한 이론적 틀이 갖는 중요성은 다음 장에서 자세히 살펴볼 것이다.

이처럼 학계에서의 직함과 해당 개인이 잠재적으로 '불일치'하는 현상은, 비평가와 주석가들이 버틀러를 학문적 영역 안에 위치시키고 개념적으로 규명할 때 겪게 될 어려움을 짐작케 하는 동시에, 사람의 정체성을 구성하는 용어들이 불안정하다는 사실을 드러낸다. 다음 장에서 이러한 불안정성이 버틀러의 저서와 깊이 관련된 '주체 형성'의 한 양상이라는 사실을 보게 될 것이다. 실제 '버틀러를 분명히 정의'하라고 한다면, 젠더화되고gendered 섹스화된sexed 정체성을 이론화한 학자라고 하는 것이 가장 정확할 것이다. 버틀러가 여러 학문 분야에 크게 영향을 끼친 이유도 바로 이 때문이다. 버틀러의 가장 유명한 책인 『젠더 트러블*Gender Trouble*』(1990)과 이 책의 '속편'인 『의미를 체현하는 육체*Bodies That Matter*』(1993)는 젠더 연구 추천도서 목록에서 흔히 발견된다. 퀴어 이론, 페미니스트 이론, 게이 레즈비언 이론 연구자들도 이 두 권의 책을 공부할 것이다. 버틀러의 다른 책들은 철학, 정치학, 법학, 사회학, 영화학, 문학을 포함하는 여러 학문 분야와 관련된 문제도 다루고 있다.

버틀러의 연구물들은 대개, 그중에서도 특히 버틀러 개인의 경험이 반영된 저서들은 손쉽게 범주화되지 않는데, 그럼에도 많은 연구자들이 이를 시도한다. 버틀러의 모든 책은 많든 적든 정체성과 주체성 형성에 관한 질문을 포함하고 있다. 버틀러는 현존하는 권력구조 안에서 우리가, 우리를 (혹은 어느 정도는 우리가) 구성하는 섹스화된/젠더화된/'인종화된raced' 정체성을 취하여 주체가 되는 과정을 추적한다. 버틀러는 계속해서 '주체'에 대해 질문한다. 주체는 어떤 과

미국에서 가장 유명한 페미니즘 철학자 주디스 버틀러

버틀러는 스스로 퀴어 이론의 '창시자'나 '토대를 놓은 사람'을 자청한 적이 없지만, 그럼에도 페미니즘 이론과 퀴어 이론에 매우 큰 영향을 미쳤으며, 특히 주체와 관련한 논의는 정체성·젠더·섹스·언어 등의 문제와 관련된 비평적 논쟁을 촉발시켰다. 그러나 버틀러의 이론은 격찬만큼이나 많은 비판을 일으켰다. 버틀러가 촉발시킨 논쟁은 아직 현재진행형이다.

정을 거쳐 존재하게 되며, 어떤 수단을 통해 구성되는가. 그러한 구성은 어떻게 제대로 작동하거나 실패하는가. 버틀러의 '주체'는 어느 한 개인이 아니라, 형성 중인 언어적 구조이다. '주체성'은 주어진 것이 아니며, 주체는 언제나 끝없는 생성 과정에 참여하고 있기 때문에, 여러 방식으로 주체성을 다시 취하거나 반복할 수 있다. 버틀러는 최근 한 논문에서 이렇게 묻는다. '여기에서 주체가 되는 것은 누구인가, 하나의 인생으로 간주될 만한 것은 무엇인가?'(WIC : 20) 스스로 일관된 정체성을 구성하고, 나의 정체성을 '행doing'함으로써 나는 누구를 억압하는가? 만약 우리의 정체성들이 '실패'하면 무슨 일이 일어날까? 이와 같은 실패가 정체성을 전복적으로 재구성할 수 있는 기회를 제공할까? 아마도 전복적으로 보이는 그러한 재구성은, 억압적인 정체성의 공식들과 자기 식으로 결합하는 데서 끝날 것이다. 전복적인 것과 기존의 권력을 더욱 공고히 하는 것을 어떻게 구별할 수 있을까? 정체성을 '행'하는 방법을 우리는 어느 정도 선택할 수 있는가? 이러한 질문들은 독자들에게 다음 장부터 상세하게 탐구할 여러 논점들을 생각해볼 기회를 제공할 것이다.

변증법, 과정 혹은 생성의 방법론

버틀러의 텍스트를 읽어보면 알 수 있듯이, 그녀는 질문 형식을 즐겨 사용한다. 그러나 버틀러의 대답은 절대 들을 수 없다. 질문에 질문을 더하는 방식은, 때로 그녀가 당황한 것처럼 보이게 하지만, 이를 문체상의 결점으로 치부할 수는 없다. 대답을 미루는 것도 버틀러가 무지하거나 어리석기 때문이 아니다. 문체상의 이러한 특징은, 버틀러의 글이 그녀의 '주체들'처럼 기원이나 결말을 갖지 않는 과정 혹은 생성의 한 부분이기 때문에 나타난다. 실제 버틀러의 저술에서 선형적 혹은 '목적론적인'(특정한 결말이나 최종 결과를 향해 움직이는) 기원이나 결말은 가혹하게 심지어는 폭력적으로 거부된다. 버틀러의 연구를 그래프 위에 '배열'해보면, 그녀의 생각이 A에서 M을 거쳐 Z까지 일직선으로 전개되는 것이 아님을 알 수 있다. 버틀러의 사고가 이동하는 모습은 하나 또는 여러 개의 뫼비우스 띠와 유사한데, 이는 그녀의 이론이 논점들을 해결하려 하지 않고 어떻게 그 주위를 우회 혹은 선회하는가를 예증한다.

이 책에서 버틀러의 연구를 연대기에 따라 검토한다고 해도, 그것이 책에서 책으로 명백한 혹은 선형적인 발전이 있다는 것을 의미하는 게 아니라는 사실을 명심해야 한다. 헤겔의 변증법 개념에서 끌어온 '과정' 혹은 '생성'이라는 개념은 버틀러의 이론을 이해하는 데 핵심적이다.

변증법은 2장에서 논의될 테지만, 여기에서 간단히 요약하고 정의를 내리고 넘어가겠다. 변증법은 헤겔이 처음 공식화하지는 않았지만, 그와 가장 관련이 깊다고 알려진 철학적 탐구 양식이다. 변증법적 과정 안에서는 정립이 제안되면 이어서 그것이 반정립에 의해 부정되고 종합 속에서 해결된다. 그러나 이 종합 또는 해결은 최종적인 것이 아니며, 다음 정립을 위한 토대가 되어 다시 한 번 반정립과 종합을 이끌고, 이 모든 과정이 다시 시작된다.

버틀러의 변증법적 모델 안에서 지식은 대립과 무효화 과정을 거쳐 전개된다. 지식은 결코 '절대적인' 혹은 최후의 확실성에 도달할 수 없으며, '진리'로서 고정될 수 없는 개념을 가정할 뿐이다. '진리'로서 권위와 권리를 인정받는 과학 역시 실험과 논쟁 그리고 수정을 통해 이와 유사한 과정을 거친다. 뇌의 뉴런 작용을 '발견'한 어떤 신경과학자가 있다고 하자. 그 사람은 선행 연구의 도움을 받았을 것이며, 다음 세대 신경과학자들은 그 발견에 이의를 제기할 수도, 그 발견을 더 나은 연구의 토대로 삼을 수도 있다. 마찬가지로 많은 철학자나 사상가들이 '진리'를 발견했다고 주장할 수는 있지만, 다른 철학자와 사상가들이 그와 다른 진리 주장에 동의하거나 다른 주장을 펼칠 수 있다. 물론 이 역시도 다른 이들에 의해 반박될 것이다.

버틀러는 자신이 제기한 문제와 논점들을 해결할 수 있다고 주장하지 않는다. 버틀러에게 변증법은 끝없는 과정을 의미한다. 버틀러는 문제의 해결이 반민주적이며 위험한 것이라고 생각한다. 왜냐하면 자명한 '진리'로서 자신을 드러내는 사상과 이론들은 종종 사회의 특정 집단, 특히 소수자나 경계인들로 구성된 집단을 억압하는 이데올로기적 가정을 전달하는 수단이 되기 때문이다.

버틀러는 그 명백한 예로 동성애를 '옳지 못하고' '부자연스러우며' '비정상적'인 것으로 규정하고 따라서 금지하고 처벌해야 할 것으로 여기는 우파적 개념을 든다. 이러한 태도는 종교적, 윤리적, 이데올로기적인 의미에서 스스로를 진실한 것 또는 틀림없이 '옳은' 것으로 제시한다. 그러한 개념들을 펼쳐 그것의 진리 주장을 분석하고 맥락화함으로써 해석과 논쟁의 장으로 끌어들이는 작업이 버틀러의 기획 중 일부이다. '그러한 개념들'에는 '진리', '정의', '규범' 같은 개념뿐만 아니라 '동성애자', '이성애자', '양성애자', '성전환자', '흑인', '백인'을 포함하는 정체성 범주들도 포함된다. 버틀러의 연구는 주체를 묘사하고 구성하는 이러한 범주들과 변증법적인 관계를 맺는다. 버틀러는 주체가 지금처럼 형성된 이유를 연구하며, 현존하는 권력구조 안에서 주체를 묘사하는 또 다른 양식이 가능하다고 말한다.

많은 독자들은 버틀러가 스스로 제기한 문제들에 대한 해답을 내놓지 않는다고 좌절하거나 짜증스러워할 것이다. 몇몇 비평가들은 그녀의 이론에서 모순적이거나 불합리해 보이는 것을 찾아내 의기양양하게 지적하기도 한다. 그러면 버틀러는 변증법적인 태도로 기꺼이 자신의 주장을 거두거나 입장을 수정한다. 버틀러는 자신이 틀렸거나 불확실하다고 생각되면 이를 인정하고, 다른 이들과의 차이를 자신의 글 속에서 극대화하여 이후 비평적이고 이론적인 방향의 출발점으로 삼는다.

이러한 의미에서 버틀러의 연구는 자신과의 변증법적 논쟁에 참여한다. 이는 헤겔이 『정신현상학*Phenomenology of Sprit*』(1807)에서 기술한 절대정신의 여행과 유사하다. 이 책에서 헤겔은 절대지를 향한 절대정신의 진보progress를 기술한다. 그러나 버틀러는 이 책의 특징이 결말에서의 해결이나 종결이 아니라, 목적보다는 전망을 내포한 열림, 즉 미해결irresolution에 있다고 주장한다. 이러한 통찰은 버틀러 고유의 이론 및 끝없는 과정과 생성으로서 정체성에 관한 그녀의 공식에 똑같이 적용될 수 있다.

버틀러 안의 이론적 패러다임

주체와 주체 형성 과정에 대한 버틀러의 이론적인 분석은 여러 학문 분야에 중요한 비평적·이론적 영향을 끼쳤다. 그러나 버틀러 혼자 힘으로 그러한 결과를 일구어냈다고 할 수는 없다. 버틀러에게 영향을 준 철학자가 헤겔 한 명뿐이라고 할 수 없듯 말이다. 버틀러는 이론가나 철학자가 고립된 상태에서 글을 쓰지 않으며, 그들의 글에 '독창적'이거나 유일한 것이 없다는 사실을 처음 인정한 사람일 것이다. 버틀러가 이렇게 말할 수 있는 것은, 학자들의 작업이 선행 연구자들의 개념이나 이론과 언제나 변증법적인 관계를 맺고 있기 때문이며, 모든 진술은 동일한 의미화의 연쇄 위에서 일어나는 이전 진술의 반복이기 때문이다. 이는 매우 중요한 개념으로(물론 이것이 버틀러의 '독창적인' 생각은 아니다.) 이후 다시 살펴볼 테지만, 버틀러가 맺고 있는 복잡한 이론적, 철학적, 정치적 관계들의 윤곽은 짚고 넘어가자.

이미 언급한 대로 헤겔은 버틀러에게 중요한 영향을 끼쳤다. 버틀러는 첫 번째 저서 『욕망의 주체들*Subjects of Desire*』(1987)에서, 헤겔의 『정신현상학』이 20세기에 두 세대에 걸친 프랑스 철학자들에게 수용된 양상을 분석하였다. 얼핏 매우 특이하며 이해하기 힘든 주제로 보일 수도 있는데, 버틀러가 이 책에서 언급한 철학자 가운데 두 사람은 이후 그녀의 사상에 매우 중요한 영향을 끼친다. 서로 다른 사회와 맥락 안에서 섹스와 섹슈얼리티가 다양하게 구성되는 방식을 분석한 프랑스 철학자 미셸 푸코Michel Foucault(1926~1984)의 작업은, 버틀러가 젠더〔사회적 성〕·섹스〔생물학적 성〕·섹슈얼리티

〔생식의 문제를 넘어선 성을 둘러싼 일체의 행위와 담론의 총칭〕를 비고정적이며 구성적인 실체entity로 형식화하는 데 이론적인 틀을 제공한다. 또 한편 20세기 프랑스 철학자 자크 데리다Jacque Derrida(1930~2004)의 언어 이론이 주체에 관한 이러한 공식을 보완한다. 버틀러와 푸코가 주체-형성을 특별한 역사적·담론적 맥락 안에서만 이해할 수 있는 과정이라고 설명한다면, 이와 유사하게 데리다는 의미가 시작도 끝도 없는 인용의 연쇄 위에 발생한 '사건'이라고 설명한다. 데리다의 이론은 개별 화자에게서 자신의 발화를 통제할 능력을 빼앗는다. 이러한 후기구조주의 언어 이론의 핵심 사상들은 앞으로도 계속 언급될 것이다. 폴 드 만Paul de Man(1919~1983) 같은 후기구조주의 사상가들을 다룬 루틀리지 사상가 시리즈의 다른 책을 참조하면 도움이 될 것이다.

버틀러의 연구에서 푸코와 데리다가 갖는 중요성 때문에 많은 이들이 그녀를 후기구조주의자로 분류한다. 일반적으로 푸코와 데리다가 후기구조주의 '학파'(정확하게 그것 하나라고 할 수는 없지만)에 속한다고 여겨지기 때문이다. 물론 버틀러가 후기구조주의자의 사고방식과 분석방법에 영향을 받은 것은 틀림없는 사실이다. 그러나 버틀러의 저서는 푸코와 데리다 못지않게 정신분석학, 페미니즘, 마르크스주의 이론의 영향을 받았다. 이 중 중요한 것들을 '버틀러의' 이론에 맞춰 목록을 만들었다. 앞으로 차차 다룰 것이므로, '수행성'과 '인용성citationality' 같은 낯선 개념을 보고 지레 겁먹을 필요는 없다.

버틀러는 여러 저서에서 푸코라는 렌즈를 통해 정신분석 이론을 읽어내고, 정신분석학이라는 렌즈로 푸코를 읽는다. 1997년에 나온 『권력의 정신적 삶*The Psychic Life of Power*』이 대표적이다. 버틀러는 특히 지그문트 프로이트Sigmund Freud(1856~1939)와 프랑스 후기구조주의 정신분석학자인 자크 라캉Jacques Lacan(1901~1981)의 저서를 참고했는데, 섹스·섹슈얼리티·젠더에 관한 이들의 이론은 페미니스트 학자들에게 특히 중요하다. 버틀러의 저서는 실존주의 페미니스트 철학자 시몬 드 보부아르Simone de Beauvoir(1908~1986), 모니크 위티그Monique

버틀러에게 영향을 준 개념들

과정-중의-개념으로서의 '여성' 시몬 드 보부아르, 『제2의 성』(1949) ; 모니크 위티그, 「이성애적 마음The Straight Mind」(1980) ; 게일 루빈, 「여성 간의 접촉 : 섹스의 "정치경제학"에 관한 노트The Traffic in Women : Notes on the "Political Economy" of Sex」(1975)

지배와 예속/노예 도덕 헤겔, 『정신현상학』(1807) ; 프리드리히 니체, 『도덕의 계보학*On the Genealogy of Morals*』(1887)

계보학/주체화 미셸 푸코, 『성의 역사*The History of Sexuality*』 1권(1976) ; 『감시와 처벌 : 감옥의 탄생*Disclipline and Punish : The Birth of the Prison*』(1975)

우울증 지그문트 프로이트, 「슬픔과 우울증*Mourning and Melancholia*」(1917) ; 『에고와 이드*The Ego and the Id*』(1923) ; 『문명과 그 불만*Civilisation and Its Discontents*』(1930)

호명 루이 알튀세Louis Althusser, 「이데올로기와 이데올로기적 국가기구Idelolgy and Ideological State Apparatuses」(1969)

레즈비언 팔루스 자크 라캉, 「팔루스의 의미작용The Signification of the Phallus」(1958)

수행성과 인용성 자크 데리다, 「기호 사건 맥락Signature Event Context」(1972) ; J. L. 오스틴Austin, 『말과 행위*How To Do Things With Words*』(1955)

Wittig(1935~2003), 뤼스 이리가레이Luce Irigaray(1932~), 미국의 인류학자 게일 루빈Gayle Rubin을 포함한 여러 페미니스트 사상가의 저술에서 큰 영향을 받았다. 버틀러의 책을 읽다 보면 그녀가 반복해서 프랑스 후기구조주의 마르크스주의 사상가인 루이 알튀세Louis Althusser(1918~1990)의 중요한 논문, 곧 이데올로기의 구조와 작용 그리고 '이데올로기적 국가기구'를 설명한 논문으로 되돌아가고 있음을 발견할 것이다.

버틀러는 자신의 이론이 기대고 있는 사상가들을 종종 (비판criticism에 대립되는 것으로서) 비평적으로 다룬다.(그리고 때로는 그들을 전유한다.) 최근 '비평이란 무엇인가?'(2000)라는 강의에서도 이 주제를 다루었다. 버틀러는 프로이트주의자도 푸코주의자도 아니며, 마르크스주의자도 페미니스트도 후기구조주의자도 아니지만, 이 이론들 그리고 그것의 정치적 기획과 친연성을 갖는다고 말할 수 있다. 버틀러의 이론은 이들 가운데 어느 것 하나와도 동일시할 수 없지만, 적절하기만 하다면 예상을 벗어나는 다양한 이론들과 조합하여 여러 이론적 패러다임에 적용시킬 수 있다.

'퀴어'라는 용어

버틀러의 많은 저서는 현재 '주체' 범주를 분석하는 동시에 이를 불안정하게 만든다.(버틀러는 이 과정을 '젠더 존재론들의 비판적 계보학'이라고 부른다.) 그래서 많은 이들이 버틀러를 전형적인 퀴어 이론가로 생각한다.

앞서 살펴본 것처럼 1980년대 후반까지 버틀러는 헤겔과, 프랑스 철학자들의 헤겔 수용 양상을 연구했다. 그 결과물인 『욕망의 주체들』에서 버틀러는 이후 자신을 압도하는 논제들, 즉 섹스화되고 젠더화된 권력구조 안에서 주체가 어떻게 형성되는가라는 문제에는 이상하게도 거의 흥미를 보이지 않았다. 그러나 이 책과 비슷한 시기에 발표된 세 편의 초기 논문은 이후 버틀러의 이론적 지향점을 명확히 보여준다. 「시몬 드 보부아르의 『제2의 성』에 나타난 섹스와 젠더Sex and Gender in Simone de Beauvoir's *The Second Sex*」(1986)와 「섹스와 젠더의 변이 : 보부아르, 위티그, 푸코Variations on Sex and Gender : Beauvoir, Wittig and Foucault」(1987)는 여러 면에서 몇 년 후 출판될 『젠더 트러블』의 토대를 마련했다. 또 한 편의 논문 「푸코와 육체적 기입의 역설Foucault and the Paradox of Bodily Inscriptions」(1989)은 푸코의 『성의 역사*The History of Sexuality*』 1권과 『감시와 처벌*Discipline and Punish*』에 나타난 육체의 담론적 구성을 고찰한 것이다. 버틀러는 『의미를 체현하는 육체』에서 이 주제로 되돌아가 '섹스의 문제'를 좀 더 철저히 분석한다.(3장 참조)

이 논문들은 버틀러가 주로 의지하는 사상가와 이론의 윤곽을 명확히 보여준다. 초창기 논문에서부터 푸코주의, 정신분석학, 페미니즘은 서로 혼합되어 버틀러 이론의 '퀴어적인 것'의 일부가 되었다. 버틀러가 처음 철학 이론 분야에 발을 내디딘 1980년대, 페미니즘 이론은 (버틀러와 마찬가지로) '여성 주체'라는 범주가 안정되고 자명한 실체인지 의심하기 시작했다. 푸코의 영향 아래서, 많은 이론가들은 '섹스'가 태어나기 전부터 이미 주어진 생물학적으로 결정된 실체라는 개념을 거부했다. 대신 섹스와 섹슈얼리티가 여러 시대와 문화(비록 푸코는 문화를 경시한다는 비난을 받기는 하지만)에 걸쳐 담론적으로 구성되는 방식을 탐구한 푸코의 공식을 이용한다. 젠더·섹스·섹슈얼리티라는 범주들이 버틀러, 게일 루빈, 이브 세즈윅Eve Sedzwick(1950~) 같은 이론가들의 면밀한 검토 대상이 되었듯, '여성'이라는 범주 역시 더 이상 1960년대와 1970년대 자유주의 페미니스트 담론 속에서처럼 안정성을 갖는 범주로 가정될 수 없었다.

퀴어 이론은 페미니스트, 후기구조주의자, 정신분석학의 (때때로 힘든) 제휴에서 생겨났다. 이 이론들은 현재진행 중인 연구〔아직 대상이나 목적이 불분명한 연구〕에 주체 범주를 부여했다. '퀴어'라는 용어는 이전에는 비하와 학대의 의미를 담고 있었는데 이를 급진적으로 전유한 것이다. 그리고 이러한 급진주의는 (이른바) 직접적인 의미 한정definition에 저항하는 것이다.

『젠더 트러블』과 같은 해인 1990년 출판된 유명한 책 『친밀감의 현상학*Epistemology of the Closet*』의 저자이자 퀴어 이론가인 세즈윅은, 퀴어를 구별할 수 없고 정의할 수 없고 유동적인 것으로 특징짓는다. 세즈윅은 논문집 『취향들*Tendencies*』에서 '퀴어는 순환적이고 소용돌이치고 문세적인, 연속되는 순간moment, 움직임movement, 동기motive'이라고 쓰고 있다. 이 책에서 세즈윅은 이 세 단어의 라틴어 어근이 'across'를 의미하며, 'across'는 '비틀다'라는 의미의 인도라틴어 어근 'torquere', 영어로는 'athwart〔~을 가로질러〕'에서 나왔다고 지적한다.(sedgwick 1994 : xii) 그러므로 퀴어는 『검은 대서양*The Black Atlantic*』(1993)의 저자인 문화이론가 폴 길로이Paul Gilroy가 길(이론적으로 기원보다 강조되는)과 동일시하는 것들의 좋은 예가 된다. 다시 말해 퀴어는 정의, 불변성, 균형과는 거리가 먼 과도적이고 다양하며 반反 융합적인 것이다.

젠더 연구, 게이 레즈비언 연구, 페미니스트 이론 등은 '주체', 즉 게이 주체, 레즈비언 주체, '여성female' 주체, '여자다운feminine' 주체의 존재를 가정할 수 있다. 그러나 퀴어 이론은 섹스화되고 젠더화된 정체성들이 불확실하고 불안정하다고 주장하며 이러한 범주들을 검토하고 해체한다. 1980년대와 1990년대 퀴어 이론을 정의하는 맥락 중에 에이즈 바이러스가 있으며, '이성애 문화'를 옹호하는 많은 이들의 반 동성애적 태도가 일반적으로 '동성애로 인한 전염병gay plague'으로 여겨졌던(그리고 지금도 여겨지는) 것〔에이즈〕에 대한 대응이었음을 기억해야 한다. 이러한 폭력적인 태도에 직면하여, 자신들은 순수하고 올바르며 단일하고 영속적이라고 적극적으로 주장하는 배후에 숨겨진 '퀴어적인 것'을 폭로하기 위해서는, 이성애의 공식들을 연구하는 것이 더욱 중요해진다.

퀴어 이론가들은 모든 섹스화되고 젠더화된 정체성이 불안정하고 불확실하다고 단언한다. 세즈윅은 다양하고 유동적이며 불확실한 성적 정체성의 특성에 대한 이성애 문화의 편집증적 대응을 묘사하기 위하여 '동성애적 공황상태homosexual panic'라는 개념을 고안해냈으며, 버틀러는 프로이트를 끌어와서 정체성의 '우울증' 구조로서 이성애를 이론화했다. '우울증적 이성애'라는 개념은, 동성애 욕망의 최초 '상실' 또는 거부가 사회적으로 강제된다는 데에 기초한 이론으로, 버틀러가 퀴어 이론에 남긴 가장 중요한 공헌 가운데 하나이다. 이 개념은 젠더 트러블을 일으키는 '움직임'(세즈윅은 이를 퀴어의 특징이라고 지적했다.)으로서 퀴어 자신의 에토스ethos를 보여주는 좋은 예가 된다. 실제로 우리는 『젠더 트러블』에서 우울증적 젠더와 성적 정체성에 관한 버틀러의 공식들을 보게 될 것이다.

주체 구성의 계보학적 탐구

'수행성'은 이 책 3장에서 자세히 논의할 개념이다. 이미 알고 있듯이, 버틀러는 '개인'과 '개인적인 경험'(만약 이런 것이 존재한다면)보다는, 개인이 그녀/그의 위치positions를 주체로 가정하는 과정을 분석하는 데 관심을 갖는다. 정체성을 자명하고 고정된 것으로 보는 본질주의자들과 달리, 버틀러는 정체성이 언어와 담론 안에서 구성된다고 보고 그 과정을 추적한다.

구성주의 이론이라고 해서 모든 것을 언어적 구성물로 환원하는 것은 아니며, 이 경우에는 주체가 출현하는 조건을 탐구하는 데 관심이 있을 뿐이다. 버틀러는 푸코를 따라 이러한 분석 양식을 설명하기 위해 '계보학'이라는 용어를 사용한다. 간단히 말해 계보학은 '진리' 또는 심지어 지식조차 목표로 하지 않는 역사 탐구 양식이다. 버틀러의 말대로, '"계보학"은 사건들의 역사가 아니라, 역사라고 부르는 것이 출현entstehung하는 조건들, 즉 결국에는 짜임fabrication과 구별되지 않는 출현의 순간을 탐구하는 것이다.'(RBP : 15)

주체의 구성을 계보학적으로 탐구하는 작업은 섹스와 젠더를 제도·담론·실천 등의 원인이 아닌 '효과'로 가정할 것이다. 다시 말해서 우리가 주체로서 제도·담론·실천 등을 창조하거나 야기하는 것이 아니라, 그것들이 우리의 섹스·섹슈얼리티·젠더를 결정하여 우리를 창조하거나 야기한다는 것이다. 버틀러는 계보학적 분석에서 자신이 '주체-효과'라고 부르는 것이 어떻게 발생하는지에 초점을 맞추고, 주체가 다양하게 '산출될' 수 있는 여러 방식이 있음을 주장할 것이다. 만약 주체가 처음부터(즉, 태어난 순간부터) '거기'에 있는 것이 아니라, 특정 시기 특정 맥락에 따라 '만들어진instituted' 것이라면, (버틀러가 보여주는 예에서처럼 출생 그 자체가 주체화의 한 장면이 된다.) 그 주체는 단순히 현존하는 권력구조를 강화하는 것 말고도 다른 방식으로 만들어질 수 있을 것이다.

앞으로 살펴볼 주체 범주에 관한 버틀러의 계보학적 분석은, 젠더화되고 섹스화된 정체성들이 '수행적'이라는 주장과 긴밀하게 연결된다. 여기에서 버틀러는 보부아르의 '여성으로 태어나는 것이 아니라 여성으로 만들어진다'(1949 : 281)라는 유명한 통찰에서 한 걸음 더 나아가 이렇게 말한다. '여성'은 우리가 '되는are' 것이 아니라, 우리가 '행하는do' 것이다. 결정적으로 버틀러는 젠더 정체성이 수행perfomance이라고 말하지 않는다. 그러한 관점은 그 수행을 '행하는doing' 주체 또는 행위자의 존재를 가정하기 때문이다. 버틀러는 수행이 수행자보다 먼저 존재한다고 주장함으로써 이러한 견해를 반박한다. 그러나 이처럼 반직관적이고 명백히 불가능해 보이는 주장 때문에, 많은 독자들이 수행성과 수행을 혼동한다. 버틀러 자신도 이 개념을 처음 고안했을 때, (특별한 언어적·철학적 토대를 가지는 개념인) 수행성과 실제 연기를 명확하게 구별하지 않았다는 점을 인정한다.

버틀러의 많은 공식과 그녀가 설명하는 정체성 범주들처럼 수행성 역시 여러 저서를 거치며 점차 발전하고 변화하는 개념이라는 점을 기억해야 한다. 이는 확실한 정의를 내리기는 어렵게 만들지만, 버틀러의 글쓰기 형식과 방법이 곧 그것이 설명하는 이론을 행동으로 보여주고 있음을 의미한다.

'악과 공모한다'는 비난

지금까지 살펴본 개념들은 앞으로 매우 중요하고 복잡한 여러 이론적 맥락 속에서 좀 더 충분히 검토할 것이다. 많은 사람들에게 '주디스 버틀러'라는 이름은 여전히 수행적 젠더(또는 좀 더 쉽게 말하면 '수행으로서의 젠더')나 패러디, 드랙 같은 개념들을 의미한다. 물론 이런 개념들이 버틀러 이론의 범위와 한계를 모두 말해주지는 않는다. 실제 버틀러의 개념들은 페미니스트 이론가, 게이 레즈비언 이론가, 퀴어 이론가에게 중요한 영향을 끼쳤으며, 그녀의 연구 또한 여러 분야에 걸쳐 광범위한 영향력을 발휘했다.(자세한 설명은 〈버틀러 이후〉 참조)

많은 비평가들은 이러한 버틀러의 학문적 공헌과 함께, 그녀의 이론이 안고 있는 문제점도 언급한다. 우선 버틀러의 이론이 언어 문제에 지나치게 집중한 까닭에, 물질적이고 정치적인 것들을 간과할 수밖에 없다고 지적한다. 나아가 버틀러의 이론이 허무주의와 무저항주의, 다시 말해 수동성에 빠져 있으며, 주체를 '파괴'한다고 비난한다. 심지어 최근에 한 철학자는 버틀러의 이론이 심각한 반작용을 일으킬 수 있다며, '악과 공모한다'는 극단적인 비난을 가했다.

그러나 다른 한편 많은 독자들은 주체와 정체성을 구성하는 개념들을 불안정하게 만들고 해체하는 작업의 가치를 끊임없이 확인하는 버틀러의 이론에서 정치적 전복의 가능성을 발견했다. 주체가 선험적이고 본질적인 실체가 아니며 우리의 정체성이 구성되는 것이라는 개념은, 현존하는 권력구조에 도전하거나 그것을 전복하는 다양한 방식에 따라 정체성이 재구성될 수도 있음을 의미한다. 버틀러가 끊임없이 제기하는 질문은 다음과 같다. '권력이란 무엇인가?' '전복이란 무엇인가?' '이 둘을 어떻게 구별할 수 있는가?'

스타일의 정치학

버틀러는 비록 '내가 말하려고 했던 것이 철저히 와전된 채로 끝났지만! …… 흥미로웠다.'(GP : 33)며, 스스로 '『젠더 트러블』의 대중화'라고 일컫는 것이 일으킨 비평적 논쟁에 놀라움을 표시했다. 버틀러 자신도 말했듯 그녀의 글은 오역되고 오해되었다. 그러나 이는 그리 놀라운 일이 아니다. 버틀러가 다루는 개념들은 철학적으로 계속 변화하고, 종종 명백히 '반직관적'이며, 말로 금방 설명될 수 없는 것이기 때문이다. 학술지 《철학과 문학*Philosophy and Literature*》은 매년 '그해 출판된 학술서나 논문 가운데 가장 유감스러운 문체를 구사한' '최악의 저자'를 선정하는데, 1999년에는 버틀러가 뽑혔다.

이렇듯 최근에는 버틀러의 사상만큼이나 문체가 비평적 관심을 모으고 있다. 사람들은 버틀러의 사상을 이해하는 대신 문체를 비난하며, 이는 버틀러의 사상을 멀리하는 손쉬운 핑계거리가 되기도 한다. 당신만 버틀러의 글에 화를 내는 건 아닌 것이다. 버틀러의 글은 반복적이고 의문형이 많으며 암시적이고 뜻이 불분명해 보이기도 해서, 몇 쪽 읽고 나면 버틀러를 꼭 읽어야 하는지 자문하게 된다.

버틀러의 텍스트는 개념적인 측면에서만이 아니라 단순히 언어적 차원에서도 많은 설명이 필요하다. 그러나 버틀러의 텍스트가 모호하고 암시적이라고 해서 지나치게 고민하거나 아예 책장을 덮어버릴 필요는 없다. 버틀러를 서투른 문장가라고 쉽게 단정하거나, 자신이 사용하는 개념을 자세히 설명하려 하지 않는 거만한 사상가라고 생각하기보다는, 버틀러의 문체 자체가 그녀가 시도하는 이론적이고 철학적 개입의 일부라는 사실을 깨닫는 것이 중요하다.(〈버틀러 이후〉 참조)

언어에 깊은 관심을 갖고 언어적 담론의 중요성을 날카롭게 인식하는 사상가인 버틀러가, 언어의 사용에 대해 아무 생각도 하지 않는다면 오히려 이상할 것이다. 버틀러 또한 이 문제를 비판한 글들을 자주 언급하는 것으로 보아, 이를 매우 중요하고 심각한 문제로 받아들이고 있는 듯하다. 『젠더 트러블』 1999년 기념판 서문에서 버틀러는 논점의 일탈이 없어서 쉽게 읽히는 글과 비교했을 때, 자신의 글이 어떤 독자에게는 (정반대일 수도 있지만) '기이하고 불쾌할' 수 있음을 인정한다. 그러나 버틀러는 정치적으로 중립적인 문체나 문법은 있을 수 없다고 단언하며 '좋은' 문체란 반드시 의미가 명료해야 한다는 '상식'을 거부한다. 만약 버틀러가 젠더 규범이 언어적으로 구성되며 중재된다고 주장하면서, 그러한 규범을 구성하는 언어와 문법을 의문시하지는 않는다면 그것 또한 모순일 것이다.

이 책에서도 섹스와 젠더의 불일치와 불안정성 그리고 이것들이 갖는 정치적 잠재력에 주목하도록 하며 '문제를 일으키는trouble' 그녀의 기획 중 일부를 살펴볼 것이다. 다시 말하지만 버틀러가 구사하는 언어는 정치적 전략의 일부이며, 그녀의 문체는 혼란스러운 마음의 징후가 아니라 전략적이고 신중한 도전이다.

『욕망의 주체들』에서 버틀러는 '난해'하기로 악명 높은 또 한 명의 철학자 헤겔의 문체에 대해 기술하는데, 매우 흥미로운 다음의 예문은 헤겔의 『정신현상학』을 언어와 문체에 관한 그녀 고유의 사상에 따라 해설한 것이다.

> 헤겔의 문장은 그것이 전달하는 의미를 실행enact한다. 실제 무엇이 '되는' 것은 오직 그것이 '실행되는' 한에서만 그러하다. 헤겔의 문장은 의미를 직접 전달하거나 알리지 않기 때문에 읽기가 어렵다. 그 문장들은 억양이나 강세를 일반적인 문장과 달리하여 다시 읽을 것을 요구한다. 시의 본질이 그것이 전달하려는 내용이 아니라 그것이 씌어진 방식에 있는 것처럼, 헤겔의 문장도 수사학적인 측면에서 그것을 주목하게 만든다. 헤겔의 글을 읽기 전에 독자들은 책을 읽고 나면 페이지 위에 하나씩 고정된 단어의 의미를 한 줄로 꿰뚫을 수 있을 것이라는 기대를 잠깐이나마 할 것이다. 이처럼 책에 배열된 단어들이 단일한 의미를 가지고 있으며, 그것을 순서대로 금방 파악할 수 있다는 기대를 버리지 않는다면, 우리는 헤겔의 글이 혼란스럽고 함축적이며 필요 이상으로 난해하다는 생각을 갖게 될 것이다. 그러나 만약 그 문체가 이해Understanding시키려는 것이

무엇인가를 궁금해 한다면, 우리는 의미를 구성하는 문장들의 끊임없는 움직임을 목격하게 될 것이다.(SD : 18-19)

'혼란스럽고, 함축적이며, 필요 이상으로 난해한'이라는 형용사는 버틀러를 이해하려다 좌절한 독자들이 그녀의 글을 읽으며 느끼는 감정을 정확하게 보여준다. 그러나 이 글에서 버틀러는 이러한 애매모호함과 난해함이 글의 핵심 중 일부, 아니 바로 그 핵심과 불가분의 것이라고 주장한다. 헤겔과 버틀러의 글을 주의 깊게 꼼꼼히 읽으면, 이 두 명의 철학자가 설명하려는 것, 앞에서 버틀러가 말하는 '그 이해understanding'를 충분히 적절하게 경험할 수 있다. 어떤 문장은 그것이 설명하려는 것을 실행한다는 이 개념은 언어적 수행성과 반복recitation에 관한 버틀러의 공식과 유사하다. 더욱이 버틀러의 글과 가장 자주 동일시되는 운동 또는 양식인 '퀴어' 자체와 마찬가지로, 버틀러의 문장은 해석의 개방성, 단일하고 고정된 의미의 거부, 그리고 '오해'와 실수에 취약하다는 '어려움을 겪고' 있다. 버틀러의 글이 그것이 명명하는 해체를 실행한다는 것은 바로 이러한 의미에서이다. 이 '문체-에 관한-이론theory-in-style'이 작용하는 방식 역시 뒤에서 지세히 살펴볼 것이다.

의미 한정에 반대하여

버틀러의 문체가 단순히 정치학을 전달하는 수단이 아니라 그것이 설명하는 정치학을 효과적으로 실행하는 것이라면, 버틀러의 이론을 설명하는 이 글이 그녀의 책을 직접 읽는 것을 대신할 수 없다는 점은 분명하다. 이 책에서 버틀러의 독특하고 까다로운 문체를 모방하려는 의도는 없지만, 앞으로 보게 될 버틀러의 연구에 관한 제한된 요약은 틀림없이 문제의 해결이나 종결의 결여 그리고 열린 결말 등 그녀와 유사한 정신을 가질 것이다. 이 책에서 버틀러의 이론을 정의하려고 하지는 않았다. 그러니 독자들은 정의처럼 '보이는 것'이라 할지라도 그것이 권위를 갖거나 최종적인 의미에서 쓰인 것은 아니므로 신중하게 접근해야 한다. 어쩌면 이런 경고는 불필요할지도 모른다. 심지어 버틀러조차 자신을 정확히 설명해줄 단어를 갖고 있지 않으니 말이다. 그러나 어떤 사상가나 필자가 버틀러의 개념을 전유하는 것은 주의 깊게 살펴봐야 한다. 그 사상가가 버틀러의 개념을, 정치적 도전을 위한 도구로 사용하기 위해 고안된 것으로 간주한다면, 이는 일종의 폭력이기 때문이다.

다음 장부터는 버틀러의 연구를 연대기적 순서에 따라 살펴볼 것이다. 그녀의 사상을 주체, 젠더, 섹스, 언어, 정신이라는 다섯 개의 중요한 영역으로 구별하여 각각에 초점을 맞추려고 한다. 한 가지 논점에서 다른 논점으로 계속 '발전'하는 구성 방식을 택한다면 깔끔하고 편하겠지만, 이미 보았듯 버틀러의 연구는 이러한 선형적 유형을 따르지 않는다. 게다가 이 다섯 가지 논점은 그녀의 텍스트 곳곳에서 저마다 때론 길게 때론 짧게 다뤄진다. 앞서 버틀러의 저술이 그것 자체로 변증법적인 관계에 놓여 있다고 했는데, 이 말이 의미하는 바는 이렇다. 즉, 한 텍스트에서 제기되고 논의된 쟁점들이 다음 텍스트에서 다시 분석되고 수정된다는 것이다. 실제 버틀러는 자신의 이론을 반복하는 것을 두려워하지 않으며, 또한 반복이 가지는 전복적인 잠재력을 충분히 알고 있다. 때때로 버틀러는 아이러니하게도 자기의 논의를 상호텍스트적으로 그리고 텍스트 내적으로 intratextually 인용하고 재인용한다. 이는 해석을 종결시키지 않고, 결말을 민주적으로 열어놓는 효과가 있다. 이 책을 읽은 후 이어 버틀러의 책을 읽어도 뛰어난 텍스트의 전략이 갖는 정치적 효과를 여전히 명쾌하게 이해하기 어려울 수도 있다. 책을 읽으며 계속해서 어려움이나 의문을 경험한다면, 버틀러가 제시한 '성공적인' 헤겔 독해 모델을 떠올리는 것도 도움이 될 것이다. 즉, 독자로서 우리는 선형적이며, '유일한' (즉, 단일한) 의미를 기대해서는 안 된다. 또한 우리는 '그것의 의미를 구성하는 문장의 끊임없는 움직임을 경험'하기 위해 우리 자신이 가진 가정에 의문을 제기해야만 한다.(SD : 19)

01

주체

욕망의 주체들

버틀러는 첫 번째 저서 『욕망의 주체들』에서부터 '주체'를 분석하기 시작했다. 이 책은 여러 판본이 있다. 1984년 예일대에 제출한 박사학위 논문, 1985~1986년에 논문을 수정하여 1987년에 출간한 초판본, 서문을 고쳐 쓴 1999년 재판본이 있다. 1999년판 서문에서 버틀러는 『욕망의 주체들』이 너무 성급히 출판된 초기작이라며, 독자들에게 광범위한 수정과 개정이 필요한 이 책에 '넓은 아량을 가져달라고' 부탁했다.(SDII : viii)

'주디스 버틀러' 하면 퀴어 정체성 공식과, 젠더와 육체에 관한 논의를 떠올리는 독자들에게는 『욕망의 주체들』이 다루는 주제가 뜻밖으로 보일 수도 있다. 헤겔과 20세기 프랑스 철학을 연구한 이 책에서 퀴어나 젠더에 관한 논의를 발견하기 어렵기 때문이다. 앞에서 언급한 대로 버틀러 자신조차 이 책을 불완전하게 여겼지만, 이 책은 분명 고유의 가치를 지닌 매우 중요한 철학 텍스트이며, 또한 버틀러가 이후 펴낸 더 유명한 저서들에서 발전시킨 개념을 포함하고 있다.

『욕망의 주체들』은 1930년대와 1940년대 프랑스 철학자들이 헤겔의 『정신현상학』을 수용한 양상을 독창적으로 검토한 논문이다. 이 책의

1999년 문고판 서문에서 버틀러는, 자신이 독일 하이델베르크 대학 풀브라이트 장학생으로서 카를 마르크스Karl Marx(1818~1883), 헤겔, 마르틴 하이데거Martin Heidegger(1889~1976), 쇠렌 키르케고르Søren Kierkegaard(1813~1855), 모리스 메를로 퐁티Maurice Merleau-Ponty(1908~1961), 그리고 프랑크푸르트학파의 비판적 이론가 등 핵심 사상가들을 공부하며 주로 대륙철학을 배웠다고 밝히고 있다. 1970년대와 1980년대에 데리다와 드 만 등 후기구조주의자들의 이론에 잠깐 손을 댄 버틀러는, 여성학 학부 세미나에서 이후 자신에게 커다란 영향을 끼

비평적 사고의 핵심 요소들

현상학은 의식, 즉 사물이 우리에게 나타나는 방식을 연구한다. 이 용어는 18세기부터 사용되기 시작해서 19세기에는 임마누엘 칸트Immanuel Kant(1724~1804)와 헤겔, 20세기에는 에드문트 후설Edmund Husserl(1859~1938), 하이데거, 장 폴 사르트르Jean-Paul Sartre(1905~1980), 모리스 메를로 퐁티의 철학과 관계된다. 현상학은 여러 상이한 요소들이 있어서 한두 줄로 요약하기 어렵다. 다만 후설의 경우, 의식 속에서 경험된 세계가 현상학의 출발점이라고 할 수 있다. 일반적으로 현상학은 마음the mind이 어떻게 그것 외부의 것을 인식하는가, 즉 어떻게 사물의 본질을 인식하는가의 문제와 관련이 있다.

프랑크푸르트학파는 1929년 프랑크푸르트에 건립된 사회연구소와 관계된 철학자, 문화비평가, 사회과학자들을 포함한다. 핵심 사상가로는 막스 호르크하이머Max Horkheimer(1895~1973), 테오도어 아도르노Theodor Adorno(1903~1969), 허버트 마르쿠제Herbert Marcuse(1989~1979), 에리히 프롬Erich Fromm(1900~1980), 발터 벤야민Walter Benjamin(1892~1940), 위르겐 하버마스Jürgen Habermas(1929~)가 있다. 일반적으로 프랑크푸르트학파는 사적유물론, 비판 이론,

치는 푸코의 저서를 '발견'했다고 한다. 예일대학을 떠나 미국의 웨슬리대학에서 박사 후 연구원 자리를 얻은 뒤, 버틀러는 그때까지 적대적이던 프랑스 이론을 수용한다. 그리고 학위논문을 수정할 때, 원래는 없던 부분인 라캉, 푸코, 질 들뢰즈Gilles Deleuze(1925~1995) 같은 신세대 프랑스 철학자들에 관한 절을 추가했다.

버틀러는 1999년판 서문에서 자신의 초기 연구와 후기 연구의 연속성을 인정하며, 자신의 작업 전체에 주체와 욕망, 인정recognition에 관한 헤겔의 공식에 대한 관심이 나타난다고 말한다. '어떤 의미에

도구적 이성 비판을 거치는 세 단계와 두 세대로 나뉜다. 그 중 두 번째 세대에 속하는 하버마스는 규범적 기반의 중요성과 학제간 연구의 중요성을 강조한다.

구조주의는 언어학자 페르디낭 드 소쉬르Ferdinand de Saussure(1857~1913)의 연구에서 기인하여 프랑스에서 광범위하게 일어난 운동이다. 핵심 사상가로는 인류학자 클로드 레비 스트로스Claude Lévi-Strauss(1908~1991)와 문화 및 문학비평가 롤랑 바르트Roland Barthes(1915~1980)가 있다. 그 이름이 말해주듯 구조주의는 내용보다는 구조와 체계 분석에 초점을 맞춘다.

후기구조주의는 논란이 많은 용어로 때때로 해체deconstruction와 바꿔 쓸 수 있다. 핵심 사상가로는 자크 데리다, 폴 드 만, 미셸 푸코가 있다. 해체 비평은 이항대립들을 의문시하고 해체함으로써, 서구 형이상학이 가진 이상주의 그리고 본질 또는 현존에 대한 의존성을 드러내며 그것의 토대를 침식한다. 텍스트의 해체적 독해는 결코 최종적이거나 완전한 의미에 도달하지 않는데, 그 이유는 의미가 결코 자기-현존적이지 않으며, 끊임없이 진행되는 과정에 있기 때문이다. 저자는 더 이상 텍스트가 가지는 의미의 원천으로 여겨지지 않는다. 따라서 롤랑 바르트는 '저자의 죽음'을 선포한다.

서, 내 모든 연구는 헤겔주의자의 질문으로 볼 수 있다. 욕망과 인정의 관계는 무엇인가? 주체가 구성될 때 어떻게 타자와 근본적이고 구성적인 관계에 놓이는가?'(SDII : xiv) 버틀러는 『권력의 정신적 삶 *The Psychic Life of Power*』에서 헤겔로 '되돌아간다'. 이어서 버틀러는 헤겔, 페미니즘, 현상학에 관한 논문을 출판한다.(〈버틀러의 모든 것〉 참조) 『욕망의 주체들』에서 가장 중요한 질문은, 주체성이 반드시 '자아'에 의한 '타자'의 부정에 의거하는가일 텐데, 이는 버틀러가 계속해서 되돌아가는 주제이다.

헤겔의 불행한 영웅

『정신현상학』의 독일어 제목은 'Phänomenologie des Geistes'이다. '가이스트Geistes' 는 '정신spirit' 또는 '마음mind'으로 번역되는데, 이 책에서 헤겔은 자기-의식적인 절대정신이 절대지를 향해 점차 발전하는 것을 묘사한다. 헤겔의 가이스트는 허구적 서사물의 주인공과 닮았다. 거기서 주인공(주로 남자인)은 무지에서 깨달음과 자기-이해를 향해 전진한다. 비록 절대정신이 버틀러의 '주체'와 똑같은 개념은 아니라 하더라도, 이 장의 논의에서 두 용어는 바꿔 쓸 수 있을 만큼 충분히 가깝다.

현대 철학자 조너선 리Jonathan Ree는 절대정신의 형이상학적 '여행'에 관한 헤겔의 설명을, 호머의 『오디세이』(대략 기원전 750~700), 단테의 『신곡』(대략 1307~1321), 존 버니언의 『천로역정』(1678~1684) 같은 텍스트에 비유한다. 이 텍스트들에서 주인공의 여행 경험은, 그를 더 훌륭한 지혜 또는 기독교적 깨달음으로 이끌어 결국 거기에 도달하게 만든다. 조너선 리는 헤겔의 『정신현상학』이 이야기, 곧 '절대정신(또는 모든 사람)과 (의식의 "타고난" 희미한 영역에서 절대지를 향해 머나먼 여행을 떠난 그리고 그 길에 있는 모든 철학적 체계를 거쳐 "자기 길을 가는") '보편적 개인'에 대한 이야기'라고 말한다.(1987 : 76-7)

『정신현상학』이 절대지를 향한 절대정신의 여행 이야기라 해도, 방금 언급한 이야기들과는 다르게 헤겔의 절대정신은 실제로는 어디로도 가지 않는다. 절대정신의 '여행'은 세계사의 진행을 의미하는 형이상학적인 것이다. '현상학'은 일반적으로 사물이 우리에게 나타나는 방식과 지각perception의 본성에 관한 연구라고 설명할 수 있다. 따라서 헤겔의 『정신현상학』은 의식의 연속적인 형태에 관한 연구이다. '절대지'는 그 자체로서 세계에 대한 지식이며, 『정신현상학』 끝부분에서 우리는 이 궁극적인 실재가 우리 마음에 있다는 것을 발견한다. 다시 말해서 의식이 어떻게 작용하는지 또는 우리가 어떻게 무엇을 알게 되는지를 이해하는 것이 중요한 이유는, 물질세계의 모든 것이 의식의 구성물이기 때문이다. 실재가 마음과 독립된 것이 아니며, 우리가 알고자 애쓰는 것이 사실상 그것 자체라는 사실을 마음이 이해할 때, 우리는 절대지에 도달한다.

『정신현상학』은 자주 성장소설Bildungsroman이나 경험소설에 비유된다. 독일어 'Bildungsroman'을 문자 그대로 번역하면 '형성formation' 또는 '교육소설education novel', 즉 주인공의 형성이나 교육을 기록한 소설이 된다. 이 장르에 속하는 작품으로는 프랜시스 버니Frances Burney의 『이블리나*Evelina*』(1778), 괴테의 『빌헬름 마이스터*Wilhelm*

Meister』(1795), 찰스 디킨스의 『위대한 유산*Great Expectations*』(1860~1861), 제임스 조이스의 『젊은 예술가의 초상*Portrait of the Artist as a Young Man*』(1914~1915) 등이 있다. 이 예들만 보면 성장소설은 주로 남성이 남성에 대해 쓰는 것처럼 보인다. 이 소설들은 버니언의 『천로역정』에 나오는 크리스천이나 버니의 이블리나처럼, 남성 주인공 또는 여성 주인공이 미숙함과 무지에서 경험으로 나아가는 은유적거나 사실적인 여행을 보여준다. 이 교훈적인 여행에서 절대정신은 일련의 실수를 범하는데, 여행을 계속하며 자신이 범한 실수의 의미를 깨닫고, 다음 단계로 나아가기 전에 그 교훈을 받아들인다.

실수를 통해 깨달음과 확대된 자기-이해에 도달하는 과정은 헤겔

헤겔의 핵심 용어들

가이스트Geist 헤겔의 '정신spirit' 혹은 '마음mind', 가이스트는 번역하기 힘든 만큼 철학적 범주로 정의내리기도 어렵다. 마이클 인우드Michael Inwood가 쓴 『헤겔 사전*Hegel Dictionary*』에 아홉 가지 상호관련된 정의가 나온다. 인간의 마음과 그것의 산물, '주관적인 정신', 사고력, 절대정신(즉, 신의 무한한 자기-인식), 세계정신Weltgeist, 민족정신Volksgeist, 시대정신Geist der Zeit.

지양Aufhebung '지양'으로 번역되는 이 용어는 단순하게 또는 환원적으로 정의될 수밖에 없다. 독일어 동사 'aufheben'은 명백히 구별되는 세 가지 의미를 지니기 때문이다. 1) 올리다. 집어들다. 들어올리다. 2) 무효로 하다. 폐지하다. 파괴하다. 취소하다. 3) 지키다. 보호하다 혹은 보존하다. 마지막 두 가지 의미는 모순적으로 보이는데, 헤겔이 이 용어로 지칭하려고 했던 것이 바로 이 두 가지이다. 그러나 인우드가 지적하듯 첫 번째 정의 역시 여전히 'Aufhebung'의 한 가지 양상이다. 지양의 결과물이 부분들의 총합

의 용어로 말하자면 변증법적이다.(〈왜 버틀러인가?〉 참조) 변증법은 (때로 그렇게 여겨지기도 하지만) 철학적 방법은 아니다. 오히려 그것은 명백하게 안정된 상태(정립)에서 그 반대로(반정립) 그리고 그 두 가지의 화해(종합)로의 움직임을 뜻한다. 20세기 미국 시인 월리스 스티븐스Wallace Stevens를 다룬 논문에서 버틀러는 '명백하게 반대되는 것들의 조화, 좀 더 정확히 말하면 …… 표면상 정반대되는 용어들 사이에 존재하는 상호적 함축의 논리적이고 존재론적인 관계'(NTI : 269)라는 헤겔의 변증법 정의를 인용한다. 다시 말해 (가령 '신이 존재한다' 또는 '오스트레일리아는 큰 나라이다' 같은) 어떤 단언을

이상을 의미하기 때문이다. 그러므로 'Aufhebung'는 대립되는 것들이 취소되는 동시에 보존되는 하나의 형식으로 통합 혹은 종합되는 것을 의미한다. 한 개의 벽돌이 다른 벽돌, 시멘트, 목재, 유리 등의 재료와 함께 도서관을 짓는 데 사용되었다고 하자. 그 벽돌은 여전히 다른 것과 구별되는 하나의 벽돌이지만, 좀 더 큰 구조인 도서관의 필수적인 부분이기도 하다. 따라서 개별 벽돌로서 그것의 '정체성'은, 그것이 현재 개별 벽돌이 아니라 건물의 일부이므로 사라지면서 초월되고, 여전히 그것이 벽돌임을 알 수 있으므로 보존된다.

변증법 정립이 반정립을 낳고 종합에서 해결되는 추론의 양식. 버틀러는 헤겔의 『논리학』에서 다음 구절을 인용한다. '움직임이 있고, 삶이 있고, 실재 세계에 영향을 주는 무엇인가가 있는 모든 곳에서, 변증법은 작동한다.'(NTI : 282)

절대지는 '진실로 그러한' 것에 대한 지식을 구성한다. 마음mind이 알고자 하는 것이 사실상 그것 자체라는 것을 깨달은 것이다.

존재론 존재의 과학 또는 존재에 대한 학문이다.

하려면, 대립으로 보이는 용어들 간에 '상호적 함축'의 관계가 존재한다는 헤겔의 주장처럼 그러한 언술 또는 정립이 그것의 반정립에 의해 부정될 수 있다는 것을 전제해야 한다.

『정신현상학』 또는 성장소설의 맥락 안에서 변증법적인 움직임은, 믿음에서 출발하여 실수를 통해 인정과 경험 그리고 궁극적으로는 절대지에 이르는 과정이라고 할 수 있다. 그러나 모든 종합이 이처럼 최종적인 것은 아니다. 종합은 변증법적인 연쇄에서 다음 고리를 만든다. 즉 종합은 다음 정립의 출발점이 되고, 반정립과 종합이 그 뒤를 따르는 것이다. 절대정신은 이전에 범한 실수의 의미를 이해하면서 진행한다. 따라서 절대정신의 여행은 다음 단계로 이동하기 전에 실수를 범하면 아래로 미끌어지고, 그렇지 않으면 앞으로 위로 계속 움직이는 뱀주사위 놀이를 닮았다.(조너선 리 또한 『정신현상학』을 '일종의 지도 또는 게임'에 비유한다.(1987 : 84)) 그러므로 리가 지적하듯이 헤겔의 주체는 과정-중의-주체로서subject-in-progress, 즉 끊임없이 자기 자신을 파괴하고(또는 사다리에서 떨어지면서), 이전에 범한 실수에서 도망치고, 자신을 완전히 분해한 가운데 스스로를 발견함으로써만 자기 자신을 확립할 수 있는 주체이다.(1987 : 81) 절대정신은 결국 행복한 결말이 날 것이라는 확신도 없이, 앞길에 놓인 모든 것들을 부정하며 진보한다. 절대정신은 헤겔이 설명하는 연속적 단계, 곧 감각적 확신sense-certainty, 지각perception, 힘force과 이해, 자기-확신self-certainty, 스토아주의, 회의주의, 불행한 의식, 이성, 논리, 심리학, 이성 등을 한 번씩 거쳐 마침내 궁극적인 목적지인 절대지에 도달한다.

욕망의 목적지

버틀러는 헤겔의 여행하는 절대정신(버틀러는 언제나 절대정신을 '그'라고 칭한다.(SD : 20))을, 장애물을 만나 다시 되돌아오더라도 가던 길을 절대 포기하지 않는 희극적 만화 캐릭터처럼 묘사한다. '거의 실명에 가까운 지독한 근시도 마구Magoo씨〔1940년대 미국 단편 만화 시리즈의 주인공. 지독한 근시로 그 때문에 항상 어이없는 실수를 저지른다.〕에게는 희극적으로 나타난다. 마구 씨의 자동차는 비틀거리며 이웃집 닭장을 통과하지만 언제나 네 바퀴로 안전하게 멈춰선다.'고 적는다. '이처럼 난관에 처해도 금세 원상회복하는 일요일 아침 만화의 등장인물처럼, 헤겔의 주인공들은 언제나 스스로 자신을 재조립하고, 새로운 장면을 준비하고, 새로운 존재론적 통찰로 둘러싸인 단계로 진입한다. 그리고 다시 실패한다.'(SD : 21) 헤겔의 가이스트(정신)는 그러므로 희망적인 주체이다. '무한한 가능성이라는 허구, 오직 경험을 통해서만 지식을 획득하는 낭만적인 여행가'(SD : 22)이자, 동시에 실재를 찾아 존재론적 풍차에 돌진하는 돈키호테처럼 망상에 빠진 불가능한 인물이다.(SD : 23)

절대정신의 여행을 동기화하고, 그로 하여금 자신의 실수를 발견했을 때에도 여행을 포기하지 않게 하는 것은 바로 욕망desire이다. 그것은 여행길에 놓여 있는 장애물을 극복하려는 욕망이며, 좀 더 정확하게는 자기 자신을 알고자 하는 욕망이다. 헤겔의 말을 바꿔, 버틀러는 외적 차이를 극복하려는 끊임없는 노력을 욕망이라고 말한다. 그것은 최종적으로 주체의 내적 특징을 드러낸다.(SD : 6) 다시 말해서 욕망은 의식에 이르는 과정 그리고 주체의 자기-이해 능력의 증가와 밀접하게 관계된다. 그것은 '존재에 관한 질문 양식, 육체의 관점에서 제기하는 정체성과 지위에 관한 질문'(SD : 9)으로, 단지 성적 욕망 또는 '일반적인 의미에서 일종의 초점화된 결핍'(SD : 99)을 뜻하지 않는다. 이 맥락에서 욕망은 특히 인정과 자기-의식의 욕망을 뜻한다. 버틀러는 욕망에 상응하는 독일어 'Begierde'가 철학적인 욕망(버틀러에 따르면, 헤겔이 『정신현상학』에서 기술하고 있는 욕망, 여기에서 주체는 차이의 인정과 극복을 통해 결국 자기 자신을 알게 된다.)뿐만 아니라 동물적 욕망도 가리킨다고 지적한다.(SD : 33)

『욕망의 주체들』 서문에서 버틀러는, 욕망이 이성적이고 도덕적이며 철학적 기획으로 통합될 수 있는지,(SD : 3) 아니면 반대로 철학적으로 위험한 '부조리의 원리'(SD : 3)인지 질문하며, 여러 세대 철학자들에게 욕망이 갖는 중요성을 간략하게 검토한다. 욕망이 도덕적이라야만 그것을 철학적인 삶philosophical life에 비유할 수 있을 것이며, 두 세대〔버틀러는 『욕망의 주체들』에서 다루는 프랑스 철학자들을 구세대와 신세대로 분류한다.〕 동안 프랑스 철학자들이 헤겔의 욕망과 주체성을 어떻게 받아들이고 적용했으며 또 거기에 도전했는지 고찰하는 버틀러의 연구도 가능할 것이다. 이러한 맥락에서 욕망은 알고자 하는 충동으로 정의되며, 우리가 본 것처럼 그것은 언제나 자기-의식에 대한 욕망임을 잊지 말아야 한다.

자아와 타자

헤겔은 타인을 인정하고 아는 것을 통해서만 '자아Self'가 자기 자신을 알 수 있으며, 따라서 욕망은 언제나 '타자Other'에 대한 욕망이자, 곧 주체 자체itself에 대한 욕망이라고(SD : 34)고 말한다. 『정신현상학』에는 욕망하기의 두 가지 양식이 존재한다. 자아의 상실을 가져오는 타자에 대한 욕망과, 세계의 상실을 가져오는 우리 자신에 대한 (또는 다른 말로 자기-의식에 관한) 욕망이 그것이다.(SD : 34) 달리 말하면, 주체는 타인을 통해서만 자기 자신을 알 수 있다. 그러나 스스로를 인정하고 자기-의식을 구성하는 과정에서 주체는 반드시 타자를 극복하거나 소멸시켜야 한다. 그렇지 않으면 주체의 존재는 위험에 처한다.(SD : 37) 그런 점에서 욕망은 타자의 소멸과 같은 뜻이다.

자기-의식은 언제나 부정적인 파괴의 과정으로 보일 수도 있으므로, 버틀러가 최초로 절대정신을 은유적이고 형이상학적으로 배고픈 hungry 상태라고 묘사한 것은 아니다. 『욕망의 주체들』 서문에서 버틀러는 '자족적인 그러나 형이상학적으로 안전한 헤겔적 주체는, 변증법적인 과정에서 무언가와 마주치면 그것으로 변해버리는 절대정신이라는 잡식성의 모험가'라고 한다.(SD : 6) 이때 주체를 동기화하는 것이 동물적 허기나 동물적 욕망이 아님을 명심해야 한다. 왜냐하면 이때의 소멸은 타자와 대면해서, 그것을 흡수하여 자아가 되게 해주기 때문이다. 헤겔의 용어로 이 과정을 'Aufhebung'라고 한다. '폐지' 또는 '지양'으로 번역되는 'Aufhebung'는, 서로 모순되는 듯 보이는 '고양시키다', '취소하다', '보존하다'의 세 가지 의미를 담고 있다. 버틀러는 'Aufhebung'을 욕망의 '발전 순서'라고 정의하는데, '욕망을 소비하기, 인정의 욕망, 타인의 욕망에 대한 욕망'(SD : 43)

이 그 순서이다. 절대정신은 타인을 폐지하거나 지양하는 것을 통해서만 스스로를 인정할 수 있다.

지배와 극복의 관계는 헤겔의 『정신현상학』 가운데 '지배와 예속' 절에 윤곽이 제시되어 있다. 헤겔은 이 글에서 철학적으로 영향력이 큰 주인/노예의 변증법을 명확히 하고자 했다.

주인과 노예의 변증법

『정신현상학』의 이 중요한 절에서 헤겔은 자기-의식은 타인을 통해서만 스스로를 알 수 있다고 주장한다. 그러나 타인 안에서 자기를 인정하는 이 과정은 간단하지 않다. 왜냐하면 자아가 극복해야 하는 타자는 사실 자아의 일부분이기 때문이다.(1807 : 111) 자아 발전의 이 단계에서, 자의식은 분열되고 상실되며 일종의 부정적인 나르시시즘 속으로 멀어지고 (자기)혐오나 폭력으로 특징 지워진다. 이때 중요한 사실은 이것이 문자상의 대치 상태가 아니라, 분열 상태에 있는 의식의 두 자기-대립적인 측면에서 발생한다는 점이다. 헤겔은 이러한 의식의 두 '쪽'을 '불균등하고 대립적인…… 하나는 그 자신이 되려는 본성을 가진 독립적인 의식이며, 다른 한쪽은 그저 생존하거나 타인이 되려는 본성을 가진 의존적인 의식이다. 전자가 주인, 후자가 노예'(1807 : 115)라고 설명한다. 헤겔은 다음과 같이 역설적으로 주장한다. 주인은 자신의 독립을 위해 타인의 의식을 필요로 하는 자기 충족적인 의식이다. 즉, 자아에 대한 자기만의 감각을 확고히 하기 위해 주인은 노예를 필요로 한다. 반면 노예는 바쁘게

열심히 일해서, 그 자신의 노동을 통해 '자아를 위한 순수한 존재pure being-for-self'(1807 : 117)가 된다. 자신의 노동으로부터 소외되지 않는 노예는 대상을 창조함으로써 자기-의식의 독립성을 깨닫는다. 반면 주인은 자신을 알려면 반드시 노예와 그가 노동하는 대상을 파괴해야 한다. 다시 말하지만 이것을 동기화하는 힘이 바로 욕망이다.(1807 : 109)

버틀러는 주인과 노예의 대결을 죽음에 대한 투쟁으로 묘사한다. '타자의 죽음을 통해서만 최초의 자기-의식이 자율권을 회복할 것'이기 때문이다.(SD : 49) 자기-의식이 극복하고자 애쓰는 타자성은 사실 노예 안에서 대면한 자기 자신의 타자성이다. 따라서 자기-의식은 자기 자신을 알기 위해 반드시 되풀이해서 스스로를 파괴해야 한다. 자아와 타자는 단지 서로 밀접하게 관련되어 있는 것이 아니라, 실제 각각 자기의 상대편이 되며 상호 인정을 통해 존재가 된다.

버틀러가 주장한 대로 만약 자아와 타자가 상호-창조의 관계에 놓여 있다면, 욕망은 앞에서 본 것처럼 단순한 소비 활동이 아니라, 모호한 교환이라 할 수 있다. 이 교환을 통해 두 자기-의식은 각각 자율권과 소외를 동시에 확인한다.(SD : 50-1)

버틀러는 삶과 죽음을 향한 이 투쟁을 성적인 조우라고 묘사한다. 자아와 마주친 주체들은 타자, 결국엔 자아를 알기 위해서 육체적 한계를 극복하고자 한다. 이때 주인의 욕망은 살고자 하는 욕망이다. 왜냐하면 죽음은 욕망의 끝을 의미할 것이기 때문이다. 노예 또한 노동을 통해 살고자 하는 욕망을 표현한다. 그러나 주인과 달리 노예는 외부 세계를 자기 자신의 반영으로 변형시켜 독립과 자유를 획득할 수 있다. 주인이 지식을 얻을 때, 그와 동시에 노예는 자유를 획득한다. 결과적으로 최초에 두 주체가 가정했던 역할이 점진적으로 전도되는 것이다.

이제 욕망에는 두 줄기가 존재한다고 말할 수 있다. 스스로를 인정하기 위해 또 다른 자기-의식의 인정을 받으려는 욕망, 자율권과 자기-인정을 얻기 위해 자연 세계를 변형하려는 욕망. 우리는 우리의 육체(세계 속에 우리가 거주하는 형식)와 우리의 노동(우리가 세계를 창조하는 형식)을 통해 인정을 획득한다. 그러므로 주체성, 노동, 공동체community는 중요한 관계에 놓여 있다. 실제로 주체는 공동체 안에 공동체에 의해 존재함으로써만 자기가 찾으려는 정체성을 획득할 수 있다. 버틀러는 다음과 같이 말한다. '진정한 주체성은 상호 인정을 제공하는 공동체 안에서만 개화한다. 혼자 노동한다고 우리 자신이 되지는 않는다. 우리는 우리를 확인하는 타자의 시선을 승인함으로써 우리 자신이 될 수 있다.'(SD : 58)

이것이 바로 핵심이며, 프랑스 철학자들이 헤겔의 『정신현상학』을 해석하고 개념화한 것을 검토할 때 우리가 되돌아갈 부분이다. 절대정신 혹은 가이스트Geist는 집합적인 실체로서, 사회에서 고립되어서는 존재가 될 수도 존재할 수도 없다. 절대정신은 자신의 상호주체성을 확립하기 위해 타자들을 욕망한다.(SD : 58) 이것이 바로 버틀러가 지적한 '역사적 정체성과 역사적 지점place의 분절로서 욕망을 재공식화한 것'이다.

버틀러는 『욕망의 주체들』 나머지 부분에서, 헤겔의 주체에 대한 20세기 프랑스 철학자들의 독해와 재구성 과정을 좀 더 광범위하게 분석한다. 헤겔적 주체가 자신을 알기 위해 부정하는 것은 타자의 인정을 요구하는, '집합적 정체성으로 환원되지 않으려고 분투하는 개인'이다.(SD : 58)

프랑스에서의 헤겔 수용

『정신현상학』이 절대지를 찾아 여행을 떠나는 주인공-영웅의 성장 소설이라면, 『욕망의 주체들』은 『정신현상학』과 정반대의 입장에 서 있는 성장소설이다. 명백하게 자기-동일적인 헤겔적 주체의 일관성은, 「욕망의 주체들」에 등장하는 두 세대에 걸친 20세기 프랑스 철학자들의 저술 속에서 끊임없이 분열되기 때문이다. 이는 버틀러가 헤겔의 주체를 어떻게 보는지를 분명히 말해준다. 버틀러 고유의 철학적인 '서사'는, 헤겔의 대담하고 자기-충족적인 모험이 어떻게 파편화되는지, 즉 이러한 철학자들의 공식에서 그 통일성이 어떻게 분열되는지를 설명한다.

버틀러는 프랑스에서의 헤겔 수용 분석을 1941년 출판된 『헤겔 독해 입문*Introduction to the Reading of Hegel*』의 저자 알렉상드르 코제브Alexandre Kojéve(1902~1968)로부터 시작한다. 이어 장 이폴리트Jean Hyppolite(1907~1968)의 「헤겔의 반영들Hegelian reflections」, 장 폴 사르트르, 라캉 그리고 줄리아 크리스테바Julia Kristeva(1941~)에 관한 매우 간략한 절을 포함하여 신세대 철학자 데리다, 들뢰즈, 푸코까지 나아간다.

버틀러는 코제브·이폴리트·사르트르를, 1930~1940년대 프랑스에서 재개된 헤겔에 대한 관심이라는 맥락에 위치시키며, 헤겔의 자기-동일적이고 '형이상학적으로 은폐된' 주체가 여전히 전위dislocation, 형이상학적 파열, 존재론적 고립을 특징으로 하는 역사적 접점(당시는 세계대전 중이었다.)에서 실용적인 철학적 이상이 될 수 있는지 묻는다.(SD : 6) 헤겔적 주체는 신세대 철학자인 라캉, 들뢰즈, 푸코에게는 철학적 불가능성으로 드러난다. 그들에게 욕망은 헤겔의 일관된 존재론적 총체가 분열되었다는 것을 가리키는 신호이다. 그러나 버틀러는 이 철학자들이 자신들이 극복하려 했던 헤겔의 변증법적 분석 양식의 개념 속에 여전히 머물면서, 헤겔의 주체성 공식을 오독했다고 주장한다.

이러한 의미에서 『욕망의 주체들』은 버틀러의 말대로 20세기 프랑스를 배경으로 한, 헤겔적 주체의 형이상학적 '여행'에 관한 '계보학'이라고 할 수 있다. 그런데 버틀러는 이 프랑스 철학자들이 헤겔적 주체를 정확하게 묘사하지는 못했다고 강조한다. '헤겔적 주체는 한 존재론적 위치에서 다른 곳으로 점잖게 여행하는 자기-동일적 주체가 아니다. 헤겔적 주체는 그것의 여행 자체이며is, 자기 자신을 발견하는 모든 지점 자체is'라고 그녀는 말한다.(SD : 8)

정체성을 가리키는 철학적 용어는 모두 '내적 관계 학설the doctrine of internal relations'〔정체성이 타고난 내적 본성에 근거한다고 보는 학설〕과 관계된다. 버틀러는 내적 관계 학설이 분명히 주체에게 자율권을 제공하지만, 고정된 경계가 없기 때문에 주체가 겉으로 보이는 것과 달리 불안정한 상태에 놓이게 된다고 주장한다. 그러므로 헤겔적 주체는 과정-중의-주체로서, 그 불안정성과 삼투성porousness은 세계 속에서 고정되거나 최종적인 위치에 놓이기를 거부한다고 말할 수 있다.

버틀러가 '실수투성이 희극'이라고 부르는 작품 속의 주인공과 우리가 본 여행(또는 희극)의 주인공들은 실수와 오해를 반복하며 자기를 재구성한다.

버틀러가 『욕망의 주체들』에서 분석한 20세기 프랑스 철학

구조주의와 후기구조주의 구조주의 언어학자인 페르디낭 드 소쉬르는 언어를 실정적인positive 형식이 아니라, 차이의 체계로 이론화했다. 예를 들어 '나무'라는 기호와 그것의 지시 대상, 즉 공원에서 볼 수 있는 살아 있는 유기체 나무 사이에는 고유의 관계가 없다. 기호는 전체 언어 체계 안에서의 위치로부터 의미를 획득한다. 예컨대 '나무'라는 기표는 다른 기표와 차별적으로 연결되는데, 그것이 기의, 곧 그것이 가리키는 것과 필연적으로 연결될 필요는 없다. 다시 말해서 언어는 차이의 체계이다. 많은 측면에서 소쉬르와 구별되지만, 자크 데리다 같은 후기구조주의 사상가들은 이러한 소쉬르의 통찰을 발전시켰다. 데리다에 따르면 차이와 지연을 동시에 의미하는 '차연'은 차이와 지연을 동시에 의미하는 것으로 의미작용이 부재하는 것에 의존하는 방식을 가리킨다. 의미는 끊임없이 지연되며, 언어는 기호들의 열린 체계라는 주장 그리고 의미가 결코 자기-현존적일 수 없다거나, 궁극적으로 정의될 수 없다는 주장은 모두 이러한 의미이다. 그렇다면 남은 문제는 20세기 프랑스 철학자들이 어떻게 헤겔을 거부하거나 부정할 수 있느냐 하는 것이다. 그 자체로 변증법적인 철학적 움직임을 수행하지 않고서, 즉 함축적으로 헤겔주의자가 되지 않고서 말이다. 버틀러는 이들이 변증법적 추론 양식에 이의를 제기하는 동시에 이를 사용하고 있다는 점을 지적한다. 그리고 헤겔이 총체화하고 단일화하려는 사상가라는 비난에서 벗어날 수 있으며, 따라서 현상학이 페미니스트 이론에 몇 가지 유용한 출발점을 제공할 수 있다고 주장한다.

자들은 모두 헤겔의 변증법이라는 철학적 양식 너머로, 그 밖으로 나가려고 한다. 이 책에서 버틀러는 이러한 사실을 당연하게 여긴다. 그러나 몇 년 후 출판된 논문에서 버틀러는, '반대 항들의 변증법적 통합이라는 헤겔의 낭만적 가설'을 거부하는 후기구조주의 사상가와 포스트모던 사상가들을 좀 더 자세히 검토한다. 물론 버틀러 자신도 20세기의 철학적 사고 안에 종합이 없는 변증법이 다시 나타난다고 주장하지만 말이다.(NTI : 269)

20세기 철학자들이 여전히 헤겔이 가정한 일종의 통일체를 갈망할 수도 있지만, 그들 또한 현재 '반대 항들의 변증법적 통합'이라는 개념이 옹호될 수 없다는 사실은 인식하고 있다. 특히 언어를 의미의 가능성이 열려 있는 장으로 공식화하는 후기구조주의자들의 맥락 안에서는 통합보다는 차이가, 종결보다는 개방성이 강조된다.

코제브, 이폴리트, 사르트르

『욕망의 주체들』에서 버틀러가 다룬 20세기 프랑스 철학자들이 1930~1940년대에 헤겔에게 관심을 돌린 것은 우연이 아니다. 그 이전 프랑스에서는 헤겔에게 거의 관심을 갖지 않았다. 그러다 이 시기 부쩍 관심이 높아진 이유는, 헤겔의 저작이 당시의 철학적 맥락에 부합하는 정치적·철학적 요구로 채워져 있기 때문이라고 버틀러는 주장한다.(SD : 61) 버틀러는 프랑스의 현상학자 메를로 퐁티가 1946년에 한 주장을 인용한다. '지난 세기의 모든 위대한 철학적 사상, 마르크스와 니체의 철학, 현상학, 독일 실존주의, 정신분석학은 헤겔에서 시작된다.'(SD : 61) 버틀러는 모든 철학이 단일한 근원에서 비롯되었다는 주장이 논의를 풍요롭게 할 것인가에는 회의적이지만, 메를로 퐁티의 주장을 당시 지적 풍토의 징후로 본다.

『욕망의 주체들』 2장인 '역사적 욕망들 : 프랑스에서의 헤겔 수용'은, 코제브의 『헤겔 독해 입문』에 나오는 욕망과 역사적 저항 행위에 관한 분석으로 시작하여, 코제브를 다시 독해한 이폴리트와, 헤겔적 주체의 실존적 재구성을 논한 사르트르 분석으로 이어진다. 이 세

실존주의 실존주의는 2차 세계대전 이후 특히 유럽에서 두드러지게 일어난 철학적 운동이다. 실존주의 철학자로는 장 폴 사르트르, 알베르 카뮈Albert Camus(1913~1960), 시몬 드 보부아르 등이 있다. 마르틴 하이데거와 모리스 메를로 퐁티도 때로 실존주의 철학자로 분류된다. 현상학처럼 실존주의 또한 어떤 운동이나 학파가 아니며, 실존주의 사상가들 역시 서로 매우 다른 주장을 펼친다. 실존주의자들은 추상적인 인간의 특성을 분석하기보다는 개인들의 고유성에 초점을 맞춘다. 사람들은 철학적이고 정신분석학적인 학설로 정의될 수 없으며, 자신이 되고자 하는 것이 된다. 이러한 사실은 사람들이 자신의 능력을 벗어나는 외적인 요인들을 탓하기보다는 자신의 인격과 행동에 책임감을 가져야 한다는 것을 의미한다. 사르트르는 개인이 모든 가치의 원천임을 강조하며, 개인들은 자신의 삶을 선택할 의무가 있다고 주장한다. 이러한 자유를 깨닫는 것은 '참된 실존'의 조건들 가운데 하나이다. 이와는 달리 잘못된 신념을 가지고 행동하는 사람들은 자신들은 그렇게 행동할 수밖에 없었다고 자신을 속임으로써 불안과 외로움 그리고 공포에서 벗어나려고 한다. 인간의 조건이 그 자체를 드러내는 것은 바로 이러한 괴로움의 순간이다. 따라서 실존주의자들은 진실함과 창조성을 특징으로 하는 윤리적 삶을 우선시한다.

명의 철학자는 '전후 프랑스에서 헤겔주의의 승리', 곧 실존주의의 유행으로 강제된 승리에 어느 정도 책임이 있으므로, 이들과 동시대 철학자들 그리고 그 계승자의 관계에 주목할 필요가 있다. 이폴리트는 파리국립고등사범대학원에서 사르트르, 메를로 퐁티와 함께 공부했다. 코제브는 1933~1939년에 헤겔을 강의했고, 라캉과 메를로 퐁티가 이 강의를 들었다. 한편 푸코도 이폴리트에게 (잠깐) 배웠다.

20세기 철학자들의 헤겔 논의를 분석한 버틀러의 글을 다시 검토하는 게 그다지 새로워 보이지 않을 수도 있다. 그러나 각각의 사상가들이 헤겔의 주체에 대한 공식을 거부하고 수정한 것과, 그들이 헤겔의 주체를 재개념화하는 방식을, 그녀/그가 글을 쓰는 철학적 '순간'의 징후로 볼 수 있다는 사실을 잊지 말아야 한다.

『헤겔 독해 입문』 강의에서 코제브는 헤겔의 『정신현상학』을 인간의 욕망과 그것을 만족시키려는 시도에 대한 설명으로 읽는다. 코제브는 주인/노예의 변증법을 욕망-그것이 되고 싶은 욕망-에 의해 동기화된〔sic〕 것으로 본다. 이 변증법적 조우는 노예가 노동을 통해 해방되는 부분에서 절정에 이른다. 코제브의 『정신현상학』 독해는, 헤겔의 절대정신의 정신에는 '적합'하지 않은 인간 중심적이고 실존적이며 '무신론적인' 것처럼 보인다. 대신 그는 '역사의 종말'을 예견했다. '역사의 종말'은 코제브와도 친연성을 갖는다고 여겨지는 푸코, 들뢰즈, 데리다 같은 '포스트모던' 사상가의 특징이다. 영원성보다 역사성을 강조하는 코제브의 후기역사주의적 헤겔 독해는, 『정신현상학』의 순간성을 강조한다. 이처럼 마르크스주의 인본주의자의 렌즈를 통하면 가이스트Geist는 (인본주의에서의) '인간' 개념으로 대체되고, 신은 (마르크스주의적 사고의 흐름 안에서) 인간 자신의 투사로 보인다. 역사의 종말의 순간 인간은 신이 하나의 창조물이라는 사실을 깨닫는다. 그리고 이러한 깨달음을 통해 인간은 소외를 극복하는 동시에 자신의 유한성과 직면한다. 신의 구원external divine agency이라는 버팀목 없이 죽음에 직면하는 삶이 '역사의 종말'을 구성하며, 이것이 바로 실존적 자유를 획득하는 유일한 길이 된다.

버틀러가 지적하듯, 이러한 순간성과 역사성의 강조는 이전과는 정반대로 『정신현상학』을 독해할 수 있게 하며, 독해 그 자체의 역사적 상황을 반영하는 새로운 해석을 가능하게 한다.(SD : ix) 버틀러는, 타자와의 변증법적 조우를 통해 의식을 획득하려고 애쓰는 코제브식 욕망의 주체의 '영웅적 행위heroism'에 초점을 맞추어 『헤겔 독해 입문』을 분석한다. 코제브의 주체는 욕망을 통해 자신을 알게 된다. 그러나 욕망은 오직 타자의 부정을 통해서만 해소될 수 있다. 그러므로 『정신현상학』에서처럼 우리는 서로 소멸시키려고 충돌하는 주인과 노예라는 두 주체성의 현존 속에서 우리 자신을 발견한다. 코제브가 주장하듯 그 만남의 특징은 그것이 역사적 사건이라는 데 있으며, 욕망이 실제로는 결코 해소되거나 극복될 수 없는 까닭도 바로 이 때문이다. 역사의 종말이란 실제 존재하지 않기 때문에, 버틀러는 이 같은 사실이 코제브를 『정신현상학』의 목적론적 구속에서 해방시킨다고 주장한다. 『헤겔 독해 입문』에서 변증법은 궁극적인 종결이나 텔로스telos를 향한 움직임이라기보다는 끝나지 않는 움직임으로 나타난다. 코제브식 주체의 '영웅적 행위'는, 집합성에 대한 개체성의 승리 위에 놓여 있으며, 버틀러가 '민주적 마르크스주의의 한 이름'이라고 칭하는 개

버틀러가 프랑스의 헤겔 수용 양상을 연구하며 대상으로 삼았던 코제브, 이폴리트, 사르트르(왼쪽부터)

버틀러는 이 세 사람을 1930~40년대 프랑스에서 재개된 헤겔에 대한 관심이라는 맥락에 위치시킨다. 헤겔의 주체는 이들 20세기 프랑스 철학자들의 저술 속에서 끊임없이 분열된다. 버틀러는 『욕망의 주체들』에서 헤겔의 대담하고 자기-충족적인 모험이 어떻게 파편화되는지, 즉 이러한 철학자들의 공식에서 그 통일성이 어떻게 분열되는지를 설명한다.

인주의의 한 형식이라고 볼 수 있다. 그것은 개체성과 집합성의 변증법적인 중개가 가능한 이상적인 헤겔적 사회에서 발생할 것이다.(SD : 78)

신세대 철학자들은 역사, 헤겔, 욕망하는 주체의 공식에서 코제브의 이론이 차지하는 비중이 크다는 사실을 인정한다. 코제브의 '인간의 모습을 한 절대정신에 대한 인간의 영웅적 서사'(SD : 79)는 이폴리트에 의해 재기술되는데, 버틀러는 이폴리트의 주체가 희극적이거나 영웅적이지 않고 비극적이라고 주장한다. 이폴리트는 『정신현상학』 번역(1936~1942)에 이어 『헤겔 '정신현상학'의 가이스트와 구조*Genesis and Structure Phenomenology of Spirit*』를 1946년 프랑스에서 출판했다. 버틀러는 이 책의 요점이 헤겔이 작성한 현상학적 '서사'를 회고적인 역사로 묘사한 데 있다고 지적한다. 버틀러가 말하듯 '『정신현상학』을 넘어서는 시각을 가져야만 텍스트의 역사적 기원을 분명히 할 수 있다.' 그러므로 코제브의 독해에서 그러하듯이 중요한 것은 순간성과 역사성이다.(SD : 80) 코제브와 마찬가지로 이폴리트는 『정신현상학』의 목적론에 의문을 제기한다. 그 텍스트의 텔로스를 거부하는 것은, '절대적인 것' 그리고 고정되고 최종적인 '존재'를 거부하는 것이다. 또한 절대적인 것이 미완의 열린 결말로 나타나듯, 존재 역시 차이를 통한 '생성'의 과정으로 나타난다.(SD : 84) 그러므로 이폴리트는 존재보다는 생성을 중시하고, 욕망을 자아와 타자의 폭력적인 대결이 아닌 둘 사이의 교환으로 묘사한다. 자아는 변화나 차이와 마주하며 자기 자신을 회복한다. 또한 이폴리트에게 욕망과 자의식의 문제는 변화의 한가운데에서 어떻게 정체성을 유지할 것인가

라는 질문에 둘러싸여 있다.(SD : 89)

버틀러가 이폴리트에 이어 이 절에서 마지막으로 살펴보는 철학자는 사르트르이다. 사르트르에게 의식에 다가가는 것은 점진적인 구현embodiment 과정을 의미한다. 코제브의 욕망하는 행위자는 물리적인 '추상성'(즉, 육체성의 결여)(SD : 78) 때문에 문제가 있었다. 반면 사르트르의 주체는 버틀러에 따르면 '구체화되고 역사적으로 자리매김된 자아'(SD : 93)라는 특징을 갖는다. 사르트르는, 코제브와 이폴리트의 욕망하는 주체가 마주친 역사성과 순간성이라는 문제를, 욕망은 오직 상상을 통해서만 충족될 수 있다고 주장함으로써 피해 간다.(SD : 96) 버틀러는 사르트르에 대해 다음과 같이 말한다. '인간의 욕망은 상상의 세계를 만들어내는 영원한 방식[이다.]'(SD : 97) 글쓰기는 끝없는 활동이다. 그리고 이는 사르트르가 그의 선행자들처럼 변증법적인 해결에서 기인하는 헤겔의 통일체 개념을 거부할 수 있으며, 그의 실존적인 행위자는 통일체와 종결의 결여를 그의 텍스트의 주제로 그리고 그의 문학적 형식의 토대로 만든다는 것을 의미한다.(SD : 98) 사르트르에게 욕망은 텍스트적인 자기-창조의 과정이며 자유를 인정할 수 있는 기회이다. 버틀러는 사르트르가 프랑스 소설가 장 주네Jean Genet(1910~1986)와 구스타프 플로베르Gustave Flaubert(1821~1880)를 문학적으로 재구성하며 이 주제에 천착하고 있다고 한다. 사르트르에게는 『정신현상학』이 고안해낸 삶을 향한 욕망이라는 개념이 자아를 쓰고자 하는 욕망으로 대체된다. 플로베르와 주네의 작품은 등장인물을 통해 욕망의 삶을 표상하며, 이러한 작품은 그것 자체로 욕망의 산물이 된다. 따라서 그것들은 사르트르의 『존

재와 무 : 현상학적 존재론에 관한 논고*Being and Nothingness : An Essay in Phenomenological Ontology*』(1943)에 나타나는 욕망과 인정에 관한 핵심적인 질문의 좋은 예가 된다. 타인을 아는 것이 가능한가? 그러한 앎 속에서 인간은 어느 정도까지 창조될 수 있는가?(SD : 156)

차연과 확산

버틀러는 푸코와 데리다의 중요한 논문 두 편에 초점을 맞추어, 이 두 철학자들에게서 뜻밖에도 '헤겔의 유산'을 찾아낸다. 푸코의 논문 「니체, 계보학, 역사Nietzsche, Genealogy, History」(1971)는 변증법적 역사철학에 관한 비평으로 헤겔의 주인과 노예 관계를 다시 썼다고 평가받는다. 한편 이폴리트의 세미나에서 발표된 데리다의 논문 「피트와 피라미드 : 헤겔 기호론 입문The Pit and the Pyramid : An Introduction to Hegel's Semiology」(1968)은 헤겔의 기호 이론에 관한 비평으로 알려져 있다.

데리다의 논문부터 살펴보자. 앞에서 자기 자신을 인정하기 위해 타자의 타자성과 대면하고 이를 극복해야만 하는 헤겔적 주체에게 차이가 중요하다는 것을 보았다. 데리다는 언어적 맥락에서 차이를 차연으로 이론화했다. 차연différance은 프랑스어로 '차이'와 '지연'을 동시에 의미하는 신조어이다. 데리다는, 『일반 언어학 강의*Course in General Linguistics*』(1916)로 구조주의와 후기구조주의 이론의 토대를 제공한 스위스의 언어학자 페르디낭 드 소쉬르의 이론을 발전시키는데, 데리다의 차연이라는 개념은 의미가 결코 혼자서는 존재할 수 없으며 언제나 부재하는 것에 의존한다는 사실을 암시한다. 그러므로 데리다가 말하듯 언어에는 오직 차이만 있을 뿐 실정적인 용어는 없다고 할 수 있다. 버틀러는 『욕망의 주체들』에서 이 문제를 다음과 같이 설명한다. '데리다는 언어가 있는 곳이라면 당연히 생기는 의미작용의 한계, 즉 기호와 그것이 의미하는 것 간의 "차이"는 시간에서 그리고 언어 그 자체와 순수한 지시대상 간의 존재론적 간극에서 발생한다고 결론을 내린다.'(SD : 178) '순수한 지시 대상', 또는 저절로 그리고 그 자체로 무엇을 의미하는 단어는 존재하지 않는다. 단어는 의미화의 연쇄 안에서 다른 단어들과의 관계 속에서만 의미를 획득할 수 있기 때문이다.

버틀러가 보기에, 기호는 완성될 수 없다는 데리다의 단언은 헤겔에 대한 도전이다. 절대적인 존재가 되려는 주체의 '야심'이 불가능하다는 사실을 폭로하기 때문이다. 만약 주체가 언어 속에서 구성되는 것이고, 데리다의 견해처럼 언어가 불완전하고 끝나지 않는 것이라면, 주체 자체도 이와 마찬가지로 틀림없이 불완전할 것이다.(SD : 179) 데리다의 과정-중의-기호가 갖는 우연적인 특성은, 과거·현재·미래 여행의 총합으로만 존재하는 변증법적인 여행가 즉 헤겔의 과정-중의-주체의 특징과 비슷해 보인다. 그러나 이 둘 사이에는 결정적인 차이가 있다. 데리다의 기호는 절대적인 의미 혹은 의미화의 지점에 결코 도달하지 않지만, 헤겔의 주체는 그의 최종적인 목표점, 절대지를 향해 여행한다는 점에서 그렇다.

데리다가 헤겔에서 기호론(기호의 체계로서 언어 이론)으로 방향을 돌렸다면(SD : 179), 푸코는 또 다른 철학자 프리드리히 니체Friedrich

Nietzche(1844~1900)를 향한다. 『도덕의 계보학*On the Genealogy of Morals*』(1887)에서 니체는 헤겔의 역사와 권력 모델의 대안을 제시한다. 버틀러는 푸코의 논문 「니체, 계보학, 역사」를 '헤겔적 무대를 니체식으로 다시 손본 것'(SD : 180)이라고 설명하는데, 이 논문에서 푸코는 헤겔의 변증법적 전략을 전유하는 동시에 거부한다.

푸코의 많은 저술은 권력과 권력의 배치 형식을 이론화하는 것과 관련된다. 「니체, 계보학, 역사」는 특히 역사 및 역사화하는 양식들과 관계가 깊다. 푸코는 지배라는 헤겔의 단일한 무대에서 벗어나, 권력구조를 담겨 있는 것이 아니라 스미는 것, 단순히 금지적인 것이 아니라 생성적인 것으로 본다. 다시 말해서 권력은 단일한 원천에서 생겨나지 않으며, 단순히 억압적인 방식으로 작용하지도 않는다는 것이다. 마찬가지로 푸코는 역사 역시 그 기원이나 목적 안에서 하나로 통합된다고 보지 않으며, 분쟁이나 불일치 그리고 세력투쟁을 특징으로 한다고 주장한다.(1971 : 79) 변증법적 통일체는 언제나 기원이나 종말을 능가할 것이다. 그러나 푸코의 역사 분석 양식, 즉 '계보학'은 그가 '지식을 향한 불타는 의지'라고 부른 것을 전복하기 위해 차이와 이질성을 확실하게 찾아낸다.'(1971 : 95)

데리다는 기호의 다양성을, 푸코는 권력과 역사의 다양성과 과잉을 단언함으로써 이 둘은 헤겔의 변증법에서 벗어난 것처럼 보인다. 이 두 명의 사상가에게 차이와 분열은 정체성을 가정하려는 모든 시도를 무력화하는 것이다. 이들은 또한 차이가 동일성으로 지양된다는 헤겔의 Aufhebung를, 차이를 부정하고 허구적인 자기-동일적 주체를 가정하게 하려는 은폐의 전략으로 여긴다.(SD : 182) 이를 '헤겔과의 단절'이라고 할 수 있을까? 그리고 이 두 명의 철학자를 '탈헤겔주의자post-Hegelian라고 할 수 있을까? 버틀러는 '탈post'이라는 전치사를 사용하며, 과거와의 단절을 주장하는 것이 그것 자체로 변증법적 움직임이라고 단언한다. 따라서 '헤겔이 변증법의 핵심 교의 안에 이미 "단절"이라는 개념을 만들어놓았으므로, 헤겔과의 "단절"을 논하는 것은 거의 언제나 불가능하다.'(SD183-4)

버틀러는 헤겔과 변증법적이지 않은 방식으로 단절하려면 푸코와 데리다가 헤겔과 구별되는 방법, 그의 사고방식으로는 설명할 수 없는 방법을 찾아야 한다고 말한다. 이어서 버틀러는 라캉과 들뢰즈, 푸코에게서 나타나는 헤겔적 주체의 '죽음'을 통해 변증법적 사고를 제거하려는 좀 더 진전된 시도들을 검토한다.

사랑, 결핍, 언어

라캉도 데리다처럼 주체를 언어적 구성물로 본다. 그러므로 헤겔이 가정하는 존재론적으로 완전한 주체는 라캉에게서도 불가능하다. 라캉에 따르면, 주체는 오직 유아기 때에만 완전함의 경험 근처에 갈 수 있다. 이 단계에서는 누구도 주체에게 근친상간의 욕망을 억제하라는 명령을 하지 않기 때문이다. '아버지의 법'이 근친상간의 금기를 부과하면, 유아는 최초의 욕망을 억제하게 되고, 그 결과 이러한 충동urges의 저장소로서 무의식이 전개되기 시작한다. 아버지가 금기를 부과하는 것과 아이가 언어로 진입하는 것은 동시에 발생한다. 즉, 아이는 전前 언어적 단계 혹은 상상적 단계에서 언어적 단계 혹은 상징계로 움직인다. 근친상간의 금기와 언어의 습득이, 이제 결핍과 결여를 채우고 금지된 욕망을 되찾으려는 존재의 막을 연다. 버틀러가 지적하듯이, 욕망의 주체는 곧 금지의 산물이다.(SD : 187) 버틀러는 『젠더 트러블』에서 이러한 생각을 토대로 젠더, 섹스, 섹슈얼리티를 이론화한다.

불가능한 욕망 및 결핍으로 분열된 라캉의 주체와, 투명하고 완벽한 의식을 가진 헤겔의 주체는 분명 다르다. 일단 무의식의 존재를 인정하면, 주체를 자기-동일적인 일관된 개체라고 생각하는 것은 불가능하다. 왜냐하면 주체는 욕망들로 구성되는데, 우리는 그것을 알 수도 말할 수도 없으며, 그럼에도 불구하고 그것이 우리의 정체성을 구성하기 때문이다. 그렇지만 버틀러는 라캉이 헤겔적 주체의 성격을 잘못 파악했다고 주장한다. 라캉이 헤겔적 주체의 희극적이며 미완적인 성격을 간과했고, 실제로는 불안정하며 불완전한 주체를 투명한 자아를 가진 완전한 존재로 생각했다는 것이다.(SD : 196)

들뢰즈와 푸코는, 라캉이 주체를 결핍과 결여로 정의하고 법(이 경우에는 아버지의 법)을 금지적인 것으로 설명하는 데 반대한다. 버틀러는 들뢰즈가 욕망을 단지 금지와 관계된 것이 아니라 발생적이며 생산적인 것으로 보고 있다고 말한다. 사실 푸코와 마찬가지로 들뢰즈는, 결핍-으로서의-욕망이라는 라캉의 개념을 사회적이고 성적인 억압을 합리화하고 존속시키며 기존의 위계를 유지하려고 고안해낸 자본주의 이데올로기의 산물로 본다.(SD : 206) 들뢰즈는 주인과 노예의 대결 그리고 헤겔주의에 내포된 '노예 도덕'이라고 여겨지는 것을 부정하고 니체를 향한다. 들뢰즈는 주체를 니체의 '위버멘시

Ubermensch' 또는 '초인'으로 설명함으로써, 주체가 자신을 알기 위해 자기에 반대되는 것과 대결할 필요는 없다고 주장한다. 왜냐하면 위버멘시는 자기-정의된 것이며 타인들에게 의존하지 않기 때문이다. 또한 푸코처럼 들뢰즈 역시 권력을 단일한 것이 아니라 복합적인 것으로 파악한다. 들뢰즈에게 권력은 변증법적 통일체 안에 담아둘 수 없는 여러 힘들의 작용이다.(SD : 208-9)

버틀러는 들뢰즈가 『정신현상학』 마지막 부분의 '향연'이나 〔고대 희곡의〕 '대단원'에 관한 내용을 소홀히 다룸으로써 그것을 오독했다고 주장한다.(SD : 209) 또한 들뢰즈가 헤겔의 변증법을 반反 생명이라고 부정하는 부분에서는, 그가 욕망을 회복과 해방을 기다리는 용감한 힘brave force으로 특징 짓는다고 본다. 들뢰즈의 이 같은 이상주의적 관점은, 모든 욕망이 언어적 · 문화적으로 구성되었다는 라캉의 통찰과 이와 동일 선상에 놓인 푸코의 인식, 즉 법 바깥에 반란의 욕망이 존재할 수 없다는 생각을 무시하는 것이다. 그러므로 버틀러가 보기에 '라캉과 들뢰즈는 모두 형이상학적 기대, 곧 절대자the Absolute를 내적으로 경험하고자 하는 욕망에 사로잡혀 있다.'(SD : 216)

들뢰즈처럼 푸코 역시 결핍으로서의 욕망이 문화적 구성물이라는 것을 인정한다. 그러나 푸코는 전복의 수단으로서 법의 바깥에서 용감한 힘들이 개입할 필요는 없다고 본다. 그는 법이 이미 그것 안에 전복과 확산의 가능성을 포함하고 있다고 주장한다. 이와 관련한 자세한 예는 2장 '젠더'에서 살펴볼 것이다. 이는 '닻을 올린 변증법dialectics unmoored'(SD : 217), 즉 전복은 법의 변증법적 대립으로 존재하는 것이 아니라, 법 내부의 전략적 지점에 자리를 잡는다는 것을 의미한다. 버틀러는 푸코가 권력을 분산적이고 다양하게 형식화했지만 그것 역시 변증법적이라고 주장한다. 권력은 여전히 어떤 것과의 관계 속에 존재하며, 그것이 푸코를 주체도 목적론도 없는 아주 '넓은 의미의 변증법적 사상가'로 만들기 때문이다. 푸코의 저서들이 이항대립 구조를 벗어난다고 해도(SD : 225), 푸코 자신은 사법적인 권력과 생산적인 권력, 생명과 반 생명, 긍정과 부정을 구별함으로써 이항대립을 구성했다. 이와 비슷하게 들뢰즈도 문화적으로 구성된 결핍-으로서의-욕망과 해방을 기다리는 용감하고 자기 정의된 self-defined 니체적 욕망을 대조시키는 데 동일한 방법을 사용한다. 이들의 노력에도 불구하고, 헤겔의 변증법이라는 철학적 구조를 벗어나려는 현대 철학의 모든 시도는 실패로 돌아간 것 같다. 다만 푸코의 이론이 버틀러가 자신의 저술에서 시도한 보충적인 변증법에 가장 가까운 것 같다.

변증법을 넘어서

헤겔의 변증법에서 벗어나려는 모든 시도는 함축적으로 변증법적인 반정립의 움직임이라고 볼 수 있다. 따라서 『욕망의 주체들』 마지막 장에서 버틀러가 검토한 네 명의 사상가는 모두 자신들이 벗어나려고 애쓴 헤겔의 변증법 안에 놓여 있다고 말할 수 있다. 또한 데리다, 라캉, 들뢰즈, 푸코 모두 주체성을 개념화하는 토대로 헤겔의 주체를 필요로 한다는 사실이 드러났다. 버틀러는 '심지어 가장 집요한 탈헤겔주의자들조차 욕망하는 주체의 투쟁이라는 헤겔의 사상에 기대어 있다는 점이 매우 놀랍다'(SD : 230)고 말한다. 결론적으로 버틀러는 크리스테바를 통해 탈헤겔적 주체로 나가는 방식을 언급한다.

버틀러가 『욕망의 주체들』 마지막 몇 페이지에서 크리스테바의 이론을 논한 것은 다소 특이하다. 젠더와 주체에 대한 버틀러의 이 짤막한 분석은, 책이 '거의 끝나가고' 있다는 인상을 풍기기에 충분하다.(버틀러는 페미니스트 이론과 실천을 위해 현상학의 함축들을 끄집어내어, 「섹슈얼 이데올로기와 현상학적 기술 : 메를로 퐁티의 『지각의 현상학』에 관한 페미니스트 비평Sexual ideology and Phenomenological Description : A Feminist Critique of Merleau-Ponty's Pnenomenology of Perception」(1989)과 「수행적 행위와 젠더 구성 : 현상학과 페미니스트 이론에 관한 시론Performative Acts and Gender Constitution : An Essay in Phenomenology and Femisnist Theory」(1997)에 이를 적용한다.) 사실 버틀러가 헤겔적 주체의 젠더 문제를 거론한 것은 이것이 거의 처음이다. 여기에서 버틀러는 크리스테바를 프랑스에서 헤겔을 젠더화된 관점에서 비판하는 일과 가장 깊이 관련된 독자라고 소개한다. 그리고 크리스테바가 말하는 육체란 '충동과 요구의 잡종적 집합소'로서, 이는 육체가 단일한 통일체라는 개념을 자동적으로 깨뜨리는 이론이라고 주장한다.(SD : 232) 푸코와 크리스테바는 헤겔의 욕망 담론이 육체에 대한 담론에 자리를 내주어야 한다고 말한다. 흥미롭게도 버틀러는 욕망하는 주체에 관한 비평과 육체의 역사를 기록하는 일이, 자신이 '욕망에 대한 헤겔적 서사와의 명확한 단절'을 꾀한다고 칭했던 철학자들이 나아갈 길임을 확인하다.(물론 버틀러의 이러한 진술 역시 변증법적인 해결책을 꾀하려는 시도로 들리기는 하지만 말이다.)(SD : 235)

버틀러는 푸코의 논의에 '복잡한 역사적 상황에 처해 있는 구체적인 육체들'(SD : 237)에 관한 분석이 빠져 있음을 비판하며, 욕망을 좀 더 분명하고 구체적으로 이해하려면 문화를 단순히 육체를 제약하는 법으로 보지 않는 육체들의 역사가 필요하다고 주장한다.(SD : 238) 그럼에도 버틀러는 『욕망의 주체들』에서 그러한 역사를 기술하지 않았다. 이 책은 뜻밖에도 구성적이며 희극적인 욕망의 주체라는 개념을 다시 언급하는 것으로 끝난다.(역사적 주체는 『욕망의 주체들』이 다루는 범위를 벗어나는 문제이기 때문인 것 같다.) '헤겔부터 푸코에 이르기까지 욕망은 우리를 매우 이상한 허구적인 존재로 만드는데, 이것을 인정하는 웃음이 우리를 통찰의 순간으로 이끈다(SD : 238)'고 말이다. 이처럼 오직 패러디적인 증식을 통해서만 변증법 구조를 피할 수 있다는 생각이, 주체에 관한 버틀러 다음 저서인 『젠더 트러블』의 토대를 이룬다.

헤겔의 주체와 욕망

『욕망의 주체들』은 헤겔의 『정신현상학』이 두 세대에 걸쳐 프랑스 철학자들에게 수용된 양상을 분석한 책이다. 헤겔의 절대정신은 발전의 다음 단계로 올라서기 위해 장애물을 극복하고 자신의 여정에서 나타나는 모든 것을 부정하며 절대지를 향해 전진한다. 절대정신은 수없이 좌절하지만, 인정과 자기-의식을 향한 욕망이 그것을 계속해서 동기화한다. 이는 오직 차이를 극복함으로써, 즉 타자의 소멸을 통해 가능하다. 『정신현상학』을 읽은 지난 두 세대의 프랑스 철학자들은 헤겔의 절대정신을 자기동일적이며 일관된 것으로 가정하는 경향이 있다. 그러나 버틀러는, 헤겔에서 벗어나거나 그것을 무용지물로 만들려는 이들의 노력이, 헤겔의 절대정신에 관한 하나의 해석을 구성한다고 주장한다. 그들이 헤겔과의 단절을 시도한다고 해도, 이러한 담론적 움직임은 부정을 포함하는 정립-반정립-종합의 변증법적인 구조 속에 존재한다.

마르크스주의적 독법으로 『정신현상학』을 읽은 코제브는 역사의 종말, 실제로는 신의 종말을 예언함으로써 헤겔과 단절을 시도한다. 반면 이폴리트는 헤겔의 절대자the Absolute를 열린 결말과 미완의 과정으로 특징 짓는다. 사르트르는 헤겔이 설명하는 욕망은 예술을 통해서만 상상적으로 충족될 수 있다며, 실존적 행위자가 통일체의 결핍을 텍스트의 주제와 문학적 형식의 토대로 만든다고 주장한다.

헤겔의 주체는 새로운 철학자들의 '흐름'에 의해 다시 의문시된다. 데리다는 주체를 전치된 것으로 보았고, 푸코와 들뢰즈는 주체의 최종적인 죽음을 예측했다. 한편 라캉에게 주체는 분열된 것이다. 버틀러는 푸코와 크리스테바를 통해 욕망에 관한 헤겔의 담론은, 반드시 육체에 관한 역사적이고 구체적인 설명에 길을 내주어야 한다고 주장한다. 또한 메를로 퐁티의 글과 같은 현상학적 저술이 이성애 규범적으로 보일지라도 페미니스트 분석에 적용될 수 있다고 주장한다. 이후 『젠더 트러블』과 『의미를 체현하는 육체』에서 나타난, 존재란 '행위들'의 연쇄라는 버틀러의 주장은, 정체성이 선행하는 본질 자체라는 개념의 토대를 불안정하게 만들 것이다.

02

젠더

현상학에서 '여성성'으로

『젠더 트러블』(1990 ; 1999 재발행)은 버틀러의 책 중에서 가장 유명하고 중요한 책이다. 버틀러가 이론화한 수행적 정체성은 포스트모던 페미니즘의 필수 조건(Shildrick 1996)으로 간주된다. 물론 이 개념이 페미니즘 이론을 낯선 영역으로 밀어낸다는 주장도 있지만,(Mcnay 1999 : 175) 『젠더 트러블』의 견해에 동의하지 않는 사상가들도 이 책이 여러 분야에 두루 영향을 미친 중요한 책이며 앞으로도 계속 그러하리라고 본다.

버틀러는 어떻게 헤겔 현상학에서 '여성성femininity'과 '남성성masculinity'의 문제로 이동했을까? 이는 사고의 단절과 방향 전환을 뜻하는 것일까? 이 총명한 헤겔주의자가 섹스와 젠더, 섹슈얼리티 같은 당대의 문제에 주의를 돌렸을 때 그 결과는 어떠했을까? 『젠더 트러블』이 『욕망의 주체들』에서 근본적으로 이탈했다고 보는 것은 잘못이다. 물론 버틀러의 사고를 일직선적인 진보의 플롯으로 구성하려 해서는 안 되지만, 현상학적이며 헤겔적인 요소가 버틀러의 모든 저작물을 관통한다는 사실을 깨닫는 것 또한 중요하다. 욕망·인정·타자성은, 정체성 특히 젠더 정체성이 담론에 의해 담론 안에서 구성되는 방식인 주체 구성의 문제와 마찬가지로, 여전히 『젠더 트

러블』에 나타난 버틀러의 사상을 구성하는 중요한 요소로 작용한다.(SDII : xiv)

『젠더 트러블』은 150쪽 정도로 그다지 두툼한 책은 아니다. 하지만 철학적이고 이론적인 참고문헌의 범위는 실로 어마어마하다. 독자들은 때때로 버틀러가 언급하는 논의나 논쟁에 대한 사전 지식을 먼저 갖추어야겠다고 느끼거나, 본인이 기본적인 이론적 전제조차 이해하기 어려운 텍스트를 따라가려고 애쓰는 건 아닐까 생각할 수도 있다. '주디스 버틀러'와 '수행성'을 동의어로 생각하는 독자라면 아마도 지금 보고 있는 이 장이나 『젠더 트러블』을 읽으며, 그와 관련된 절로 곧바로 건너뛰고 싶을 것이다. 그러나 버틀러의 이론을 오해하는 이유 중 하나는, 많은 이들이 그것을 단순화 혹은 탈맥락화시켜 이론적으로 '축소'해버린 데 있다. 그러니 좀 어렵더라도 버틀러의 이론을 제대로 이해하려면 『젠더 트러블』을 처음부터 끝까지 읽는 것이 좋다. 물론 이 책으로 버틀러의 텍스트를 직접 읽는 것을 대신해서도 안 된다.

버틀러는 매우 혼성적인, 즉 이론적으로 다방면에 걸친 저자이기 때문에, 여기서 버틀러가 끌어오는 모든 사상가와 이론을 자세히 논할 수는 없다. 대신 『젠더 트러블』의 핵심적인 이론적 공식들, 즉 주체에 관한 푸코의 비평과 구조주의, 정신분석학, 페미니즘 이론에 관한 버틀러의 독해, 버틀러 고유의 우울증적인 정체성과 수행적인 정체성 이론에 초점을 맞추려고 한다. 아직은 푸코주의, 우울증, 수행성 같은 용어가 낯설게 여겨질 텐데, 이는 뒤에서 자세히 설명할 것이다.

버틀러의 핵심 저서인 『젠더 트러블』

「젠더 트러블」은 페미니즘 이론을 비롯한 다양한 학문 영역에서 격렬한 논쟁을 불러일으켰다. 이 책에서 버틀러가 이론화한 '수행적 정체성'은 포스트모던 페미니즘의 필수 조건으로 간주된다. 버틀러는 많은 페미니스트 이론가들이 '여성' '여성들' 같은 용어를 무비판적으로 사용함으로써 그러한 '주체'가 존재한다고 가정하는 것이 잘못이라고 단언하며, 이러한 범주가 과연 존재하는지 묻는다. 버틀러는 주체를 미리 존재하는 형이상학적 여행가가 아니라, 그것이 수행하는 행위들에 의해 담론 안에서 구성되는 과정-중의-주체라고 설명한다.

주체는 (어디에) 있는가?

『젠더 트러블』은, 많은 페미니스트 이론가들이 '여성woman' '여성들women' 같은 용어를 무비판적으로 사용함으로써 그러한 '주체'가 존재한다고 가정하는 것도 잘못이라고 단언하며, 이러한 범주가 과연 존재하는지 묻는다. 버틀러는 주체를 미리 존재하는pre-existing 형이상학적 여행가로 전제하고 출발하지 않는다. 대신 그것이 수행하는 행위acts들에 의해 담론 안에서 구성되는 과정-중의-주체라고 설명한다.

『젠더 트러블』은 다음의 방식으로 문제를 제기한다.

- '주체'를 수행적 구성물로 봄으로써 그것의 범주를 의문시한다.
- 남성의male/여성의female, 남자다운masculine/여자다운feminine, 동성애자/이성애자 등 이미 존재하는 대립을 유지하고자 애쓰는 이들을 혼란에 빠뜨릴 수 있는 주장, 즉 정체성을 '행하는doing' 방법들이 있다고 주장한다.

정체성이 수행적 구성물이라는 것은 매우 복잡한 이론으로 차차 살펴볼 텐데, 여기에서는 최소한 헤겔의 정신이 여행가(앞 장에서 설명했듯)라면 버틀러의 주체는 자신이 선택한 무대 위에서 정체성을 '수행perform'하는 배우라는 식의 단순한 이해가 틀릴 수 있음을 알아야 한다.

버틀러는 젠더 정체성이 (존재론적 기반을 갖는 개념인) 행위들의 연쇄라고 주장하지만, 그러한 행위를 하는 수행자가 미리 존재하지 않는다고, 즉 행동deed 뒤에 행위자doer가 존재하는 건 아니라고 주장한다. 여기에서 버틀러는 수행과 수행성의 차이점을 지적한다. 전자는 주체의 존재를 전제하는 반면 후자는 그렇지 않다. 이는 주체가 존재하지 않는다는 의미가 아니다. 주체는 우리가 있으리라고 기대하는 바로 그곳, 가령 행동의 '뒤에' 혹은 '앞에' 존재하지는 않는다는 의미이다. 따라서 『젠더 트러블』을 읽으려면, 젠더 정체성을 바라보는 혹은 그것을 찾는 새롭고도 급진적인 방식이 필요하다.

과정-중의-용어, 젠더

『제2의 성』에서 보부아르는 '여성으로 태어나는 것이 아니라 여성으로 만들어진다'라는 유명한 말을 했다. 생물학・심리학・경제학적 요소 어느 것도, 사회 속에서 존재하는 여성의 모습을 결정하지 못한다. 남성과 거세된 남성 사이를 매개하는, 여자다운 것으로 묘사되는 이러한 창조물을 생산하는 것은 전체로서의 문명이다.(1949 : 281) 『젠더 트러블』의 첫 장 말미에서 버틀러는 보부아르의 글을 언급하며 이렇게 말한다.

> 보부아르의 주장 중 옳은 것이 있다면, 바로 여성으로 태어나는 것이 아니라 여성으로 만들어진다becomes는 말일 것이다. 이처럼 여성 그 자체를 생성과 구성의 과정에 놓인 용어로 보면, 그것이 시작되었다거나 사라졌다고 말할 수 없게 된다. 그리고 진행 중인 담론적 실천으로서, 그것은 간섭과 재의미작용을 허용할 것이다. 젠더가 처음부터 거기에 존재했던 것처럼 보이게 만드는 '고정화하기congealing'는 그 자체로 다양한 사회적

수단들로 유지되는 은밀하고 지속적인 실천이다. 사회화와 구성의 과정을 지배하는 텔로스가 존재하는 듯 보이지만 사실은 그렇지 않듯이, 보부아르의 여성 또한 결코 존재할 수 없는 것이다.

『젠더 트러블』은 젠더가 하나의 형식을 어떻게 '고정하거나' 불변적인 것으로 만드는지 보여준다. 버틀러와 보부아르는 젠더가 시작도 끝도 없는 과정이기 때문에, 우리가 '된' 것이라기보다는 우리가 '행한' 것이라고 주장한다. 초기 논문인 「시몬 드 보부아르의 『제2의 성』에 나타난 섹스와 젠더」에서 버틀러는 '모든 젠더는 당연히 인위적'이라고 선언한다. 버틀러는 섹스와 젠더가 필연적인 관계를 갖지 않는다고 주장하기 이전부터 이미 이런 생각을 가졌던 것이다.(SG : 35)

버틀러는 섹스, 젠더, 섹슈얼리티가 상호 연결되어 있다는 보편적인 가정을 거부한다. 이 가정에 따르면 누군가가 생물학적으로 여성female이라는 사실은, 그 사람이 '여성적' 특성을 가졌으며 (이성애가 규범으로 간주되는 이성애 규범적인 세계에서) 남성을 욕망할 것으로 예상된다는 의미이다. 이와 달리 버틀러는 젠더가 '인위적'인 것이므로, 우리의 육체와 젠더 사이에 필연적인 관계는 없다고 말한다. 따라서 '여성의female' 육체를 가지고 있으면서 '여자다운feminitne' 것으로 간주되는 특성들을 보이지 않을 수도 있다. 다시 말해 우리는 '남자다운masculine' 여성 혹은 '여자다운feminine' 남성이 될 수도 있다. 『젠더 트러블』 첫 장에서 버틀러는 '섹스는 당연히 처음부터 젠더처럼 행세한다'(GT : 8)고 주장하며 이러한 생각을 더욱 발전시킨다.

버틀러의 논문과 『젠더 트러블』의 서문은 많은 중요한 문제를 제기한다. 젠더가 단지 인간이 '그러한is' 존재론적 상태가 아니라 '생성' 또는 과정이라면, 우리가 무엇이 되는지를 결정하는 것은 무엇이며 우리가 그것이 되는 방법은 무엇인가? 어떤 범위 안에서 우리는 우리의 젠더를 선택하는가? 실제로 그러한 선택을 행하는doing 것은 누구 또는 무엇이고, 만일 존재한다면 그러한 선택을 결정하는 것은 무엇인가?

또 다른 초기 논문 「섹스와 젠더의 변이 : 보부아르, 위티그, 푸코」에서 버틀러는 젠더가 '선택'(VSG : 128-9)이라고 주장한다. 이는 사실 말처럼 간단하지 않은데, '선택'이 '자유로운 행위자' 즉 '개인person'이 젠더 바깥에서 간단히 선택하는 것을 의미하지는 않기 때문이다. 자유로운 선택은 불가능하다. 우리는 이미 어떤 젠더로 존재하고 있으며, '젠더 유형' 중에서 우리가 무엇을 선택한다고 해도 그것은 이미 처음부터 제한된 상태에서의 선택이기 때문이다. 대신 버틀러는 '젠더를 선택하는 것은 인정받고 있는 젠더 규범을 새롭게 구성하고 해석하는 것이다. 급진적인 창조 행위는 아닐지라도, 젠더는 한 개인의 문화적인 역사를 자신만의 언어로 새롭게 만드는 조용한 기획이다. 이 기획은 우리가 반드시 하려고 애써야 하는 규범적인 일이 아니라, 그러한 규범적 의무 안에서 이미 우리가 쭉 시도해온 일이다.'(VSG : 131)라고 말한다.

버틀러는 젠더가 끊임없이 필연적으로 발생하는 하나의 행위 또는 일련의 행위들이기 때문에, 우리가 젠더 개념 바깥에서 사회적 행위자로 존재하기란 불가능하다고 말한다. 『젠더 트러블』은 젠더와 섹스를, 그것을 구성하고 만들어내는 담론의 맥락 속에 위치시킬 것이며, 이는 곧 이 두 가지 범주의 ('본래적인'에 반대되는 의미에서) 구성적인 성격을 드러낼 것이다.

버틀러는 급진적인 비판으로 『젠더 트러블』의 첫 장을 시작한다. 여기에서 버틀러는 페미니즘이 발화할 수 있는 또는 발화해야 하는 '단일한 또는 영원한 토대'는 존재하지 않는다고 주장하며, 위티그와 이리가레이 같은 이론가와 거리를 둔다. 버틀러는 이들처럼 〔여성이라는〕 단일하고 영원한 토대를 상정하는 것은 재현의 범위를 확대하려는 페미니즘의 기획을 역설적으로 붕괴시키는 배제적 실천이라고 본다.(GT : 5)

버틀러는 본질주의를 정치적 전략으로 사용하는 것조차 꺼린다.

담론 버틀러가 사용하는 담론이라는 단어는, 단순히 '발화' 혹은 '대화'가 아니라 특별히 푸코의 담론 형성을 가리킨다. 그것은 우리가 특별한 역사적 순간들에 대해 말하고 지각하는 방식을 결정하는 '진술statement의 광범위한 집합'이다. 푸코는 언술을 역사적 맥락과 연결된 반복가능한 사건들로 이해하고, '의학', '범죄', '광기' 같은 담론적 형성물을 동시에 만들어내는 언술들 사이의 연속성을 찾아낸다. 특히 푸코는 언술utterance이 가정하는 주체의 위치와 주체가 담론적으로 구성되는 방식에 관심을 갖는다. 따라서 푸코는 『광기와 문명』(1961)에서는 정신병이라는 개념이 19세기에 구성되었으며, 『성의 역사』 1권(1976)에서는 섹스와 섹슈얼리티가 19세기에 일어난 담론의 폭발적 증가 속에서 생산되는 동시에 통제되었다고 주장한다. 즉, '광기' '범죄' '섹슈얼리티' 같은 개념은 그것이 발생하는 특정한 역사적 맥락이나 변화라는 맥락에서 분석되어야 하는 담론적 구성물이라는 것이다.

(GT : 4) 지금까지 본질적인 지위를 의문시하는 효과적인 양식은, 이성애적 권력 기반 안에서 그것이 담론적으로 구성된 방식을 드러냄으로써, '남성man' '여성woman' '남성적male' '여성적female' 등의 범주를 변화시키는 것이었다.(GT : 30) 위티그는 레즈비언이 섹스의 범주를 넘어서는 개념이며, 사회적 체계로서의 이성애주의는 해체되어야 한다고 주장한다.(1992 : 20) 반면 버틀러는 섹스와 젠더가 담론적으로 구성되었으며, 담론 너머에 자유를 내포하는 자리 따위는 없다고 말한다. 문화적으로 구성된 섹슈얼리티는 부인될 수 없기 때문에 주체는 자신이 속한 구성체를 인정하고 그 안에서 '행하는do' 방법을 질문할 수 있을 뿐이다.(GT : 31) 『젠더 트러블』은 이성애적 '매트릭스matrix' 안에서 젠더와 섹스들이 지금처럼 '행하게 된done' 방식들과, 이러한 구성체들을 다양하게 '행하는do' 방법을 자세히 설명한다.

젠더 계보학

버틀러는 젠더 구성체constructions가 본래적이고 영원한 것처럼 보이는 형식으로 '고정된다'며, 그러한 형식을 탈고정화하고 해체하는 임무를 자신에게 부여한다. 즉, 버틀러는 『젠더 트러블』 도입부에서 페미니스트 비평은 해방을 위한 권력구조를 찾을 것이 아니라, 여성이 존재론적으로 주어진 것이라는 생각이 어떻게 그토록 광범위하게 받아들여지는지를 조사함으로써 '여성'이라는 범주가 권력구조에 의해 생산되고 제한되는 방식을 분석해야 한다고 주장한다.(GT : 2) 버틀러는 '가부장제'를 비판하는 대신, 자신이 '여성이라는 범주의

페미니스트 계보학(GT : 5 ; 강조 원저자) 그리고 '젠더 존재론의 계보학'(GT : 32)이라 칭하는 작업에 착수한다.

'계보학'이라는 단어를 통해, 우리는 버틀러가 『욕망의 주체들』 말미에서 철학의 나아갈 방향으로 제시한 역사적 분석을 직접 하고 있음을 알 수 있다. 『젠더 트러블』에서 '계보학'이라는 단어는 특히 푸코적 의미에서의 담론 형성 방법과 그것이 이행하는 정치적 목적에 관한 탐구를 가리킨다. 버틀러는 이렇게 말한다. '계보학은, 실제로는 다양하고 증식된 기원을 가진 기구·실천·담론들의 효과인 정체성의 범주들을 *기원*과 *원인*으로 칭하는 정치적 경계들을 조사한다.'(GT : viii-ix 강조 원저자) 주체가 원인이 아니라 효과라는 이 같은 관념은 수행적 정체성이라는 버틀러 이론의 핵심이므로, 이 글을 읽는 내내 기억해두는 것이 좋다.

따라서 버틀러는 젠더의 기원이나 원인(이 하나가 아니기 때문에 그것)을 추적하는 대신 계보학적 연구에 관심을 갖는다. 이러한 연구 방법은 젠더가 하나의 효과라는 가정 아래 이를 탐구한다. 아직은 버틀러의 효과-원인 공식이 순서가 뒤바뀐 듯 보일 수도 있는데, 이 문제는 버틀러의 수행성 이론으로 돌아가는 이 장 뒷부분에서 좀 더 자세하게 설명할 것이다.

강제적 이성애를 폭로하라

젠더는 구성되는 것이며, 어떠한 방식으로도 '당연히' 또는 반드시 섹스와 관련되지 않는다는 사실을 받아들인다면, 섹스와 젠더의 구분은 점점 불안정해 보일 것이다. 젠더가 근본적으로 섹스와 독립된 '자유롭게 부유하는 기술'(GT : 6)이라는 생각은, '섹스'도 젠더와 마찬가지로 문화적으로 구성된 것인가라는 질문을 제기한다. 실제 섹스는 언제나 이미 젠더였으며, 그렇기 때문에 섹스/젠더는 실제로는 전혀 구분되지 않았다.(GT : 7)

버틀러는 젠더 '또는' 섹스가 '영속적인 실체'라는 관념을 없애버린다. 버틀러는 이성애 또는 이성애자heterosexist 문화가 '강제적 이성애'를 유지하고 영속시키려고 그러한 범주들의 일관성을 구축한다고 주장한다. '강제적 이성애'란 페미니스트 시인이자 비평가인 에이드리엔 리치Adrienne Rich의 표현으로, 남성과 여성에게 이성애자가 될 것을 요구하거나 심지어 강요하는 지배적 질서를 뜻한다.

버틀러는 '강제적이고 자연화된 이성애' 체계를 따르지 않는 젠더 정체성들이, 젠더 규범이 사회적으로 구성되고 유지되는 방식을 폭로한다고 주장하며(GT : 22), 그 예로 19세기의 양성인간 에르큘린 바뱅Herculine Barbin〔19세기의 양성인간으로 서른 살에 자살했다. 푸코가 그녀/그의 일기를 발견했다.〕을 든다. 양성인간인 바뱅은, 섹스와 젠더의 상호 연관성을 전제한 채 사람들을 남성male/여성female, 남자다움/여자다움으로 구분하는 이성애적 젠더 대립항으로는 범주화할 수 없는 존재이다. 20세기 영어판 바뱅의 일기(Barbin 1980)는 푸코가 소개한 것으로, 버틀러는 바뱅의 경험을 설명하는 푸코의 중요한 방법에서 벗어나려고 하면서도, 한편으로 바뱅에 의해 '구현된' 성적 이질성이, 자신이 말하는 '실체의 형이상학'과 '섹스라는 정체화의 범주들'(GT : 23-4)을 함축적으로 비판한다며 푸코의 시각에 동의한다.

'실체의 형이상학'은 섹스와 육체가 '선천적인' '물질적' 실체라는 일반화된 믿음을 가리킨다. 반면 버틀러에게 섹스와 젠더는 '환영적인phantasmatic' 문화적 구성물로서, 육체를 정의하고 그것의 윤곽을 정한다. 버틀러는 바뱅이 젠더 이분법을 따르는 데 실패한 사실 자체가, 그러한 범주들의 불안정성을 폭로한다고 주장한다. 다시 말해서 바뱅의 실패는 젠더를 실체로, '남성'과 '여성'을 명사로 볼 수 있는가라는 의문을 제기한다는 것이다.(GT : 24)

바뱅이 예증하는 젠더의 불일치 또는 '젠더 트러블'은, 젠더가 허구적 생산물(GT : 24)임을 보여준다. 따라서 버틀러는 '젠더는 명사가 아니라 수행문이다. 즉 그것은 정체성을 구성한다.'라고 단언한다. 이러한 의미에서 젠더는 언제나 행위doing인 것이다. 물론 이때의 행위는 그 행동deed에 선행하는 어떤 주체의 행위가 아니다.(GT : 25) 이것이 바로 가장 어려우면서도 영향력 있는 버틀러의 개념이다.

벽장 밖으로

버틀러는 권력구조가 젠더를 강요한다면서, 그러한 강요에 전복이나 증식의 가능성 또한 존재한다고 주장한다. 젠더를 하나의 '행위' 또는 물질적 양식으로 본다면, 이를 옷장에서 옷을 고르는 것에 비유해 볼 수 있다. 비록 버틀러는 다음 책인 『의미를 체현하는 육체』에서 이러한 비유에 분명히 반대의사를 표하지만, 젠더 개념을 이해하는 데 약간은 도움이 될 것이다. 우리는 무엇보다 '선택의 자유'라는 관념을 확실히 없애야 한다. 우리는 법과 문화 속에서 살고 있기 때문에, 우리의 선택이 전적으로 '자유롭다'고 말할 수 없다. 우리가 '선택'한 옷들은 우리가 의식하지 못한다 해도 분명 직장 동료의 기대나 요구에 맞춘 것이다. 더구나 우리가 입을 수 있는 옷의 범위도 문화, 직업, 수입, 사회적 배경/지위에 따라 결정된다.

버틀러의 사물의 체계scheme of thing 안에서, 만약 당신이 동료나 친구들이 부과한 기내나 제약을 '어떤 젠더를 입는' 것으로 무시하기로 했다면, 이는 당신의 서류에 결제 도장을 찍어줄 위치에 있는 상사의 기분을 상하게 할 수는 있을 것이다. 그러나 당신이 비유적인 의미로, 젠더의 옷장을 다시 채우거나 완전히 새로운 것을 얻을 수는 없으며, 만약 그럴 수 있다 해도 가게에서 살 수 있는 옷은 정해져 있다. 우리는 다만 '관습적인' 방식으로 옷을 입지 않았다는 사실을 표시하기 위해서, 옷을 찢거나 오래된 금화 장식을 달거나 거꾸로 뒤집어 입는 등 옷을 고쳐 입을 수 있을 뿐이다. 다시 말해서 전복의 행동을 선택하는 데에도 한계가 있듯이, 젠더 선택의 폭도 이미 정해져 있다. 그렇기 때문에 당신이 무엇을 행한다 해도 그것이 절대 당신의 젠더를 '선택'하거나 '전복'하는 것으로 보이지는 않을 것이다.

이러한 비유는 다소 단순해 보이지만, 젠더 선택이 '자유'롭기보다는 제한된 것이라고 생각하게 도와준다. 나아가 이러한 젠더 정체성 모델은 저항적인 행위agency(즉 선택과 행위)와 행위자the agent에 관한 질문을 제기한다. 젠더를 정해진 옷들 가운데 적당한 복장을 선택하는 것에 비유한다면, 우리는 다시 누가 혹은 무엇이 그러한 선택을 하는지 물어야 한다. 옷장 앞에 서서 오늘 입을 옷을 선택하는 사람이라는 예는, 젠더(이 예에서는 옷을 입는 것)가 있기 '전에' 주체 혹은 행위자가 존재한다는 사실을 함축한다. 앞으로 보겠지만 버틀러는 『젠더 트러블』에서 이러한 생각을 거부한다. 이 책에서 수행적이라는 젠더의 개념은 정체성을 효과적으로 구성하는, 행위에 선행하는 '행위자'의 존재를 가정하지 않는다.

푸코의 렌즈로 본 정신분석학

버틀러는 『젠더 트러블』 3장에서 제시한 수행성 · 패러디 · 드랙의 공식으로 유명해졌지만, 2장 '금지, 정신분석, 이성애적 매트릭스의 생산' 역시 버틀러의 정체성 모델을 이해하는 데 결정적이다. 버틀러는 젠더, 정체성, 그리고 법에 대한 구조주의자와 정신분석학자들의 설명을 푸코의 관점으로 읽으며

- '젠더의 문화적 생산에 관한 담론적 해설'을 제시한다. 다시 말해 버틀러는 젠더가 담론적 구성물이며, '당연한 사실'이 아니라 생산된 것이라는 가정 하에 연구에 임한다.
- 법을 단일하고 금지적이며 매우 억압적인 것으로 가정하는 이론가들(가령 라캉과 같은)과 반대로, 법이 다양하며 증식적이고 잠재적으로 자기 전복적인 성격을 갖는다고 본다.

『젠더 트러블』 2장 제목에서 핵심 단어는 '생산'과 '매트릭스matrix'

이다. '매트릭스'의 사전적 의미는 여러 가지다. 무엇인가가 만들어지거나 모양이 정해지는 틀 ; 자궁 ; 또는 컴퓨터에서 격자처럼 배열된 도선의 회로망. 버틀러가 이 중 정확히 어떤 의미로 사용했는지는 알 수 없다. 그러나 버틀러가 젠더를 자궁으로 생각하는 것 같지는 않으므로, 첫 번째와 세 번째 정의에 해당된다고 볼 수 있다. 이 정의를 따르면 젠더는 주체가 그 안으로 던져지는 (또는 그것에 의해 던져지는) '구조', '틀', '격자' 같은 것이다.(물론 매트릭스 그 자체도 버틀러가 여기에서 논의하는 이론으로 생산되고 강화된다는 점을 잊어서는 안 된다.)

이 장에서 버틀러는 라캉과 존 리비어Joan Riviere(1883~1962) 그리고 프로이트의 정신분석학적 공식들을 분석하기에 앞서, 구조주의 인류학자인 클로드 레비 스트로스의 친족 구조 분석을 먼저 논한다. 그러고 나서 현대 후기프로이트주의 정신분석학자인 니콜라스 아브라함Nicolas Abraham과 마리아 토록Maria Torok, 후기구조주의자 푸코의 이론을 통해 젠더/섹스 정체성과 법에 관한 자신만의 논의를 전개한다.

버틀러가 비평하는 사상가들을 자세히 논하기에는 지면이 부족하므로, 여기서는 정체성 형성에 관한 프로이트의 이론을 주로 분석할 것이다. 앞으로 언급할 많은 이론들은 매우 복잡해 쉽게 요약하기 어려우므로, 루틀리지 비평가 시리즈에 속한 다른 책들(파멜라 투르슈웰Pamela Thurschwell의 『지그문트 프로이트』(2000) 3장 '섹슈얼리티')을 상호 참조하거나, 비판 이론, 정신분석학, 페미니즘에 대한 소개글(〈버틀러의 모든 것〉 참조)을 참고하는 것이 유용할 것이다.

프로이트의 영향

버틀러의 이론은 프로이트에게 큰 영향을 받았다. 버틀러의 프로이트 독해는 매우 복잡해서 제대로 이해하기 어려운데, 그 이유는 우선 프로이트 이론 자체의 불확실성과 잦은 수정 때문이고, 또 다른 이유는 버틀러가 프로이트 이론 가운데 무엇을 끌어오는지 명확하게 표시되지 않거나 또는 실제로 프로이트의 이론 전부를 끌어오기 때문이다.

버틀러는 프로이트의 저술 가운데 두 편의 중요한 논문을 인용한다. 「슬픔과 우울증」과 이보다 뒤에 나온 『에고와 이드』가 그것이다. 「슬픔과 우울증」에서 프로이트는 '우울증'을, 사랑하는 사람의 죽음처럼 실제 무언가를 상실했을 때의 반응인 '슬픔'과 구별한다. 우울증 환자는 그/그녀가 무엇을 상실했는지 모를 때도 있으며, 무언가를 '상실'했다는 것조차 전혀 깨닫지 못할 때도 있다. 때문에 프로이트는 이를 억압과 유사한 병리적인 상태로 여겼다.

프로이트는 우울증 환자가 상실을 '극복'하고 받아들이는 대신, 잃어버린 대상에 자신을 '동일시'함으로써 그 대상을 에고로 가져가는 식으로 대응한다고 보았다. '동일시'는 마음이 에고ego · 슈퍼 에고 super ego · 이드Id로 구조화된다는 프로이트의 이론에서 핵심적인 개념으로, 상실에 대한 반응으로 타자와 동일화하는 과정과 효과를 의미한다. 이러한 동일시는 투사를 통해 발생하는데, '투사'는 주체가 외부 세계의 대상을 자신에게 가져와 에고 안에 보존하는 과정을 말하는 것으로, 어떤 대상이 에고 안에 은유적인 의미에서 '자리잡은' 것을 뜻한다. 그러나 버틀러는 투사가 동일시의 유일한 방식은 아니라고 주장한다.

『에고와 이드』에서 프로이트는 우울증을 병리적이거나 정신적인 질병으로 간주하지 않으며, 모든 에고 형성을 우울증적 구조로 설명한다. 프로이트는 에고 형성 과정 안에서 아이의 최초 대상 리비도 집중object-cathexes이 동일시로 변형된다고 주장한다. 이 변형은 일단 프로이트의 용어를 이해하고 나면 그다지 복잡하지 않다. 유아는 최초로 부모 가운데 어느 한쪽을 욕망한다.(이것이 최초의 대상 리비도 집중이다.) 그러나 근친상간의 금기는 이러한 욕망을 포기해야 한다는 것을 의미한다. 상실한 대상을 그녀/그 자신에 옮겨놓고 간직하는 우울증 환자처럼, 에고는 상실한 대상(그것이 욕망한 부모)을 투사하고 간직한다. 프로이트는 '잃어버린 대상은 에고 안에서 다시 자리를 잡는다. 즉, …… 대상 리비도 집중은 동일시로 대체된다.'라고

프로이트의 유용한 개념들

슬픔 실제 상실의 반응

우울증 상상된 상실의 반응

대상 리비도 집중object-cathexis 대상에 대한 욕망 ; 이 경우에는 누군가의 어머니 혹은 아버지

동일시 누군가가 다른 누구 혹은 무언가와 동일시하는 과정 ; 이 맥락에서는 상실한 대상. 동일시는 투사 혹은 기입을 통해 발생한다.

투사 외부 세계의 대상이 에고로 옮겨지고 보관되는 과정

기입Incorporation 대상들이 육체의 표면에 보존되는 과정 (프로이트는 「슬픔과 우울증」 또는 에고와 이드에서 기입을 논하지 않는다)

성향 태어날 때부터 동성 또는 이성 가운데 어느 쪽을 욕망하는가 하는 것

말한다.(1923 : 367) 그러므로 에고는 그것이 포기해야만 했던 모든 욕망의 저장소이다. 또는 프로이트가 말하듯 '에고의 특징은 그것이 포기된 대상 리비도 집중들의 침전물이며…… 그러한 대상-선택들의 역사를 담고 있다.'(1923 : 368)

만약 당신의 최초의 욕망이 어머니라면, 당신은 당신 어머니의 모습을 투사하고 어머니와 동일시할 것이다. 역으로 최초의 욕망이 아버지라면 우리는 금지된 대상 리비도 집중을 아버지와의 동일시로 대체할 것이다. 그런데 무엇이 최초의 대상 리비도 집중을 결정하는가, 즉 왜 유아는 부모 둘 중(다른 한쪽이 아닌) 한 쪽을 선택하는가?

이에 대해 확실한 답을 내릴 수 없었던 프로이트는, 유아의 욕망의 방향이 '성향'으로 결정된다며 이 문제를 회피한다. 프로이트의 '성향'은 이성 혹은 동성에 대한 유아의 타고난 욕망을 의미하는 것 같다. 그러나 프로이트는 '어린 소녀'의 발달을 설명하는 데에서는 머뭇거린다. 프로이트는 다음과 같이 쓴다.

어린 소녀가 최초의 사랑 대상인 아버지를 포기한 후, '그녀의 남성성이 두드러지게 나타나고, 어머니보다는 (상실한 대상인) 아버지와 동일시하는 사례가 자주 나타날 것이다. 분명히 이 문제는 그 소녀의 성향에 있는 남성성—그것이 무엇으로 구성되었든—이 (그녀의 아버지와 동일시하기에 충분히) 얼마나 강한지에 달려 있을 것이다.'(1923 : 372) 대상 리비도 집중은 최초 성향, 즉 태어날 때부터 선천적으로 '남성다운'가 또는 '여성다운'가의 결과물처럼 보인다. 우리의 예상대로 버틀러는 타고난 성적 '성향'이라는 프로이트의 다소 불확실한 가설을 비판한다.

우울증적 이성애

이제 버틀러가 프로이트의 이론으로 무엇을 하는지 볼 차례이다. 버틀러는 프로이트가 성급하게 얼버무린 '성향'이라는 것에 흥미를 갖는다. 성향이 선천적인 것임을 인정하기보다 '남성다운' 그리고 '여성다운' 성향이 어떻게 동일시로 이어지는지, 그리고 어디에서 그러한 동일시가 일어나는지 알고자 한다. 사실 버틀러는 성향이 동일시의 '원인'이 아니라 동성/이성 부모와의 동일시 '효과'라고 주장한다. 다시 말해서 욕망이 가장 먼저 생긴 게 아니라는 것이다. 버틀러는 프로이트의 말을 잠깐 중단시키는 '하이픈으로 표시한 의구심'('-그것이 무엇으로 구성되었든지-')을 가리키며, '프로이트 자신의 논리를 무너뜨릴 것이 확실한 이 최초의 성향이란 무엇인가?'라고 묻는다.(GT : 60)

유아는 근친상간 금기 때문에 부모를 향한 욕망을 포기해야 한다. 따라서 프로이트는 에고 형성을 우울증적 구조로 설명할 수 있다고 주장한다. 반면 버틀러는 왜 그런지 근거를 명시하지는 않지만, 근친상간 금기보다 동성애 금기가 앞선다고 주장한다.(GT : 63) 이러한 주장은 아이의 최초 욕망이 언제나 동성 부모를 향한다는 사실을 뜻한다. 금지해야 할 것이 없다면 금기가 왜 필요한가? 버틀러는 법이 욕망을 생산하고 금지한다고 주장하면서도, 여전히 하나의 욕망이

우울증적 이성애 '어린 소녀'의 사례 연구는 다음과 같이 요약할 수 있다.

어머니에 대한 '어린 소녀'의 욕망 → 근친상간 금기 → '어린 소녀'의 우울증 → 기입을 통한 어머니와의 동일시 → '어린 소녀'의 부정된 동성애 욕망 → 여성성feminity → 우울증적 이성애

다른 욕망보다 먼저 생산되고 억압되는 이유는 명확하게 설명하지 못한다. 버틀러는 '비록 프로이트가 명백하게 입장을 밝히지는 않았지만, 동성애 금기가 이성애적 근친상간 금기에 '앞서야' 하는 것 같다.'는 말을(GT : 64) 여러 번 반복한다. 그러나 버틀러가 프로이트를 소개하며 사용하는 '비록 프로이트가 ~일지라도', '~일 것이다.' 등의 한정어들은, 버틀러 자신이 프로이트의 성향을 설명하며 '하이픈으로 표시한 의구심'이라고 지적한 것과 닮았다.

동성애 금기가 근친상간 금기에 앞선다는 주장은, 젠더와 섹스의 정체성이 금지에 대한 대응으로 형성된다는 버틀러의 논의에서 결정적이다. 버틀러는 젠더 또는 섹스를 선천적인 것으로 여기는 대신, '젠더 정체성은 금지가 내면화된 것이며, 이는 정체성이 형성적인 것임을 입증한다'(GT : 63)고 주장한다. 여기서 버틀러가 말하는 '금지'는 동성애 금기이므로, 버틀러의 이론에서 모든 젠더 정체성은 최초의 금지된 동성애적 리비도 집중 또는 욕망에 기초해 있는 것이 명백하다. 만약 우울증이 실제의 또는 상상의 상실에 대한 반응이며, 이성애적 젠더 정체성이 욕망의 동성애적 대상에 대한 최초의 상실을 토대로 형성된다면, 이성애적 젠더 정체성은 우울증적인 것이라는 이야기가 된다.

프로이트의 슬픔, 우울증, 에고 형성 이론을 푸코식으로 전유한 것과, 이성애가 최초의 동성애 욕망을 토대로 한다는 주장은, 『젠더 트러블』의 가장 중요한 성과 중 하나이다. 또한 우울증적 젠더 정체성과 동일시 이론은 이어지는 버틀러의 작업을 예고하므로, 다소 길지만 버틀러의 글을 직접 인용한다.

> 여자다운 성향과 남자다운 성향이 〔동성애 금기가〕 효과적으로 내면화된 결과라면, 그리고 동성 대상의 상실에 대한 우울증 환자의 대답이 자아-이상을 구성하는 과정에서 그 대상을 기입하고 나아가 그 대상이 되는 것이라면, 젠더 정체성은 금지가 내면화된 것이며, 그렇기 때문에 구성적인 것이라고 할 수 있다. 실제로 정체성은 이러한 금기가 꾸준히 적용됨으로써 구성되고 유지된다. 섹스라는 추상적인 범주들을 따라 육체가 양식화되고, 성적 욕망의 '성향'이 생산됨으로써 말이다.…… 성향은 정신의 타고난 성적 요소가 아니다. 성향은 문화에 의해 그리고 자아 이상과 공모하고 그것을 재평가하는 행위에 의해 부과된 법의 효과이다.(GT : 63-4)

이 인용문에서 '기입'이라는 단어에 주목해야 한다. 『젠더 트러블』 색인에는 이 단어가 없지만, '기입'은 젠더, 섹스, 육체에 관한 버틀러 논의의 핵심 요소이다.

우울증은 '기입'된다

방금 인용한 절에서 '육체의 양식화'와 '성적 욕망의 생산과 성적 욕망의 "성향"'을 언급함으로써, 버틀러는 젠더뿐만 아니라 섹스 역시 동성애 금기의 결과라고 주장한다. 지금까지 버틀러는 동성애 금기가 프로이트의 「슬픔과 우울증」에서 설명하고 있는 우울증적 반응, 즉 동성 부모와의 동일시를 유발한다고 주장했다. 버틀러는 '내면화 internalization'라는 용어로 이러한 동일시를 설명하는데, 프로이트가 말한 것처럼 그것은 상실한 대상이 에고 속에 동일시로 투사되거나 나타난다는 사실을 의미한다.

「슬픔과 우울증」과 『에고와 이드』에서 기입에 대해 아무 이야기도 하지 않은 프로이트와 달리, 버틀러는 우울증적 동일시가 어디에서 발생하는가를 묻고, 그 대답으로 동일시가 기입으로 나타난다고, 즉 육체의 표면에 보존된다고 결론 내린다.(GT : 67) 여기서 버틀러는 슬픔은 상실한 대상의 투사를 야기하지만, 우울증은 "기입"된다는 아브라함과 토록의 주장을 따른다. 버틀러는 '젠더 정체성을 우울증적 구조로 보면, 동일시를 완성하는 수단으로 "기입"을 선택하는 것을 이해할 수 있다' 라고 말한다. '젠더 정체성은 상실을 거부하는 행위, 곧 잃어버린 대상 그 자체를 육체에 암호화하는 행위를 통해 완성될 것이다.…… 기입은 말 그대로 상실을 육체 '위에' 혹은 '안에' 해석해놓은 것이다. 따라서 그것은 육체라는 실체로 드러나게 되는데, 즉 육체가 "섹스"를 말 그대로 간직하게 된다는 의미이다.'(GT : 68)

반드시 포기해야만 하는 대상 리비도 집중의 저장소가 에고만은 아니다. 육체 자체도 일종의 '무덤'(인용부호로 표시한 것에 주목하라.)이다. 그러나 상실된 욕망들은 결코 그 안에 묻히지 않는다. 왜냐하면 그것들은 육체의 표면에 보존되어 우리의 섹스와 젠더 정체성을 구성하기 때문이다. 버틀러는 다음과 같은 방법으로 존재론적 등식을 만든다. '만약 이성애가 동성애를 부정한 것이 우울증으로 끝나고, 우울증이 기입된다면, 인정받지 못한 동성애적 사랑은 거꾸로 그것에 의해 정의된 젠더 정체성을 양성해냄으로써 보존된다.'(GT : 69) 또는 단순하게 말해서 우리는 우리가 욕망한 것(그러나 더 이상 욕망하는 것이 허락되지 않는)이 된다.

모든 고정된 젠더 정체성은 '우울증적'이다. 그것은 육체 위에 씌어진 최초의 금지된 욕망 위에 세워져 있다. 또한 버틀러가 단언하듯 젠더의 이 견고한 경계들은 타고난, 거부된, 미해결된 사랑의 상실을 감추고 있다.(GT : 63) 우울증적 젠더로 고통(이것이 적합한 단어라면)을 겪고 있는 사람들은(버틀러는 우울증적 이성애를 '증후'라고 부르는데 이는 거기에 병리학적인 요소가 있음을 암시한다.(GT : 71)) 이성애

우울증적 젠더 사랑하는 대상의 상실은 우울증과 함께 대상과의 동일시를 낳는다. 동성애 금기가 근친상간 금기에 선행한다는 버틀러의 주장은, 최초의 금지가 동성애 욕망에 대한 것임을 뜻한다. 이성애 문화에서는 근친상간 금기의 결과는 슬퍼할 수 있는 반면, 동성애 금기에 따른 상실에는 슬퍼할 수 없다. 때문에 동성애 금기에 대한 반응은 슬픔이 아니라 우울증으로 나타난다.(GT : 69)

동성 부모와의 우울증적 동일시는 기입된다. 즉, 육체의 표면에 보존된다. 따라서 섹스는 젠더와 마찬가지로 '선천적'으로 주어졌다고 할 수 없는 하나의 과정이며, 우리가 동일시와 기입을 통해 가정하는 것이라 하겠다. 우울증적 이성애 주체는 그녀/그의 금지된 동성 욕망을 육체의 표면에 '간직'할 것이다. 따라서 육체의 '초ultra여성성'과 '초남성성'은 동성 대상을 향한 주체의 포기된 욕망을 나타낸다. 이는 곧 우리는 우리가 욕망하는 것이 '된다'라는 의미인 동시에, 표현이 금지된 욕망이 우리의 육체와 행동 속에 증후화된다는 것을 뜻한다.

모든 섹슈얼리티와 젠더 정체성은 우울증적이다. 그러나 버틀러는 이성애 문화가 동성애 욕망을 금지하듯 이성애 욕망을 금지하지는 않기 때문에, 동성애적 우울증과 이성애적 우울증을 동일하게 볼 수 없다고 말한다.

자들만이 아니다. 버틀러는 '도저히 존재할 법하지 않은 이성애자를 향한 동성애자의 욕망'은 우울증적으로 자신에게 기입되고 이렇게 그/그녀의 이성애적 욕망이 유지된다는 데 동의한다. 그러나 버틀러는 우리의 문화가 동성애처럼 이성애를 거부하지는 않으므로, 이성애적 우울증과 동성애적 우울증은 실제 동등하지 않다고 지적한다.(GT : 70)

젠더처럼 육체는 그것의 계보학을 숨기고 그 자체를 '선천적인' 즉, 주어진 것으로 제시한다. 그러나 버틀러는 포기한 욕망이 육체에 '기입'되었다고 주장함으로써 육체가 욕망의 원인이 아니라 효과라고 단언한다. 육체는 상상된 구조로서 욕망의 결과 혹은 산물인 것이다. 버틀러는 '욕망의 환영적인 특성은 육체를 욕망의 토대나 원인이 아니라, 욕망의 사건occasion이자 대상object으로 드러낸다'면서 계속해서 '욕망의 전략은 부분적으로는 욕망하는 육체 자체를 변형시킨다.'(GT : 71)라고 말한다. 욕망이 육체를 '변형한다'는 개념은 매우 복잡하지만, 여기에서는 버틀러가 육체를 안정되고 고정된 것으로 그리고 '단지 물질적인' 것으로 가정하지 않으며, 담론과 법에 의해 만들어지고 구성된 것으로 인식하고 있다는 지적만으로 충분하다. 버틀러는 『젠더 트러블』 3장 '전복적인 육체적 행위들'에서 육체의 문제로 되돌아간다. 이 장에서 그녀는 섹스와 젠더를 육체의 영속성이라는 외양을 성립시키는 데 수행적으로 작용하는 '법규'라고 생각한다.

섹스와 젠더가 주어진 것이 아니라 '법규'라면, 전복적인 방식으로 갑자기 실행될 수도 있을 것이다. 버틀러는 수행성과 패러디를 논하기 전에 법의 전복적인 잠재력을 먼저 고찰한다.

법/금기의 생산성

버틀러가 계보학적으로 분석하려고 하는 구조주의와 정신분석학 이론들은 섹스와 젠더를 보편적이고 고정적이며 타고난 것으로 간주한다. 반면 버틀러는 섹스와 젠더가 담론과 법의 산물임을 강조하고, 이어 『젠더 트러블』의 길고 긴 2장 뒷부분으로 가면서 법의 복수성을 강조한다. 여기서 복수성이란 법이, '선천적인' 것처럼 보이는 섹스화되고 젠더화된 정체성을 생산하고 있음을 의미하려고 사용한 용어이다. 버틀러는 섹스화되고 젠더화된 정체성들이 법과 금기의 산물이라는 레비 스트로스와 프로이트의 가정에 이의를 제기하지 않는다. 다만 버틀러는 이러한 이론들에서 벗어나, 법이 이미 인정받은 섹스와 젠더 정체성의 안정성을 구축하고 유지하기 위해 그것이 인정할 수 없는 정체성과 욕망들을 억압하는 동시에 생산한다고 주장한다.

여기에서 버틀러는 푸코가 공식화한 억압 가설 비판을 전개한다. 푸코는 19세기에 섹슈얼리티가 법에 의해 억압되었다는 보편적인 가정을 공격한다. 대신 섹슈얼리티가 법에 의해 생산되었으며, 법은 결코 섹스에 대해 침묵하지 않았다고, 또한 19세기에는 '권력 자체가 행사되는 영역에서 다양한 섹스 담론이 존재했다고 주장한다. 즉, 그 시대에는 섹스에 대해 말하게 하는 제도가 있었으며, 따라서 사람들은 섹스에 대해 점점 더 많이 말하게 되었다는 것이다.'(Foucault 1976 : 18) 푸코는 섹스에 대해 말하는 것이 그것을 생산하는 동시에 통제하는 방식이라고 주장한다. 또한 법의 범위를 벗어나는 장소란 있을 수 없으므로 전복은 반드시 존재하는 담론 구조 안에서 발생한다고 주장한다.

버틀러는 푸코의 억압 가설 비판을 바탕으로 동성애적/근친상간적 결합을 금지하는 법이 그것들을 고안하고 초래했다고 주장한다. 버틀러는 '〔근친상간〕 금기의 생산성generativity …… 그러한 금기는 특정 형태의 섹슈얼리티를 금지하고 나타낼 뿐만 아니라, 다양한 대체 욕망과 정체성을 의도치 않게 생산한다. 이런 욕망과 정체성들은 어떤 면에서 특별한 "대체물들"인 경우를 제외하고는 결코 미리 억제되지 않는다'(GT : 76)고 말한다. 이는 동성애 금기와 근친상간 금기의 억압적 기능과 생산적 기능을 분리시키는 것이 불가능하다는 의미이다. 왜냐하면 법은 그 자체로 부모와 동성에 대한 욕망을 금지하면서 생산하기 때문이다.

버틀러는 정신분석학이 언제나 근친상간 금기의 생산적 기능을 인식했다는 점을 인정한다. 그리고 동성애 금기에도 이와 동일한 논의를 적용시켜, 이성애는 그 자신을 정의하고 안정성을 유지하기 위해 동성애를 필요로 한다는 결론을 내린다. 버틀러는 '동성애는 억압되기 위해 반드시 생산되어야 하는 욕망'이라고 적고 있다. 이성애는 이해할 수 있는 동성애를 생산하고 그것을 금지함으로써 이해할 수 없는 것으로 만든다.(GT : 77)

동성애가 이성애의 일관성을 유지시키기 위해 '생산된다'는 생각은 매력적이지만 문제의 소지가 있다. 왜냐하면 그러한 생각은 동성애를 병리적 현상으로 만들 위험이 있으며, 이성애와의 관계에서 부차적인 위치에 놓이는 것으로, 즉 이성애적인 법의 산물로 만들 수 있기 때문이다.(조너선 돌리모어Jonathan Dolimore도 유사한 지적을 한다.

'버틀러를 읽으면 때때로 게이 욕망이 이성애 안에서, 전복적인 위치에 놓인 경우를 제외하고는 불완전하다는 인상을 받는다.'(1996 : 535))

당신은 이와 같은 공식이, 동성애 금기가 근친상간 금기에 선행한다는 버틀러의 단언과 모순되는 것은 아닌지 궁금하게 여길 수도 있다. 왜냐하면 버틀러의 주장은 동성애 욕망이 이성애 욕망에 선행한다는 의미를 내포하는데, 지금 이 부분에서는 이 인과관계가 뒤집힌 것처럼, 그러니까 동성애가 이성애의 안정성을 확립하기 위해 생산된 이차적인 담론 형성물로 나타나기 때문이다. 이런 명백한 모순은 정신분석학(정체성의 기원들과 관계된)과 푸코 이론(그와 관계없는) 사이에 놓인 잠재적인 양립 불가능성의 결과라고 할 수 있다. 실제로 동성애 금기와 근친상간 금기에 대한 우울증적 반응으로 성적 정체성을 특징 짓는 것은, 버틀러 자신이 『욕망의 주체들』에서 비난하는 라캉의 공식들과 유사하다. 라캉은 주체가 (욕망의) 결여와 상실로 구성되며, '아버지의 법'에 얽매여 있다고 주장한다.

그럼에도 라캉과 달리, 버틀러는 법이 생성적이며 복수적인 성격을 띤다고, 따라서 전복·패러디·드랙 같은 것이 법 안에서 일어난다고 주장한다. 이때 법은 그것이 억압하는 동시에 생산하는 전복적인 정체성들이 '상연'될 기회를 제공한다.

이론에 나타난 육체들

『젠더 트러블』 전체에서 버틀러는 수행성에 대한 수많은 암시들을 만들어낸다. 그러나 이 이론을 가장 잘 설명한 부분은, 3장 뒷부분의

(그 영향력에 비해) 놀랄 만큼 짧은 절이다.(GT : 136-41) 그동안 『젠더 트러블』의 여러 논의 중 수행성 이론이 나머지 논의를 가려온 것은 문제가 있다. 그러나 이 책 역시 주로 수행성에 초점을 맞추었기 때문에 이러한 문제점을 반복한다는 비난을 벗어나기 힘들다. 그런 까닭에 버틀러의 수행성 공식에 도움을 준 사상가와 그들의 이론을 검토하는 것이 썩 내키지는 않지만, 『젠더 트러블』의 3장을 읽는 데 도움이 되었으면 하는 바람에서, 수행성 이론과 관계된 사상가와 이론을 간략하게 요약하고자 한다.

크리스테바・푸코・위티그에 관한 버틀러의 논의는, 육체에 관한 설명에 초점이 맞춰져 있다. 크리스테바 그리고 때로 푸코는 육체가 담론에 선행한다고 가정하는 반면, 버틀러는 유물론자인 레즈비언 이론가 위티그를 따라서 형태morphology, 즉 육체의 모습이 이성애적 체계scheme(또는 앞서 이야기한 '매트릭스')의 산물이며, 이성애적 체계가 육체의 윤곽을 효과적으로 그려낸다고 주장한다. 따라서 젠더와 마찬가지로 섹스 역시 하나의 효과, 즉 담론적 범주가 된다. 버틀러는 그것이 '불연속적인 여러 특질들의 집합에 인위적인 통일체를 부과한 것'이라고 말한다.(GT : 114) 이는 앞에서 살펴본 바 있다.

버틀러는 『이성애적 마음*The Straight Mind*』에 실린 두 편의 에세이에서 '언어는 사회적인 육체에 낙인을 찍고 폭력적으로 그것을 형성하며, 실재성reality이라는 다발을 그 위에 내동댕이친다.'(1992 : 43-4)고 한 위티그의 언술을 지지한다. 위티그의 이러한 언술은 언어 이전에 육체가 존재한다는 의미를 함축하는 것으로 볼 수 있으므로 (언어가 '다발'을 던지려면 던질 대상이 있어야 하므로) 버틀러는 다음과 같이 질문하며 육체가 언어에 선행한다는 가정에는 의문을 제기한다. '인식된 육체에 선행하는 "물리적" 육체가 존재하는가? 이것은 대답이 불가능한 질문이다.'(GT : 114)

버틀러는 『의미를 체현하는 육체』에서 이 '불가능한 질문'으로 되돌아온다. 이 책에서 버틀러는 '물리적 육체'와 같은 것이 존재한다는 사실을 어느 정도는 받아들인다. 즉, 발로 차면 아프고, 바늘로 찌르면 피를 흘리는 육체가 있다는 데에는 동의한다. 그러나 『젠더 트러블』의 3장 뒷부분에서 어떻게 지각과 육체가 배제와 금기, 아브젝시옹abjection〔인간생활과 문화가 자신의 정체성을 유지하기 위해 천하고 더럽게 여겨지는 대상을 무시하고 밀어내는 것〕을 통해 담론적으로 구성되는가를 논의한다.

버틀러가 분석하는 배제의 담론 가운데 하나는 '과학'이다. 푸코와 위티그에 관한 논의들 사이에 끼어 있는 '비과학적 후기를 마치며'라는 제목의 짧은 절에서, 버틀러는 (비록 그다지 명확하지는 않지만) 분자 생물학에 나타난 최근의 '과학적' 발전을 논한다. 버틀러는 '적어도 인구의 10퍼센트 이상은 XX-여성과 XY-남성이라는 범주의 집합에 들어맞지 않는다'며, 이 사실은 현존하는 섹스/젠더 이분법이 비결정적인 육체를 묘사하고 범주화하는 데 부적합하다는 자신의 주장을 뒷받침한다고 말한다. 손쉽게 '과학'의 권위를 받아들이는 대신, 분자 생물학을 담론 분석의 대상으로 삼는 것은 과학 그 자체가 이성애적 매트릭스로 결정된다는 사실을 드러낸다. '여성과 남성이라는 상대적 지위에 관한 문화적 가정들 그리고 젠더 자체의 이분법적 관계가, 성적으로 결정된 틀과 초점에 따라 과학의 대상을 바라보게

만든다.'(GT : 109)

'과학'과 '자연스러움naturalness'은 담론적 구성물이다. '과학적' 자료를 인용한 다음 '과학'의 권위에 이의를 제기하는 것이 이상해 보이기는 하지만, 버틀러의 주장은 분명하다. 육체는 '침묵하고 있는 현실'(GT : 129)이 아니라는 것, 즉 버틀러가 분석해온 것들 가령 젠더와 마찬가지로 육체는 자연적인 실체가 아니라 담론적 생산물이라는 것이다. 문화적 기입에 선행하는 육체가 존재하지 않기 때문에 버틀러는 젠더뿐 아니라 섹스 또한 수행적으로 재기입될 수 있다고 주장한다. 버틀러는 그것의 실제성facticity(그것이 존재한다는 사실)이 아니라 그것의 실제적임factitiousness(그것이 구성적인 것임)을 강조한다. 그러한 재기입, 버틀러가 『의미를 체현하는 육체』에서 부르는 대로라면 재-인용들은 법 안에서 주체의 행위를 구성한다. 다시 말해 법 자체에 반대하는 전복적인 법의 가능성을 법 안에서 구성한다. 저항적 행위는 버틀러에게 중요한 개념인데, 왜냐하면 급진적이고 전복적인 목적을 위해 법 자체에 반대하여 그것을 전복시킬 수 있는 기회들을 의미하기 때문이다.

젠더와 수행성

버틀러는 섹스/젠더의 구별을 없애고, 섹스는 언제나 이미 젠더라고 주장한다. 모든 육체는 사회적으로 존재(사회적이지 않은 존재는 없다.)하기 시작했을 때부터 젠더화된다. 이는 문화적인 기입 이전에 존재하는 '자연적인 육체'란 없음을 의미한다. 따라서 다음과 같이 결론 내릴 수 있다. 젠더란 어떤 것이 된 것is이 아니라 행하는does 것, 좀 더 정확하게는 일련의 행위들이며, 명사가 아니라 동사, '존재being'가 아니라 '행하기doing'(GT : 25)이다. 버틀러는 이러한 생각을 『젠더 트러블』 첫 장에서 좀 더 정교하게 전개시킨다.

> 젠더는 육체의 반복되는 양식화stylization이다. 그것은 오랜 시간에 걸쳐 실체substance, 즉 존재의 자연적 요소라는 외양을 생산하기 위해, 매우 견고하게 규정된 틀 안에서 반복되는 일련의 행위들이다. 만약 젠더 존재론의 정치적 계보학이 성공한다면, 실체로 보이는 젠더를 구성적인 행위들로 해체할 수 있을 것이다. 또한 젠더의 사회적인 모습을 규정하는 다양한 힘들이 만들어낸 강제적인 틀 안에서 그러한 행위들을 설명하고 자리매김할 것이다.(GT : 33)

젠더는 단순한 하나의 과정이 아니라 특별한 유형의 과정이다. 버틀러의 말대로 그것은 '매우 단단히 규정된 틀 속에서 반복되는 일련의 행위'를 의미한다. 이탤릭체로 표시한 것은 주체에게는 그녀/그의 젠더를 선택할 자유가 없다는 버틀러의 주장을 강조하기 위해서이다. 버들러의 이 같은 주장은 이 장 뒷부분에서 소개한 옷장의 비유에도 물론 해당된다. '대본'(이런 표현에 동의한다면)은 언제나 이 규정된 틀 안에 이미 정해져 있다. 그리고 주체는 제한된 수의 의상만을 가지고 있을 뿐이기 때문에 선택할 수 있는 젠더의 스타일에는 한계가 있다.

수행성 개념은 『젠더 트러블』 1장에서 소개된다. 여기에서 버틀러는 '젠더가 수행적이라는 것은, 그것이 정체성을 구성한다는 의미이다. 즉, 젠더는 언제나 행함doing이라는 것이다. 그러나 여기에서 행위는 그에 선행하는 주체의 행동deed으로 볼 수 없다'(GT : 25)라고 한다. 이어 버틀러는 『도덕의 계보학』에 나오는 니체의 주장을 인용한다. '행함doing, 행위함acting, 생성becoming 뒤에 "존재being"는 없다. "행위자doer"는 단순히 행함에 의해 생겨난 허상에 불과하다. 행함 그 자체가 전부이다.'(1887 : 29) 그러고 나서 버틀러는 니체의 공식을 젠더화된 관점에서 패러디한다. '젠더를 표현한 것 뒤에 젠더 정체성은 존재하지 않는다. 정체성은 그것의 결과라고 말해지는 바로 그 "표현들"에 의해 수행적으로 구성된다.'(GT : 25)

많은 사람들을 혼란에 빠뜨린 것이 바로 이 문장이다. 수행자가 없는 수행, 행위자가 없는 행위가 어떻게 존재할 수 있는가? 사실 버틀러는 젠더가 수행이라고 주장하지 않으며, 수행과 수행성을 구별하여 사용한다.(때때로 『젠더 트러블』에서 이 두 용어가 혼동되는 것처럼 보이기는 하지만 말이다.)

1993년의 한 인터뷰에서 버틀러는 이 둘을 구별하는 것이 중요하다고 강조하며, 수행은 선행하는 주체를 가정하는 반면, 수행성은 주체라는 바로 그 개념을 의문시한다고 주장한다.(GT : 33) 이 인터뷰에서 버틀러는 자신이 사용한 '수행성'이라는 개념을 오스틴J. L. Austin(1911~1960)의 『말과 행위*How To Do Things With Words*』(1995)에 나오는 발화 행위 이론과, 「기호, 사건, 맥락Signature Event Context」(1972)에서 데리다가 전개하는 오스틴 사상의 해체 작업에 명시적으로 연결시킨다. 이 텍스트들은 언어에 관한 버틀러의 이론을 다룬 4

장에서 자세히 논의할 텐데, 다만 여기에서는 『젠더 트러블』에 오스틴이나 데리다의 이름이 나오지 않는다 해도, 버틀러가 젠더 정체성 이론을 전개하는 과정에서 그들의 언어학 이론을 참조했다는 사실 정도는 짚고 넘어갈 필요가 있다.

어떻게 언어적 수행성과 젠더가 연결되는가? 『젠더 트러블』 서문에서 버틀러는 '지금까지 이어지는 실체의 형이상학이라는 담론 속에서, 젠더는 수행적인 것으로 드러난다. 즉, 정체성은 구성되는 것이다'(GT : 24-5)라고 말한다. 젠더는 그것이 명명하는 존재를 만드는 행위이다. 따라서 '남성다운' 남성 또는 '여성다운' 여성 같은 젠더 정체성은 언어에 의해 구성되고 만들어진다고 할 수 있다. 이는 언어에 선행하는 젠더 정체성은 존재하지 않으며, 정체성이 담론이나 언어를 '행하는does' 것이 아니라, 담론이나 언어가 정체성을 행하는 것임을 뜻한다. 정체성은 의미화하는 실천이고, 문화적으로 인정받는 주체들은 담론 즉 그것의 활동을 숨기는 담론의 원인이 아니라 효과이다.(GT : 145) 젠더 정체성이 수행적이라는 것은 바로 이러한 의미에서이다.

이 지점에서 앞에서 이야기했던 옷장의 비유로 되돌아가보자. 앞서 우리가 처한 사회적 맥락이나 경제적 형편이 우리가 입을 수 있는 옷들을 제한하거나 정하듯, 우리의 젠더를 수행적으로 구성하는 데에도 유사한 제약이 있다고 말했다.

다프네 뒤 모리에Daphne du Maurier의 소설 『레베카*Rebecca*』(1938)를 읽어본 독자라면, 주인공인 익명의 서술자 '나'가, 어느 파티에 자기 남편의 전부인 레베카가 이전의 비슷한 파티에서 입었던 옷과 똑같은 옷을 입고 나타나 남편을 깜짝 놀라게 한 장면을 기억할 것이다. 나쁜 의도로 접근한 댄버 부인이 파티 준비를 도와준다고 했을 때도, 서술자 '나'는 그날 입을 옷을 자신이 선택했다고, 그날 자기 모습은 자기가 연출한 것이라고 믿었다. 사실은 댄버 부인이 그 서술자를 레베카처럼 보이도록 재창조했는데도 말이다. 만약 여기에서 댄버 부인이 권위 혹은 권력을 예증한다고 보면, 소설 『레베카』는 정체성이 결코 개별 행위자에 의해 선택되는 것이 아니라, 그것의 '행위자들' 또는 주체들에 선행하며, 그것들을 구성하는 것임을 보여준다고 할 수 있다.(말 그대로 레베카가 서술자보다 먼저 존재했던 것처럼.)

행위자는 없다

정체성이 언어 바깥에 존재하지 않는다는 버틀러의 주장은, 그녀로 하여금 표면과 깊이 그리고 데카르트적 이분법인 영혼과 육체의 일반적인 구분을 거부하게 만든다. 『젠더 트러블』 3장에서 버틀러는 푸코의 『감시와 처벌』을 끌어온다. 이 책에서 푸코는 감시 구조를 내면화함으로써 주체가 형성된다고 보는 '내면화 가설the doctrine of internalization'에 의문을 제기한다. 푸코는 이 이론을 '기입inscription의 모델'로 바꾼다. 푸코의 이 모델은 버틀러가 설명하듯 '법은 글자 그대로 내면화되는 것이 아니라 기입되며, 그 결과로서 육체들이 생산된다는 것이다. 이것은 법이 육체를 관통하며, 육체 위에 놓인다는 것을 의미한다.'(GT : 134-5) 젠더의 '내부'란 존재하지 않기 때문에 '법'은 내면화될 수 없고, 육체 위에 씌어진다. 바로 이것을 버틀러는 '젠더의 물질적인 양식화, 육체의 상상된〔sic〕 그리고 환상적인 형상화'(GT : 135)라고 부른다.

버틀러는 젠더 행위란 주체에 의해 형성되는 것이 아니며, 그것이 수행적으로 주체를 구성한다고, 즉 주체란 담론의 원인이 아니라 효과라고 주장함으로써, 언어 이전의 핵심 또는 본질이라는 개념에 계속해서 이의를 제기한다. 버틀러는 '*젠더화된 육체가 수행적이라는 것은, 그것의 실재성을 구성하는 다양한 행위들과 분리된 존재론적 지위status란 없다는 의미*라고 말한다.(GT : 136 ; 강조 저자) 젠더화된 육체는 그것을 구성하는 행위들과 불가분의 관계를 맺고 있기 때문에, 우리는 다시 행위자가 행위의 뒤편에 있지 않다는, 즉 자신의 젠더를 의식하고 고의적으로 그렇게 '행동하는' 행위자는 없다는 개념으로 되돌아간다. 그럼에도 뒤에 이어질 패러디와 드랙에 관한 설명에서 때로 행위의 뒤편에 배우 또는 '행위자'가 있다는 것처럼 들리는 부분이 있는데, 나중에 버틀러는 자신이 『젠더 트러블』에서 젠더를 설명하며 언어적 수행성의 관점과 연극의 비유 사이에서 모호한 태도를 취했다고 고백한다. 이와 관련된 이론들은 『의미를 체현하는 육체』에서 명백해진다. 『젠더 트러블』에서는 데리다와 오스틴이 암시적으로만 나타나지만, 『의미를 체현하는 육체』에서 버틀러는 자신의 수행성 개념이 이들을 토대로 한다는 사실을 강조한다.

패러디와 드랙

버틀러는 『젠더 트러블』 3장에서 '젠더의 내적 진실이 꾸며낸 것이고, 진정한 젠더가 육체의 표면 위에 구성되고 기입된 환상이라면, 젠더는 진실도 거짓도 될 수 없으며 오직 본래의 고정된 정체성으로 제시되는 담론의 사실 효과일 뿐이다.'라고 이야기한다.(GT : 136) 이 경우에 (자신을 '본질적'이고 '고유한' 것으로 제시하는, 타고난 자질인 것처럼 보이는) 이성애적 정체성의 구성적 특징에 주목하게 만드는 방식으로 젠더를 '연기'할 수 있다. 따라서 모든 젠더는 패러디의 한 형태이며, 어떤 젠더 수행들은 다른 것에 비해 좀 더 패러디적이라고 말할 수 있다. 특히 드랙 같은 패러디적 수행은 수행자의 육체와 수행된 젠더 사이의 분열을 강조함으로써, 모든 젠더 정체성의 모방적 imitative 본성을 효과적으로 폭로한다. '드랙은 젠더를 모방하면서, 암시적으로 젠더 그 자체의 우연성 및 모방적 구조를 폭로한다.' 이어 버틀러는 '수행의 즐거움, 그 아찔함은 섹스와 젠더의 관계가 아주 우연하다는 사실을 깨닫는 데 있다.'라고 주장한다(GT : 137-8 ; 강조 원저자)

젠더는 '물질적인 양식', 행위act(또는 일련의 행위들), 생존하기 위한 문화적 '전략'이다. 왜냐하면 자신의 젠더를 똑바로 '행do'하지 않으면 사회적으로 처벌받기 때문이다.(GT : 139-40) 젠더는 반복이며 모방의 모방인데, 버틀러에 따르면 결정적으로 젠더 패러디는 원본이 존재하지 않는다. 왜냐하면 원본이라는 그 개념이 바로 패러디된 것이기 때문이다.(GT : 138) 그리하여 젠더 수행문들은 계보genealogy를 은폐하려고도 강조하려고도 하지 않는다. 다만 이성애적 정체성들이, 그것을 모방한 다른 정체성들과 마찬가지로 구성된 것이며 '비본질적인' 것임을 폭로하여 이성애적인 가정들을 제거하고자 한다.

젠더는 우리가 태어날 때 한 번에 전부 생겨나는 것이 아니라, 거기에 처음부터 있었던 것 같은 인상을 강화하는 일련의 반복 행동이다. 만약 젠더가 언어 안에서 발생하는 규칙적인 반복 과정이라면, 우리는 젠더를 다른 방식으로 반복할 수도 있을 것이다. 드랙 예술가들이 그러하듯 말이다.(여기에서 옷장의 비유를 떠올릴 수도 있겠다. 찢어진 옷이나 번쩍이는 장신구들은 전복적이고 예기치 않은 방식으로 젠더를 '행do'하려는 시도이다.) 앞서 말했듯, 우리는 전혀 새로운 젠더 옷장을 우리 힘으로 만들거나 없앨 수 없다. 왜냐하면 버틀러의 말대로 '그곳에는 준비된 도구들만 놓여 있다. 그곳에서는 그곳에 놓인 도구들로만 "준비"할 수 있'(GT : 145)기 때문이다. 그러므로 우리는 그 '도구tools'들만 사용해야 한다. 즉, 젠더의 '비본질적인' 성격을 드러내기 위해서는 우리가 이미 가지고 있는 '옷들'을 가지고 그 모양을 철저히 변형시킬 수 있을 뿐이다.

이 공식에는 두 가지 문제점이 있다. 하나는 도구를 구성하는 방식도 도구 그 자체에 의해 가능해지고 결정될 것이라는 점이다. 다시 말해서, 전복과 저항적 행위agency는 빠져나갈 수 없는 담론에 의해 결정되거나 조건 지워진다는 것이다. 이것은 두 번째 문제를 낳는데, 만약 전복 그 자체가 담론에 의해 좌우되며 제약받는다면, 그것을 전복이라고 말할 수 있는가라는 점이다. 전복적인 패러디와 모든 사람이 무의식적으로 가담하는 '보통' 패러디의 차이점은 무엇인가? 버틀러는 모든 젠더는 패러디적이다, 그러나 '패러디 그 자체가 전복적인 것은 아니다.'라고 이야기한다. 버틀러는 이어, 어떠한 수행이 젠더와 섹스를 불안정하게 만들며, 어디에서 그러한 수행들이 발생하는가라는 어렵고도 중요한 문제를 제기한다.(GT : 139) 드랙의 몇몇 형식들은 확실히 전복적이지 않으며, 기존의 이성애적 권력구조를 강화할 뿐이다. 『의미를 체현하는 육체』에서 버틀러는 '매우 흥분한high het 오락'의 예로, 〈투씨*Tootsie*〉의 더스틴 호프만을 든다.(3장 참조) 여기에 로빈 윌리엄스가 여자 옷을 입고cross-dressed 유모 역할을 했던 영화 〈미세스 다웃파이어*Mrs Doubtfire*〉를 더할 수 있다. 이 드랙 수행들은 전복적이지 않다. 이들은 이미 존재하는 '남성'과 '여성', '남자다움'과 '여자다움', '동성애자'와 '이성애자' 구분을 강화하는 데 기여하기 때문이다.

일반적인 젠더 패러디에 대립되는 '전복적인' 패러디를 구성하는 것은 무엇인가라는 문제는, 『젠더 트러블』의 결론 '패러디에서 정치학으로'에서도 미해결의 상태로 남아 있다. 여기에서 버틀러는 그러한 패러디적 방법들이 무엇을 얻어낼 수 있는지를 예상하지만 구체적인 방법은 정확히 제시하지 않은 채, 젠더의 토대를 붕괴시키는 것이 가능하다고 주장한다.

『젠더 트러블』 끝에서 두 번째 페이지에서 버틀러는 '문제는 반복하느냐 아니냐가 아니라 어떻게 반복하느냐, 즉 반복 자체를 가능하게 하는 바로 그 젠더 규범들을, 젠더를 급진적으로 증식시킴으로써 어떻게 반복하고 제거하는가이다'(GT : 148)라고 이야기한다. 이러한 주장 또한 여전히 유사한 문제를 제기한다. 버틀러는, 정체성이 하나의 효과라는 것은 정체성이 '필연적으로 결정된' 것도 '완전히 인위적이며 자의적인' 것도 아니라는 의미라고 단언했다. 그러나 이 말은 때때로 버틀러가 묘사하는 주체가 사실은 담론의 덫에 걸려 있기 때문에, 그것을 피하거나 바꿀 수 없다는 소리처럼 들린다. 어떤

이성애적 질서를 강화하는 드랙 수행의 사례

버틀러는 모든 드랙이 전복적인 것은 아니라고 말한다. 드랙의 몇몇 형식들은 확실히 전복적이지 않으며, 기존의 이성애적 권력구조를 강화할 뿐이다. 버틀러는 그 예로 영화 〈투씨〉를 든다. 로빈 윌리엄스가 여자 옷을 입고 유모 역할을 했던 영화 〈미세스 다웃파이어〉도 마찬가지다. 이 드랙 수행들은 이미 존재하는 '남성'과 '여성', '남자다움'과 '여자다움', '동성애자'와 '이성애자' 구분을 강화하는 데 기여할 뿐이다.

경우라도 '반복의 방법'은 이미 결정되어 있을 것이며, 저항적 행위처럼 보이는 것도 단지 다른 것으로 위장된, 법의 또 다른 효과일 뿐이기 때문이다.

물론 이러한 관점이 버틀러의 입장과 일치하는 건 아니다. 버틀러는 이성애의 구성적 본성을 드러내기 위해 정체성을 탈자연화하고 증식시키고 불안정하게 만드는 것이 충분히 가능한 일이라고 여기는 것 같다. 정체성의 증식은 존재론적 가능성들이 근본주의자들의 정체성 모델에 의해 현재 제한되어 있다는 사실을 드러낼 것이다.(근본주의적 이론들은 정체성들이 단지 '거기'에 있으며 고정되었고, 최종적인 것이라고 가정한다.) 이것이 '주체의 죽음'을 의미하지는 않는다. 만약 이를 주체의 죽음이라고 할 수 있다면, 그것은 낡은, 고정된 주체가 이론적인 죽음을 맞이했다는 것이며, 그리하여 전복적인 가능성과 저항적 행위를 특징으로 하는 새로운, 구성된 주체가 탄생했음을 뜻한다. '구성물construction은 저항적 행위와 대립되지 않는다. 그것은 행위에 필수적인 무대scene이다.'라고 버틀러는 주장한다(GT : 147 ; 또는 CF : 15 참조)

버틀러는 또한 이른바 '포스트모던' 정체성 공식에 적대적인 비평가들이 자주 이용하는 가정을 논박한다. '정체성의 해체는 정치학의 해체가 아니다. 오히려 정체성은 해체됨으로써 더더욱 정치적이게 된다.'(GT : 148) 정체성은 본래 정치적인 것으로서, 사실 구성과 해체(이 둘이 대조적이지 않다는 것을을 기억해야 한다.)는 저항적 행위가 벌어지는 데에 (유일하게) 필수적인 요소이다. 전복은 모두 기존의 담론 안에 위치해 있으므로, 그 안에서 발생해야 한다.

그러나 여전히 중요한 질문이 많이 남아 있다. 우리는 이미 전복적인 패러디와 일반적인 패러디를 구별하는 데 잠재한 어려움에 부딪혔다. 그리고 여전히 누가 혹은 무엇이 그 패러디를 '행doing'하는가라는 질문에 정확히 대답하지 못했다. 실제로 패러디와 저항적 행위는 '나', 곧 행동 뒤에 존재하는 행동하는 사람을 가정하는 듯 보이는데, 담론에 선행하는 주체가 없다면 패러디와 행위라는 용어를 말하는 것이 가능할까? 패러디적 젠더라는 개념이 얼마나 유용할까? 실제로 이 개념이 모방할 원본이 존재하지 않는다는 사실을 폭로할 수 있을까? 아니면 이 개념은 단지 드랙 예술가의 허구성에 주목하게 만들 뿐인가? 이러한 질문과 비판 가운데 몇몇은 다음 절에서 구체적으로 논의하고자 한다.

『젠더 트러블』의 고민

『젠더 트러블』에서 젠더 정체성에 관한 버틀러의 설명이 너무나 많은 문제를 제기한다는 사실은, 이 책의 위력을 입증한다. 실제 『젠더 트러블』의 중요성은 철학자, 페미니스트, 사회학자, 젠더·섹스·정체성 이론가들 사이에 논쟁을 야기시켰다는 데 있다.

많은 이론가들이 '수행성'의 의미를 놓고, 그것이 저항적 행위를 가능하게 하는지 아니면 막는지, 버틀러가 실제로 주체의 죽음을 선언하고 있는지 등의 문제를 계속 고민한다. 정치적인 철학자 세일라 벤하비브Seyla Benhabib는 1991년에 이루어진 버틀러와의 서신 교환을 묶어 출간한 『페미니스트 논쟁*Feminist Contentions : A Philosophical Exchange*』

(1995)에서 "'주체의 죽음"론'에 불과한 니체를 페미니스트가 전유하는 문제는 자기모순을 낳을 뿐이라고 주장한다. 젠더 표현들 뒤에 젠더 정체성이 없다면, 여성들이 어떻게 그들을 구성하는 표현들(벤하비브에게 표현이라는 단어는 '행위들'을 의미한다.)을 바꿀 수 있단 말인가? '우리가 단지 스스로 수행한 젠더화된 표현들의 총합일 뿐이라면, 그 수행을 잠깐 멈추거나 연극의 막을 잠깐 내렸다가 대사가 있을 때만 올릴 수는 없는 것 아닌가? 대사가 있을 때만 커튼을 올리는 것이 가능하겠는가?(Benhabib et al. 1995 : 21)

버틀러는 자아란 가면무도회의 수행자performer라고 주장하며 벤하비브에게 이렇게 말한다. '지금 우리는 가면 뒤에 자아가 숨어 있다는 믿음을 버리라는 요구를 받고 있습니다. 여성의 자아 관념이 얼마나 허약하고 빈약한 것인가는 많은 사례에 나타나 있습니다. 따라서 자율권을 쟁취하기 위한 여성들의 투쟁은 요행을 바라는 것이라고 볼 수 있습니다. 여성의 저항적 행위를 "행위자doer 없는 행함doing"으로 바꾼 것은 해야 할 일을 한 것일 뿐입니다.'(Benhabit et al. 1995 : 22)

주체가 허구일지라도 필요하다고 주장하는 이론가들도 있다. 이들 역시 '수행성'을 '수행'으로 축소시킬 텐데, 이러한 축소는 벤하비브로 하여금 '커튼' 뒤에 숨은 주체적인 통일체(앞에서 본 것처럼 이는 버틀러가 부정한 개념이다.)가 있다고 가정하게 만든다. 버틀러는 벤하비브의 오해(때론 글자를 오독한 경우도 있다.)에 대해 「주의 깊은 독해를 위해For a Careful Reading」라는 논문에서 답한다. 이 논문 역시 『페미니스트 논쟁』에 포함된 것으로, 여기에서 버틀러는 벤하비브의 비판에서는 수행성이 연극적인 수행으로 축소되어 나타난다는 사실을 지적한다.

사회학자 존 후드 윌리엄스John Hood Williams와 웬디 실리 해리슨Wendy Cealy Harrison은 벤하비브에 비해 수행성 개념을 훨씬 분명하게 이해했음에도, 행동deed 뒤에 행위자doer가 없다는 버틀러의 주장에 의문을 제기한다. 이들은 젠더의 존재론적 지위를 해체하는 게 유용하다고 생각하면서도, 새로운 존재론이 이전의 것과 마찬가지로 젠더 수행성이라는 또 다른 근본주의자의 개념 위에 세워진 것은 아닌가 하는 의문을 제기한다.(Hood Williams and Cealy Harrison 1998 : 75, 88)

페미니스트 비평가 토릴 모이Toril Moi도 비슷한 비판을 가한다. 모이는 버틀러가 '권력'을 '신'으로 섬겼다며(1999 : 47), 그러므로 버틀러가 단지 하나의 (안정되고, 분명하게 섹스화되고 젠더화된) 본질적인 주체를 (불안정하고, 수행적이며, 우연적인) 다른 본질적인 주체로 바꾼 것은 아닌가라는 의문을 갖게 된다고 주장한다. 게다가 권력이 증식적이고 자기 전복적이기도 하다는 주장은, 권력의 억압적이고 폭력적인 성격을 간과하게 만들 수도 있다. 페미니스트 이론가 테레사 드 로레티스Teresa de Lauretis의 책 『젠더의 테크놀로지*Technologies of Gender*』가 이러한 관점을 제시한다.(비록 버틀러와 직접적으로 관계된 것은 아니지만)(1987 : 18) 또한 담론적으로 구성된 우울증적 젠더 정체성이라는 버틀러의 개념은 라캉의 주체와 마찬가지로 부정적인 특징, 즉 결여, 상실 그리고 광범위하며 빠져나갈 수 없는 법의 노예 등의 특징을 갖는다고 설명될 여지가 있다.

한편 윌리엄스와 해리슨은 발화 행위 이론과 정신분석학 이론을 결합한다는 착상에 의문을 제기한다. 이들은 정체성과 관련하여 정신분석학적 설명에서 인용할 만한 것이 없다고 주장한다.(1998 : 90) 정신분석학은 주로 '나'와 나의 구성 과정을 연구하는 것이므로, 담론 뒤에 '내'가 존재하지 않는다는 주장은 정신분석학과는 매우 거리가 멀다는 것이다.(Hood Williams and Cealy Harrison 1998 : 83) 덧붙여 버틀러가 프로이트를 '지극히 개인적'인 방식으로 독해한다고 말한다.(1998 : 85)

제이 프로서Jay Prosser도 버틀러가 프로이트를 정확하게 분석하고 있는지 묻는다. 프로서는 버틀러가 프로이트의 『에고와 이드』의 핵심 구절을 잘못 인용하고 있다며, 육체를 상상된 표면이자 에고의 투사라고 한 버틀러의 주장에 의문을 제기한다. 프로서에게 육체가 환상적인 표면인가 아니면 이미-존재하는 깊이인가의 문제는 중요하다. 그의 연구는 '"그" 육체에 관한 이론들을 가지고 개인적이고 물리적 경험을 읽고자 하는 시도'(1998 : 7)이기 때문이다. 프로서는 트랜스젠더화된 정체성에 대한 공식들이 퀴어 이론(실제로 버틀러와 푸코에게 트랜스젠더화된 개인은 중요하다)에서 핵심이라고 주장하며, 젠더가 수행적이라는 개념을 거부한다. 또한 '트랜스젠더화된 궤도trajectories가 있다, 특히 '트랜스섹슈얼한' 궤도, 그것들은 어떤 것이 이러한 도식, 즉 수행성을 평가절하하려는지 알아내려고 애쓴다. 즉, 비수행적이고 진술적이며 아주 단순히 말해 '존재be'하려고 애쓰는 트랜스섹슈얼들이 있다.'(1998 : 32)고 지적한다.

버틀러는 이러한 비판 중 몇 가지를 『젠더 트러블』의 1999년 기념판 서문에서 언급하며, 초판본에 트랜스젠더·인터섹슈얼리티·'인종화된 섹슈얼리티'·잡혼 금기 등을 비롯한 몇몇 개념이 생략되었음을 인정한다. 또한 수행성에 관한 설명이 불충분하다는 지적을 받아들이고, 지금은 서로 관련된다고 보는 언어적 수행성과 연극적인 수행성을 동일하게 사용했다는 사실을 인정한다.(GTII : xxvi,xxv)

버틀러의 다음 책 『의미를 체현하는 육체』에서도 비슷한 의문들이 이어진다. 『젠더 트러블』에서 제기된 몇몇 문제들에 대답하고 새로운 질문을 제기하며, 버틀러는 육체의 '그 문제'들, 의미작용과 담론 내에서의 '인용'이라는 똑같은 문제로 여전히 우리를 '괴롭힌다'.

젠더는 구성되는 것이다

『젠더 트러블』에서 버틀러는 계보학적 비평을 통해 주체의 범주를 의문시한다. 즉, 이 책에서 주체가 담론 속에서 출현하기 위한 조건을 분석한다. 버틀러는 동성애와 이성애 그리고 법의 내부에서 일어나는 둘 간의 상호적인 구성작용을 논하면서, 정신분석학·푸코·페미니스트의 이론들을 토대로 논의를 전개한다.

이성애적 정체성은 아브젝트화된abjected 동성애적 '타자'와의 관계 속에서 구성된다. 그러나 우울증적인 이성애주의자들은 결코 완전히 아브젝트화되지 않는 이 '타자'의 흔적에서 벗어날 수 없다. 이것은 정체성은 결코 겉에서 보는 것처럼 직접적이고 단순하며 단일하지 않다는 사실을 의미한다. 또한 모든 젠더 정체성이 불안정하고 재의미화할 수 있는 본성을 지녔음을 폭로하기 위해 전복적인 행위를 할 수도 있음을 의미한다. 『젠더 트러블』에는 이러한 전복적인 몇몇 실천의 윤곽이 제시되어 있는데, 좀 더 자세한 분석은 다음 책인 『의미를 체현하는 육체』에서 이뤄진다.

03

섹스

육체는 어떻게 구성되는가?

이제 당신은 『젠더 트러블』을 읽고, 젠더가 담론의 원인이 아니라 효과라는 것을 확실히 알게 되었다. 그러나 여전히 '주체'라는 범주가 수상쩍게 여겨진다. 왜냐하면 당신 생각에 그것은 어떤 면에서 이성애적 매트릭스를 따르지 않는 '타자들'을 폭력적으로 배제시킴으로써 구성된 것이기 때문이다. 비록 당신이 이처럼 본질적으로 대립적인 성질의 정체성과 관련된다 하더라도, 당신은 (주체가 대립을 통해 구성된다는) 헤겔의 변증법이 (권력을 다양하고 분산적이며 수많은 저항을 생산하는 것으로 파악하는) 푸코의 권력 모델로 보완될 때 생겨나는 저항적 행위와 전복의 가능성에서 다소 위안을 얻는다.

수행성과 수행의 차이점을 충분히 이해했다면, 당신은 지금 당장 당신의 젠더(당신도 알다시피 젠더는 일련의 행위들이 담론적으로 구성된 것이다.)가 이성애적 매트릭스 조직에 대항하여 다시 실행될re-enacted 수 있는 방법을 고안하는 데 전념할 것이다. 또한 당신은 자신의 우울증적 젠더 정체성에 대해서도 생각할 것이며, 안정된 주체로 자신을 구성하기 위해 거절해야만 했던 욕망들을 표시하려면 어떻게 자신의 젠더를 지금과 다르게 '행'할 수 있는가 궁금해 할 것이다. 당신이 내일 직장에 드랙 복장으로 나타난다고 해서 충분한 효과를 거둘 수는 없을 것이다. 그러나 이보다 덜 극적이면서도 젠더의 구성적인 성격에 효과적으로 주목하게 만들 수 있는 수행적 행위들이 있는 것은 분명하다.

직접 말을 건네서 당신을 당황하게 만든 것을 빼면, 이야기는 그럭저럭 잘 진행되고 있는 것 같다. 젠더와 관련된 여러 맥락들을 당신은 매우 잘 이해한 듯싶다. 그런데 육체의 문제는 어떤가? 여기에서 주장한 것은 젠더가 구성되었다는 것 한 가지이며, 이는 보부아르의 '우리는 여자로 태어난 것이 아니라 여자로 만들어진다.'라는 주장에서 그리 멀리 벗어나지 않는다. 그러나 구성된 것으로서의 '여성'(또는 '남성'도)에 섹스가 포함되지 않는다는 것을 버틀러와 보부아르가 받아들일까? 사람들이 '남자답게masculine' 또는 '여자답게feminine' 태어나지 않는다는 것은 너무나 당연한 이야기이다. 그런데 이 이론가들이 우리가 '남성' 또는 '여성'으로 태어난다는 사실을 당연한 것으로 받아들일까? 그렇지 않다고 주장하는 것은 어린 아기(여기에서는 문자 그대로 아기를 의미할 수도 있다.)를 목욕물과 함께 버리는 과오를 범하는 것이다. 실제 버틀러에게 아기가 어디에서 태어나는지 말해준 사람은 아무도 없나? 아니면 버틀러가 『의미를 체현하는 육체』 서문에서 말하듯, 누군가 그녀를 조용히 옆으로 불러 말해줄 수는 없었나?(BTM : x)

육체와 담론

실제로 육체가 담론적으로 구성되었다는 버틀러의 주장에 놀라서는 안 된다. 왜냐하면 버틀러는 이미 '물질'의 문제를 보부아르에 관한 두 편의 논문과 푸코에 관한 또 다른 초기 논문(「푸코와 육체적 기입의 역설」) 그리고 『젠더 트러블』에서 다루었기 때문이다. 이 글들에서 버틀러는 섹스와 젠더의 구별을 거부하고, 『젠더 트러블』에서는 심지어 '섹스는 젠더이다'라고 단언한다. 만약 육체가 젠더화된 담론 외부에 존재할 수 없다는 사실을 인정한다면, 우리는 모든 육체가 언제나 이미 젠더화된 것이라는 사실을 받아들여야만 한다. 이는 물질적인 육체가 존재하지 않는다는 게 아니라, 오직 담론을 통해서만 물질성을 이해할 수 있다는 의미이다. 버틀러는 논문 「시몬 드 보부아르의 『제2의 성』에 나타난 섹스와 젠더」에서, '육체는 문화적 해석들의 자취로서, 이미 사회적 맥락 안에 위치해 있으며 정의된 물질적 실제이다.'라고 밝혔다. 이 글에서 버틀러는 실존주의자의 경구를 인용한다. '육체는 또한 용인된 해석들을 받아들이고 해석해야만 하는 장소이다 …… "현존하는" 우리의 육체는 용인된 젠더 규범들을 받아들이고 해석해야만 하는 개인적인 통로가 된다'(SG : 45)

우리의 육체가 '존재'한다는 것은 그것이 '되는' 것과 똑같지 않다. 왜냐하면 전자는 우리가 물질의 문제에 부딪혔을 때 어느 정도 저항적 행위를 할 수 있으며 무엇을 선택할 수도 있다는 사실을 함축하기 때문이다. 그렇지만 육체가 되는 것은 어떻게 가능한가? 버틀러가 주장하듯, 젠더가 '여러 가능성들을 깨닫고 그 가운데 선택한 하나의 양상이며, 육체를 해석하고 육체에 문화적 형식을 부여하는 과정'이라는 것이 어떻게 참일 수 있는가?(SG : 36) 육체에 문화적 형식을 부여한다는 것은 무슨 뜻인가? 틀림없이 육체는 이미 하나의 형식을 가지고 있는데, 우리가 이미 가지고 있는 그 육체를 받아들이기로 되어 있다는 것이 말이 되는가? 게다가 버틀러의 주장을 어떻게 '인종' 그리고 '인종화된raced' 육체의 맥락에 적용시키는가?

『의미를 체현하는 육체』는 피어싱이나 문신을 해서 또는 체중을 줄이거나 늘여 육체를 변화시키는 방식을 이야기하는 책이 아니다. 물론 이 실천들이 육체의 외양이나 생김새를 변화시킬 수는 있다. 하지만 이 실천들은 이미 담론적으로 조정되고 구성된 '장소site'에서 일어난다.

버틀러가 『의미를 체현하는 육체』에서 전개하는 논의들 가운데 많은 것들은 『젠더 트러블』에서 시작하여 발전한 것이다. 특히 수행성과 물질적인 육체의 관계 분석이 그러하다. 버틀러는 『의미를 체현하는 육체』에서 수행성을 좀 더 상세히 설명하고 있는데, 여기서 데리다를 끌어들여 특별히 수행성을 인용성citationality이라는 개념에 연결한다. 수행성과 인용성은 뒤에서 호명, 의미작용, 담론 등의 이론화 작업과 더불어 검토할 것이다.

『젠더 트러블』이 젠더 존재론의 계보학적 탐구라면, 『의미를 체현하는 육체』는 육체라는 담론적 구성물의 계보학이다. 아니면 버틀러의 말대로 '후기구조주의자가, 섹스가 물질화되는 과정에서 작용하는 담론적 수행성을 다시 쓴 것'(BTM : 12)이라고 할 수 있다. 분석을 통해 버틀러는 섹슈얼리티와 섹스가 '인종'에 선행하지 않는다고 조심스럽게 강조한다. 그리고 '인종'도 육체의 윤곽을 그리는 것들 속에 포함시킨다.(BTM : 18) 이제 우리는 '인종'· 섹스·섹슈얼리티가 담론, 수행성, 인용성을 통해(또는 실제로 그것으로서) 읽힐 때 어떤 일이 일어나는지 살펴볼 것이다.

의미를 체현하는 육체

『젠더 트러블』이 복잡하고 어렵고 불투명한 책이라고 여기는 독자라면, 『의미를 체현하는 육체』를 읽고 더 큰 혼란에 빠질 수도 있다. 『젠더 트러블』과 마찬가지로 이 책도 선형적인 구조를 갖지 않으며 '논리적으로' 하나의 개념에서 다른 개념으로 진행하지도 않는다. 수행성, 인용성, 재의미작용 등의 핵심 논제로 분리된 절도 없으며 인명 색인조차 없다. 게다가 버틀러는 절충주의적으로 보인다.

책을 시작하며 버틀러는 그토록 많은 '다양한 글쓰기 전통들'을 끌어온 이유가, 단일한 이성애적 명령들(이 전통들 각각 혹은 전체에는 단일한 이성애적 명령들이 관통하고 있다.)을 옹호하기 위해서가 아니라, 불안정하고 섹스화된 육체가 상징적인 이해 가능성의 경계들을 문제삼는 방법을 보여주기 위해서라고 주장한다.(BTM : 16) 실제 담론적인 이해 가능성의 한계를 찾아내는 것이 『의미를 체현하는 육체』의 정치적 기획이다.

버틀러는 『젠더 트러블』에서처럼 현재 '문제적인' 그리고 그렇지 않은 정체성과 육체들로 주의를 돌리게 할 것이다. 그리하여 『젠더 트러블』에서와 마찬가지로 섹스화된 정체성들이 (중요하지 않다고 간주되는, 즉 '다른' 정체성들을 비용으로 치르며 자신의 안정성과 일관성을 유지하는 데에만 관심이 있는 이성애적 매트릭스 안에서 가치가 없다고 여겨지는) 정체성들을 폭력적으로 거부하고 추방(또는 배제)함으로써 수립된다고 주장할 것이다.

버틀러는 제니 리빙스톤Jennie Livingston의 영화 〈파리는 불타고 있다*Paris is Burning*〉(1990)와 넬라 라슨Nella Larsen의 중편소설 『패싱*Passing*』(1929)을 분석하며, 자신이 '젠더 규범들의 인종적 특성화racialization' (BTM : 182)라고 일컬은 것에 특히 주의를 기울인다. 버틀러는 섹스·섹슈얼리티·젠더가 '인종'에 선행하지 않는다고 주장한다. 그러나 버틀러가 '인종'의 문제를 주체-형성의 다른 분석들로 통합하는 데 실패하기 때문에, 버틀러의 관심이 때때로 섹스·섹슈얼리티·젠더를 특권화한다고 여길 수도 있다.

'인종'에 관한 버틀러의 가장 광범위한 분석은 『의미를 체현하는 육체』 4장과 6장에서 호명·의미작용·수행성에 관한 이론적이고 추상적인 논의들에 이어 전개된다. 이러한 이유로 여기에서도 장 끝부분에서 '인종'을 분리하여 다룰 예정이다. 젠더·섹스·섹슈얼리티에 특권을 주는 것을 옹호하는 게 아니라, '인종'에 관한 버틀러의 분석이 『의미를 체현하는 육체』에서 논의된 다른 이론적인 틀을 벗어나서는 이해하기가 어렵기 때문이다. '인종'이라는 단어를 인용부호로 표시한 이유는, 그것이 매우 문제적이며 불안정하고 결코 자명한 용어가 아니라는 것을 가리키기 위해서이다. 그러나 계속 이렇게 표시할 수 없으므로 이제부터는 인용부호를 생략할 것이다. 그렇더라도 여러분은 이 책 어디에서나 그 단어에 보이지 않는 인용부호가 달려 있다고 생각해야 한다.

앞 장과 마찬가지로 버틀러가 끌어온 광범위한 분야의 철학자들을 자세히 분석하기는 어려우므로, 호명과 섹스라는 가설, 의미작용, 구성주의, 수행성, 인종의 문제, (재)인용과 전복 같은 논제에 초점을 맞추겠다.

호명과 섹스라는 가설

> 출생, 그리고 성교, 그리고 죽음
> 이것들이 너희가 중요하게 생각하는 전부이다.
> (T. S. Eliot)

엘리엇T. S. Eliot의 미완성 단막극 「스위니 아고니스테스Sweeney Agonistes」의 주인공 스위니의 대사이다. 마치 출생과 섹스, 죽음이 우리 삶에서 확신할 수 있는 유일한 사건인 것처럼, 존재를 세 개의 명사 또는 '사실들'로 뚜렷이 축소해버렸다. 버틀러는 심지어 이것들에 대해서도 의문을 제기한다. '우리는 여자로 태어나는 것이 아니라 여자로 만들어진다'라는 보부아르의 언명을 차용함으로써 이미 '출생'을 복잡하게 만들었고, 『의미를 체현하는 육체』에서는 '섹스'를 광범위하게 분석함으로써 스위니의 '중요한 일들'을 의심하였다. 죽음은 『의미를 체현하는 육체』에서 자세하게 이론을 제기하지 않은 주제이다.(죽음과 담론에 관한 버틀러의 논의는 Prosser 1998 : 55와 SI 참조)

버틀러는 '섹스'라는 단어로 '성교'가 아니라 섹스화된 정체성을 가리킨다. 당신이 인구조사서나 입사 신청서의 '남성' 난 '여성' 난 중 어디에 표시하는가는, 일반적으로 당신이 인지 가능한 남성 성기 혹은 여성 성기를 가졌는가에 달려 있다. 당신이 태어났을 때, 당신에게 할당되는 섹스화된 정체성도 바로 이를 토대로 한다. 섹스를 '할당'한다는 표현은, 그것이 '타고난' 것도 주어진 것도 아님을 가정한다. 출생의 순간에 일어나는 '섹스화하기sexing'를 간략하게 묘사한 부분에서 버틀러는 *호명*이라는 개념에 의존한다.

> (초음파 검사기 자체가 비교적 최근에 등장한 기술적 혁신이라고 할지라도) 어느새 어린애를 더 이상 "그것"으로 부르지 않고 아이의 성에 따라 "여자애"또는 "남자애"라고 칭하는 의학적인 호명을 고려해보라. 이러한 명명 행위 속에서 '여자애화된' 여자애는 젠더의 호명을 통해 언어 및 혈연관계의 영역 속으로 편입된다. 여자애의 이 같은 "여자애화"는 여기서 끝나지 않는다. 오히려 그처럼 주체를 설립하는 호명 행위는 다양한 권위들에 의해 반복되고, 여러 시간적 간격을 거치며 (성적 정체성을) 본래적인 것처럼 보이게 하는 효과를 재차 강화하거나 공박한다. 그리하여 명명 행위는 경계를 설정하는 것이면서도 규범을 반복해서 일깨워주는 행위이기도 한 것이다.(BTM : 7-8)

아이가 태어나기 전에 초음파 검사를 통해서든 또는 아이가 태어났을 때든, 섹스와 젠더의 호명은 누군가의 섹스가 말해지자마자('여자애/남자애에요!') 일어난다. 동사 '호명하다'의 사전적 정의는 누군가를 소환, 소집, 중지하라고 상소하는 행위이다. 그러나 버틀러는 '호명'이라는 용어를, 누군가를 '부르는' 행위가 어떻게 주체의 위치들을 가정하고 부여하는지 설명하기 위해 특별히 이론적인 의미에서 사용한다. 앞서 인용한 보부아르의 진술을 '우리는 여자로 태어나는 것이 아니라 여자로 불려진다.'라고 수정할 수 있을 것이다. 버틀러는 이 개념을 알튀세의 논문 「이데올로기와 이데올로기적 국가기구」에서 가지고 왔다. 이 글에서 알튀세는 어떤 권위를 가진 사람이 누군가를 그녀/그의 사회적·이데올로기적 위치로 '부르는 것'을 설명하며 '호명'이라는 용어를 사용한다. 그 예로 알튀세는 경찰이 거리에서 '어이, 거기 당신'라고 어떤 남자를 부르는 상황을 들고 있다. 그렇게 부름으로써 경찰은 그 남자를 주체로 호명하고, 그 남자는 뒤를 돌아봄으로써 자신의 위치를 얻게 된다. '단지 180도의 신체 회전으로(즉 뒤돌아보는 행위만으로) 그는 주체가 된다. 왜? 그는 그 부름이 "정말로" 자신을 향한 것이며, "부름을 받은 사람이 (다른 누군가가 아니라) 진짜 그라는 것을" 알았기 때문이다.…… 이데올로기가 존재하는 것과 개인을 주체로서 부르거나 호명하는 것은 같은 일이다.'(Althusser 1969 : 163)

사람들은 무수히 많은 방식으로 이데올로기에 의해 호명된다. 그러니 반드시 길에서 경찰이 '어이, 거기 당신'이라고 소리쳐야 주체가 되는 것은 아니다. 사실 호명의 (비교적 친절한) 예가 이 장 첫 번째 단락에 나온다. 내가 당신, 즉 독자를 직접 불렀을 때, 마치 내가 당신을 알고 있으며 당신이 어떤 책을 읽었는지, 그리고 당신이 읽은 것에 대해 어떤 생각을 하는지도 알고 있는 것처럼 글을 썼다. 그렇게 함으로써, 나는 당신을 호명하였다. 말 그대로 (내가 지금 하듯이) 당신이라고 부르며, 그리고 알튀세적인 의미에서 암시적으로 미리 생각해둔 '독자의' 역할 그리고 이론적인 역할 속에 당신을 밀어넣음으로써 ('당신은 이미 『젠더 트러블』을 읽었다. 그렇지 않은가? 그리고 당신은 그것을 이해/동의한다, 안 그런가?') 말이다. 이렇게 가정하며 나는 효과적으로 당신을 주체로 만든다. 이때의 주체는, 이 구체적인 맥락 속에서 이 책을 읽고 있는 독자로서, 『젠더 트러블』과 그 안에서 전개된 모든 논의에 친숙하고, 그에 동의하는 독자를 뜻한다.

호명의 문학적인 예는 토머스 하디Thomas Hardy의 소설, 『테스*Tess of the d'Urbervilles*』(1891)(이 소설의 부제는 '순수한 여성'이다.)에 잘 나타난다. 이 소설에서 엔젤 클레어는 테스가 남자를 전혀 모르는 순결한 처녀라고 가정함으로써, 그녀를 윤리적인 의미에서 '순수'한 존재로 호명한다. 그리고 테스는 이 구성물을 더 이상 지속할 수 없을 때까지, 그의 고유한 여성성 모델에 따라 그녀 자신을 구성한다.

그러나 결정적으로 호명은 일방적일 수 없으며, 그것이 효과적이기 위해서는 당신이 뒤돌아봄으로써—알튀세의 말대로 '단지 일-백-그리고-팔십-도 육체 전환'함으로써—당신 스스로 '불려진' 주체임을 인정해야 한다. 출생의 순간 혹은 그 전에 여자애나 남자애로 선언되는 그때 섹스화된다는 버틀러의 예는 글자 그대로 읽으면 별 도움이 안 된다. 왜냐하면 우리가 아는 한 태아 혹은 어린아이는 누군가가 '여자애/남자애에요!'라고 할 때, '뒤돌아보지도' 그것이 자기를 가리키는지 깨닫지도 못하기 때문이다. 이러한 반론을 궤변이라고만 할 수 없는 이유는, 버틀러가 『권력의 정신적 삶*The Psychic Life of Power*』의 호명에 관한 장("양심이 우리를 주체로 만든다": 알튀세의 주체화)에서 인정의 중요성과 법에 대한 주체의 응답을 중요하게 다루고 있기 때문이다. 인정에 대한 버틀러의 확대된 분석과, 알튀세의 '호명 학설doctrine of interpellation'은 이 책 5장에서 다룰 것이다.

버틀러처럼 호명이라는 용어로 섹스를 이론화하는 것은, 인간 신체의 일부분이 (특히 페니스와 질vagina) 단순히 본래 '거기에' 태어날 때부터 쭉 있었다는 의미가 아니라, 인간의 육체가 '남성' 혹은 '여성'으로 범주화될 때, 그의 섹스가 수행적으로 구성된다는 의미이다.(수행성이라는 논제는 다른 절에서 다룰 것이다. 또는 이 책 2장 참조)

버틀러는 『의미를 체현하는 육체』 4장(젠더는 불타고 있다: 전유와 전복의 문제들)에서, 어떻게 주체의 위치가 경찰의 부름 같은 법의 '질책reprimand'에 응답함으로써 가정되는가를 고찰한다. 이 부름을 '일방적 행위'로 여기는 알튀세와 달리 버틀러는 호명이 '단순한 수행a simple performative'이 아니라고 주장한다. 다시 말해서 호명이 언제나 명명한 대로 실행되는 것은 아니며, 또한 주체가 법을 훼손하는 방식으로 법에 응답할 수도 있다. 실제로 법 자체는 그것의 고유한 전복의 조건들을 제공한다.(BTM: 122)

버틀러는 위반의 행위들이 언제나 법 안에서 우리를 구성하는 용어들로써 발생한다는 점을 인정한다. 우리는 경찰의 부름에 대답해야 하며, 그렇지 않으면 주체의 위치를 갖지 못할 것이다. 그러나 우리가 반드시 받아들이게 되는 그 주체의 위치는, 버틀러가 (가야트리 차크라보티 스피박에게서 빌려온) 능력수행적인 위반enabling violation이라 부르는 것을 구성한다. 나라는 주체의 구성에 반대하는 주체 또는 '나'는 바로 그 구성에서 생겨났으며, 그것이 반대하는 바로 그 권력 구조들 속에서 저항적 행위를 끌어낸다. 주체들은 언제나 권력관계들 속에 포함되어 있다. 그러나 주체들이 언제나 그 관계들에 의해 가능한 존재라 해도, 단지 그 법에 종속적인 것만은 아니다.(BTM : 122-3)

우리가 '여성'으로 태어나는 것이 아니라 (여성이라는) 섹스로 '불리는' 것이라면, 이성애적 헤게모니를 훼손하는 방법으로 섹스를 받아들일 수도 있을 것이다. 여기에서 헤게모니는 주체를 물리적 방식이 아니라 이데올로기적 강제로 구성하는 권력구조를 가리킨다.('헤게모니'라는 용어는 이탈리아의 마르크스주의 철학자, 안토니오 그람시Antonio Gramsci(1891~1937)가 처음 사용했다.)

여자애는 여자애로 태어나는 것이 아니라, 페니스를 가졌는가 아니면 버틀러의 신조어를 써서 질vagina을 가졌는가에 따라 태어나기 전 아니면 태어나는 순간 '여자애가 된다'. 이러한 구분은 자의적이다. 따라서 버틀러는 섹스화된 신체 부분들이 의미를 부여받는다고 주장할 것이다. 이는 아이들을 귓불의 크기, 눈동자 색깔, 혀의 유연성 같은 다른 부분들로 구별할 수도 있음을 의미한다. 육체에 대한 지각과 기술('여자애입니다!' 등)은 결코 중립적이지 않으며 호명적이고 수행적이다. 그럼에도 단지 육체를 있는 그대로 묘사하는 듯 보이는 언어가 육체를 구성한다. 다시 말하면 버틀러의 주장은 물질의 '존재existence'를 부정하는 것이 아니라, 언제나 구성적이고 호명적이며 수행적인 담론 외부에 물질이 놓일 자리가 없다는 것이다. 이에 대해서는 정신분석학자 라캉에 관한 버틀러의 논의를 검토한 뒤, 육체 일부분들의 현상학이라 부를 수 있는 지각된 육체의 문제로 되돌아갈 것이다.

담론과 의미작용

섹스가 원인이 아니라 효과, 그것도 반복된 효과라는 개념은 『젠더 트러블』에서부터 매우 친숙하다. 이 책에서 버틀러는 젠더가 담론의 원인이 아니라 효과라고, 즉 '육체를 반복적으로 양식화하고, 존재가 고유한 속성을 가진 실체인 것처럼 계속해서 보이게 하는 매우 엄격하게 규정된 틀 안에서 반복되는 일련의 행위들'(GT : 33)이라고 주장한다. 틀림없이 '타고난' 육체가 어떻게 담론의 '자연화된 효과'가 되는지를 드러내고자, 버틀러는 『의미를 체현하는 육체』에서도 이와 동일한 주장을 펼친다. 이러한 육체는 의미화된, 그리고 의미작용으로서의 육체, 언어와 담론을 통해서만 알 수 있는 육체이다. 다시 말해서 육체는 언어적·담론적으로 구성된다. '섹스'가 곧 의미작용이며 언제든 재의미작용할 수 있다는 것을 나타내기 위해 인용부호를 붙였다.

『의미를 체현하는 육체』 1장에서 버틀러는 '물질성과 의미작용의 불변성indissolubility'(육체는 언어 안에서 의미화되며, 그 자체가 물질인 언어 바깥에 그것의 자리를 갖지 않는다.)을 주장하고, 이어 언어가 물질성과 단순히 관련될 수 있는지 또는 언어가 바로 물질성을 위한 조건인지 묻는다.(BTM : 31) 버틀러는 『의미를 체현하는 육체』의 다음 장에서 이 질문으로 되돌아간다. 거기서 언어의 물질성과 물질성의 언어적 본성을 강조한다. '언어와 물질성은 대립되지 않는다. 언어는 물질적인 것이며, 물질적인 것은 결코 의미화되는 과정에서 벗어날 수 없다.(BTM : 68 ; 또는 Moi 1999 : 49를 보시오)

'물질화materialization'라는 용어는, 육체가 (그것 자체로 물질적인) 언어 안에서 반복적으로 발생하는 일시적 과정을 가리키는 개념임을 압축적으로 보여준다.(앞서 인용한 초기 논문에서 버틀러가 주장하듯 여기에서의 육체란 위치situation로서의 육체를 뜻한다.) 『의미를 체현하는 육체』 서문에서 볼 수 있듯이, 육체는 '*우리가 물질이라고 부르는 경계, 고정성, 표면의 효과를 생산하기 위해 계속해서 고정화하는 물질화의 과정*'을 의미한다.(BTM : 9 ; 강조 저자) 젠더와 마찬가지로 섹스 역시 실재성 또는 '타고난 사실'처럼 보이는 겉모습을 고정시키거나 '굳힌다'. 그러나 (결코 실재가 아닌) 섹스의 '실제성'을 받아들이려면 버틀러가 지금 이성애적 헤게모니라고 부르는 것을 문제시해서는 안 될 것이다. 반면 섹스의 계보학적 분석은 서로 다른 육체의 부분들이 어떻게 무엇을 의미화하고 다시 재의미화하는가를 보여주기 위해 육체를 해체할 것이다.

구성주의에 대한 불만

버틀러를 '급진적 구성주의자'라고 부르고 싶어질 것이다. 이러한 견해는 모든 것이 언어이며 담론이라고 단순히 (그리고 아마도 완고하게) 생각한다. 육체를 포함한 모든 것이 구성되었다는 것이다. 그러나 버틀러는 이러한 견해가 해체적인 접근이 갖는 요점을 놓치게 만든다고 주장한다. 해체적 접근은 '모든 것이 담론적으로 구성된다.'(BTM : 6)라는 진술로 축소할 수 없다. 해체한다는 것은 주체의 담론적 구성에 배제, 소거erasure, 권리상실foreclosure, 아브젝시옹abjection의 작용들이 있음을 인정하고 이를 분석하는 것이다.(BTM :

8) 『젠더 트러블』에서처럼 우리는 우리 자신이 변증법적인 매트릭스 안에 놓여 있음을 발견한다. 다만 '섹스'가 폭력적인 배제와 대립을 토대로 배치되고 가정되어 있다는 것이 다를 뿐이다. 이전처럼 버틀러는 섹스화된 정체성을 그것의 우울증적 구조(앞선 인용 부분에 나온 '아브젝시옹'과 '분열적인 회귀') 개념으로 설명할 것이다. 즉 일관된 이성애적 정체성을 지키기 위해 최초의 동성애적 욕망은 극복되어야 한다는 자신의 주장을 펼친다.

'구성주의'적 견해들을 문제시함으로써, 버틀러는 『젠더 트러블』이 만들어낸 무수한 비판들에 함축적으로 대답한다. 젠더 또는 섹스를 '구성물'이라고 말하는 것은 다음과 같은 질문을 야기할 수 있다. '그럼, 그것을 구성하는 것은 누구 또는 무엇인가?' 버틀러는 이러한 지적에 다음과 같이 명쾌하게 답한다. 구성이란 '이미 존재하는 주체가 시작하는 일방적인 과정'이 아니며, 담론과 권력은 단일한 행위자로 귀속시키거나 의인화할 수 있는 한 사람의 행위들이 아니다. (『의미를 체현하는 육체』와 『권력의 정신적 삶』에서 버틀러는 알튀세가 정확히 이러한 방식으로 권력의 특징을 설명한다고 비판한다.) 결정적으로 버틀러는 『젠더 트러블』에서 보았듯이 복합적이고 무수한 면을 가졌으며 분산된 권력이라는 푸코의 개념을 끌어온다. '구성물이라는 용어가 〔그〕 주체를 (주어라는) 문법적인 위치로 이해하는 것이라는 주장은 더 이상 옳지 않다. 왜냐하면 구성물은 한 명의 주체 또는 그것의 행동이 아니라 "주체들"과 "행동들"로 하여금 모습을 드러내도록 해주는 반복의 과정이기 때문이다. 행위하는 권력은 존재하지 않으며, 존재하는 것은 오직 반복되는 행위이다. 그것이 바로 지속적이고 불안정

한 권력이다.'(BTM : 9)

사람들은 종종 푸코가 권력을 의인화했다고 오해한다. 그러나 그는 권력을 '행위하는' 주체로 묘사하지 않으며, 행동deed 뒤에 행위자doer의 존재를 가정하지도 않는다. 앞에서 말한 '반복되는 행위'는, 그것에 선행하는 문법적 의미의 주체를 갖지 않는다. 그러므로 우리는 고정적이고 강력한 행위자라는 외양을 계속해서 생산하는 일련의 행위들과 함께 남는다. 섹스는 권력의 효과이다. 그러나 그 권력을 휘두르는 단일한 행위자는 없으며, 권력은 의인화될 수 없다. 『젠더 트러블』에서처럼, 우리는 '행위자' 찾기(또는 보기)를 멈추고 대신 '행동deed'에 초점을 맞춰야 한다. 다시 말해 우리는 복합적이고 무수한 면을 가졌으며 분산적인 권력의 원인이 아니라 효과를 분석할 것이다. '급진적 구성주의'라고 축소했을 때 요점을 놓치게 된다는 것은 바로 이런 의미이다. 구성주의자들이 구성을 행하는 누군가가 존재한다고 가정하는 반면, 버틀러는 원인과 효과의 관계를 뒤집음으로써, ('주체가 권력을 휘두른다' 대 '권력이 주체를 휘두른다') 젠더와 섹스를 수행적인 것으로 이론화한다. 수행적 섹스를 논하기 전에, 푸코·프로이트·라캉의 육체에 관한 버틀러의 논의를 먼저 살펴보자.

프로이트, 라캉, 레즈비언 팔루스

『의미를 체현하는 육체』 2장 '레즈비언 팔루스Phallus〔저자는 팔루스를 페니스의 상징이라고 단순 명쾌하게 설명한다.〕와 형태론적 상상계' 끝부분에서 버틀러는 레즈비언 팔루스가 페니스의 소멸을 실행하고, '증식적 재의미작용'이 일어나는 장소로서 해부학적 차이 및 성적인 차이를 만들어낸다고 주장한다.(BTM : 89) 페니스들이 사라질 때 그것들은 어디로 가는가? 그리고 도대체 레즈비언 팔루스가 정확하게 무엇인가? 그것을 가진 사람들은 레즈비언뿐인가? 아니면 모든 사람들이 하나씩 가지고 있는가? 만약 그렇다면 우리는 그것으로 무엇을 해야 하나? 그리고 형태론적 상상계란 무엇인가? 어디에 있는가?

우선 마지막 질문부터 시작해서, 『의미를 체현하는 육체』의 장 제목에 나오는 '형태론적' 그리고 '상상계'라는 용어의 의미를 살펴보자. 레즈비언 팔루스 설명은 뒤로 미룰 텐데, 이는 버틀러 때문이기도 하고(버틀러도 레즈비언 팔루스는 '언제나 어떤 방식으로도 만족하지 않는다'라고 주장하고는 있지만, 이를 쉽게 이해할 수 있으리라는 기대를 접는 것이 최선인 듯 보이는)(BTM : 57) 그 팔루스는 전치된 상징(으로서 매우 설명하기 힘든 개념)이기 때문이다.

'형태론'의 사전적 정의는 '형태의 과학'이며, 지금 논의 중인 정신분석학적 설명에서 '형태론적인' 것은 에고 형성 과정에서 육체가 가정하는 형태를 뜻한다. 이러한 맥락에서 '상상계'란 단지 '상상' 혹은 '상상된' 것을 뜻하는 게 아니라, 라캉이 구별한 상상계·상징계·실재계 가운데 하나를 가리킨다.

- 상상계the imaginary란 의식적이며 무의식적인 이미지와 환상들의 영역이다.
- 상징계적 질서the symbolic order는 언어, 즉 유아가 상상계를 떠날 때 진입해야 하는 체계를 가리킨다.

· 실재계the real란 상징계와 발화의 경계들 외부에 있는 것이다.

이후에 『의미를 체현하는 육체』에서 버틀러는 '실재계'의 존재를 의문시한다. 지금 논의 중인 이 장(2장)에서 버틀러는 라캉의 상징계와 상상계의 구분을 무너뜨린다.(BTM : 79 ; 또는 CS를 보시오) '형태론적 상상계의 재기술'이라는 절에서, 버틀러는 육체가 그 자신의이미지와 형태론을 획득할 때, 어떻게 그리고 어떤 육체의 일부분이 의미화되는가를 조사한다. 『젠더 트러블』에서 버틀러는 프로이트의 다음 주장을 인용한다. '에고는 무엇보다도 육체적인 에고이다.'(BTM : 59) 그러나 『의미를 체현하는 육체』에서는 프로이트가 육체의 일부분을 실제적인 것으로 이론화할지 아니면 상상적인 것으로 이론화할지 사이에서 망설이는 것 같다고 한다. 프로이트의 주체는 고통을 통해 자신의 육체를 깨닫게 되며, 프로이트의 육체는 에고가 지각하기 전에 이미 거기에 존재하는 것 같다. 이 부분과 관련된 버틀러의 프로이트 독해는 이론이 분분하며, 프로서가 반론을 제기한 바 있다.(1998 : 40-1) 버틀러는 '비록 프로이트가 우연히 그리고 일시적으로 육체의 어떤 부분이 그 "개념"에 선행한다고 말했을지라도, 결코 육체의 어떤 부분의 불변성과 정신적 경험을 하게 해주는 환영적인 것을 확고히 구분하지는 않는다.'(BTM : 59)라고 주장한다. 다시 말해서 육체의 일부분과 그 부분을 상상하는 것(육체의 '환영적인 구분')은 떼려 해도 뗄 수 없는 관계이다. 따라서 '육체의 현상학적 접근의 가능성'(즉, 육체는 지각됨으로써 알 수 있게 된다.)과 물질적 육체는 하나의 동일한 실체이다.

라캉은 프로이트의 육체, 즉 경험(특히 고통의 경험)을 통해 알게 되는 육체에서, 언어 안에서 의미화되는 육체에 관한 분석으로 이동한다. 버틀러는 이를 프로이트의 '재기술'로 보고, 이에 따라 라캉이 육체의 형태론을 정신적으로 주어진 투사와 이상화로 이론화했다고 한다.(BTM : 73) 우리의 형태 또는 육체적인 형식은 에고의 환상이다. 이때 에고는 명백히 육체에 선행하지 않는데, 왜냐하면, '에고가 그러한 투사*이다*. 〔그리고〕 …… 언제나 육체적인 에고'(BTM : 73)이기 때문이다. 다시 말해 육체와 에고는 서로가 서로를 동시에 투사한 것이기 때문에 분리해서 이론화될 수 없다. 특정한 신체의 일부분들이 이러한 상상된 육체 안에서 중요하게 된다. 이에 버틀러는 팔루스가 반드시 또는 본질적으로 페니스와 더 이상 연결될 필요가 없으므로, 그것을 전유하고 다른 것으로 대체할 수 있다고 주장하면서, 팔루스를 특권화된 육체적 기표로 자리매김하는 라캉의 남성우월주의를 폭로한다.

버틀러는 라캉의 중요한 에세이 「정신분석학적 경험에서 밝혀진 나I라는 기능을 형성하는 거울 단계The Mirror Stage as Formative of the Function of the I as Revealed in Psychoanalytic Experience」(1949)와 「팔루스의 의미작용The Signification of the Phallus」에 초점을 맞춘다. 라캉은 '거울 단계'에서 유아가 거울 속에 비친 자기 영상을 지각할 때, 자기 육체가 완전한 형태를 갖추었다고 생각하게 된다고 주장한다. 그때까지 유아는 자기 육체를 무질서하고 뒤섞였으며 조각난 것으로, 즉 라캉의 표현에 따르면 '오믈렛'으로 지각하지만, 자기 영상을 보고 나서 자신의 육체적인 윤곽과 타인과의 물리적인 차이 등을 깨닫는다. 버틀러는 육체에 관한 라캉의 설명에서 육체를 구성하는 것은 기쁨이나 고통 같은 경험이 아니라 언어라고 주장한다. 왜냐하면 거울 단계는 유아가 언어 또는 상징계적 질서 속으로 들어가는 것과 동시에 일어나기 때문이다.

언어는 이미 존재하는 육체에 단지 이름을 붙이는 것이 아니라, 명명 행위 안에서 육체를 구성한다. 이 단계에서 수행성의 정의를 떠올려보는 게 도움이 될 것 같다. 버틀러가 특별히 여기에서 수행성이라는 측면에서 논의를 전개하지는 않지만, 수행성은 담론이 그것이 명명한 것을 생산하는 권력을 가진다는 측면에서 이해될 수 있기 때문이다. 버틀러는 '팔루스의 수행성'을 지나가면서 간단히 (버틀러 자신도 인정하듯 '짧게') 언급할 뿐이다. 그러나 레즈비언 팔루스에 관한 버틀러의 논의에서, 페니스와 팔루스가 담론 안에서 담론에 의해 소급적으로 구성된다는 것은 명백하게 나타난다. 다시 말해서 그것은 수행적이다.

버틀러와 라캉은 이론적으로 동지였지만, 팔루스라는 논제에서 갈라선다.(물론 이전에도 둘의 견해가 똑같았다고는 할 수 없지만, 이 지점에 이르기 전까지는 대체로 일치했다.) 라캉은 팔루스를 나머지 육체의 기표들에 의미를 전달하는 특권적인 기표로서 임명한다. 반면 버틀러는 팔루스를 '즉시 억압되는 의미화 연쇄의 효과'로 본다. 다시 말해서, 팔루스는 자명하지 않은 의미화의 연쇄 위에서 특권적인 또는 최초의 지위를 갖지 않는다.(BTM : 81) 그러나 라캉과 버틀러는 페니스와 팔루스가 동의어가 아니라는 점에서는 의견의 일치를 보인다. 버틀러에게 팔루스는 '신체의 일부분 또는 기관의 환영적 재기술'(BTM : 81)이다. 보다 간단히 말하면 팔루스는 페니스의 *상징*이지, 페니스 그 자체는 아니다.

팔루스에 대한 버틀러와 라캉의 이론화는, 페니스와 팔루스의 의미작용과 상징화를 둘러싼 두 이론가의 논쟁으로 보일 수도 있다. 라캉이 남근을 상징하는 기표의 탁월함을 주장한 반면, 버틀러는 라캉이 팔루스에 부여한 특권적인 지위를 빼앗는다. 팔루스와 페니스의 분리는 버틀러에게 중대한 문제이다. 왜냐하면 팔루스가 단지 하나의 상징이라면 다른 신체 부분도 똑같이 상징화될 수 있으며, 팔루스를 '갖지도' 그것이 '되지도'(버틀러와 라캉에게는 중요한 구분이다.) 않은 사람들도 전복적인 방식으로 이 상징을 '재영토화'할 수 있기 때문이다.(BTM : 86) 기표(팔루스)와 기의(페니스)의 분리는 버틀러

팔루스가 '되기'와 팔루스 '갖기' 라캉에 따르면 성적 발달 단계에서 본질이 밝혀지는 결정적인 순간은, 아이가 자신의 엄마가 그녀에게는 없는 팔루스를 욕망한다는 사실을 지각할 때이다. '어린아이는 그 욕망을 만족시키기 위해 팔루스가 되기를 희망한다.'라고 라캉은 적고 있다. 소년은 실제로 팔루스를 '갖고' 있는 반면, 소녀는 다른 누군가(그녀가 성장했을 때, 여기에는 그녀의 남근적 육체phallic body를 욕망하는 그녀의 남성 파트너도 포함될 것이다.)를 위해 반드시 그것이 '되어'야 한다. 라캉에게는 이것이 바로 섹스를 구별해준다. 팔루스를 '갖는 것'은 운 좋은 소년에게는 전혀 문제가 없어 보인다. 그러나 팔루스가 '되는 것'은 소녀에게 여성성의 희생을 요구한다고 라캉은 단언한다. '팔루스가 되려고, 즉 큰 타자의 욕망의 기표가 되기 위해…… 여성은 여성성의 본질적인 부분들을, 즉 가면무도회 속의 그녀의 모든 자질들을 거부할 것이다. 그녀가 사랑받기를 원할 뿐 아니라 욕망되기를 원하는 것은 그녀가 그것이 아니기 때문이다.'(Lacan 1958 : 290)

로 하여금 배타적인 남성 영역에서 팔루스를 떼어놓을 수 있게 하며, '되기'와 '갖기' 사이의 구분을 없앨 수 있게 한다. 사실 아무도 팔루스를 '갖지' 않는다. 왜냐하면 그것은 하나의 상징이기 때문이다. 또한 팔루스와 페니스를 분리하는 것은, 페니스를 갖지 않는 사람들이 팔루스를 재배치할 수도 있음을 의미한다.

버틀러는 '문제는 왜 팔루스가 상징화하기 위한 특별한 육체 부분을 필요로 한다고 가정하는가, 왜 다른 육체 부분들을 상징화할 수는 없는가이다'라고 적고 있다. 이어 팔루스의 '전치 가능성displaceability', 곧 육체의 부분들 또는 페니스 외에 다른 육체 부분들과 비슷한 사물들을 상징화하는 능력이 레즈비언 팔루스를 가능하게 만든다고 주장한다.(BTM : 84) 여성들은 팔루스를 '가질' 수도 팔루스가 '될' 수도 있다. 이는 여성들이 남근 선망과 거세 콤플렉스를 동시에 겪을 수도 있다는 의미이다. 게다가 '해부학적인 부분은 결코 팔루스 그 자체와 동일하지 않기' 때문에, 남성들은 거세 불안과 남근 선망 심지어 '팔루스 선망'(BTM : 86)에 의해서도 움직일 수 있다.

팔루스는 '치환될 수 있는 환영a transferable phantasm'(BTM : 86), '상상 효과'(BTM : 88), 상상된 형태의 부분(또는 '형태론적 상상계')으로서, 상이하게 상징화/의미화될 수 있으며, 그렇게 전유될 수 있다. 그러한 '공격적인 재영토화'(BTM : 86)는 상징과 기표로서 팔루스가 갖는 특권을 빼앗고, 육체상의 윤곽 속에서 팔루스의 지위를 폭로한다. 이때의 육체는 언어와 마찬가지로 '초월적인 기의'를 기원으로 삼지 않는 재의미화할 수 있는 의미화의 연쇄이다. 버틀러는 팔루스를 육체의 다른 부분으로 돌림으로써 이러한 재의미화의 가능성을 잘 보여준다. '팔루스를 '갖는 것'이 팔·혀·손(또는 두 손)·무릎·넓적다리·골반 그리고 일정한 목적으로 도구화된 일련의 육체와 닮은 사물들로 상징화될 수 있다고 생각해보자. 팔루스의 특권을 빼앗고 교환의 규범적이고 이성애적인 형식으로부터 팔루스를 제거하는 것과, 그것을 여성들 사이에서 재순환시키고 특권을 다시 부여하는 행위는 팔루스가 관습적으로 작용하는 의미화의 연쇄를 깨뜨리는 것이다.'(BTM : 88)

버틀러는 팔루스가 '인공적인plastic' 기표이므로 모든 육체 부분들, 담론적 수행들 또는 대안적인 물신들을 얼마든지 '갑자기' 의미하게끔 할 수 있다고 주장한다.(BTM : 89) 그럼에도 팔루스는 여전히 정의하기 어려운 것처럼 보이는데, 그 이유는 버틀러가 정확하게 그러한 재의미화가 어떻게 '갑자기' 일어날 수 있는지, 또는 여성들이 왜 팔, 혀, 손, 골반 등을 남근을 상징하는 기표로 만들기를 원하는지 설명하지 않기 때문이다. 재의미화할 수 있는 팔루스의 전복 가능성은, 당신이 팔루스를 갖거나 팔루스가 되기 위해 페니스를 가질 필요는 없으며, 페니스를 갖는다는 사실이 당신이 팔루스를 갖게 되거나 팔루스가 될 것임을 의미하지 않는다는 버틀러의 주장에 담겨 있다. '레즈비언 팔루스는 팔루스에게, 상이하게 의미화할 수 있으며 그러한 의미화 과정 중 뜻하지 않게 그것 고유의 남성주의적이고 이성애주의적인 특권을 재의미화하는 계기(또는 일련의 계기들)를 제공한다.'(BTM : 90)

다시 우리는 해부학적인 것이 운명이 아니라 담론 혹은 의미작용이라는 생각으로 되돌아간다. 이는 육체가 이성애적인 헤게모니를 확립시키기보다는 그것에 도전하는 방식으로 재의미화될 수 있음을 의미한다. 버틀러는 『의미를 체현하는 육체』 2장의 결론에서 새로운 육체의 부분을 필요로 하는 것은 아니라고 말한다. 페니스에 대해서도 그런 식으로 말하지 않았다. 대신 버틀러는 성차라는 상징적인 이성애 헤게모니를 전치하고 대안적인 상상적 성감대를 풀어놓을 것을 요구한다.(BTM : 91) 실제로 지금까지는 버틀러가 라캉의 담론에서 지배력을 갖는 특권화된 기표를 레즈비언 팔루스로 변형한 것처럼 보일 것이다.(BTM : 82-3) 그러나 대안적인 육체의 부분들을 설명할 때 버

레즈비언 팔루스 휘두르기 레즈비언 팔루스는 모조 남근도 아니며, 책상 서랍 속에 보관할 수 있는 어떤 것도 아니다.(GP : 37을 보라.) 형태론적 상상계는 육체가 상상적인 또는 환영적인 투사를 통해 갖게 된 형태 또는 형식이다. 라캉의 형태론적 상상계를 버틀러가 재기술했다는 것은 팔루스의 특권적이고 의미심장한 지위를 빼앗았다는 것이다. 페니스와 팔루스가 동의어가 아니라고 주장하며 버틀러는 팔루스가 페니스를 갖지 않은 사람들에 의해 어떻게 '재영토화' 될 수 있는가를 보여준다. 이것은 팔루스가 신체 일부를 상징하는 것이 신체 일부의 부재 혹은 '소멸'을 의미하기 때문에 가능하다. 이러한 방식으로 (팔루스라는) 기호를 (페니스라는) 지시 대상으로부터 분리시키는 것은 버틀러로 하여금 남근을 상징하는 기표에 라캉이 부여한 특권을 빼앗게끔 한다. "물론 '레즈비언 팔루스'라는 표현은 하나의 조크지요. 라캉에게 팔루스를 갖는 것은 그 기표를 조종하는 것을 의미하니까요"라고 버틀러는 한 인터뷰에서 말한다. "그것은 쓰고, 이름붙이고, 권위를 부여하고, 지시하는 것이에요. 그러니까 어떤 의미에서 나는 라캉의 틀을 비판하는 가운데 레즈비언 팔루스를 휘두르는 것이지요. 그것은 레즈비언 작가를 보여주는 하나의 모델이에요. 그것은 패러디지요."(GP : 37)

틀러가 제시하는 레즈비언 팔루스(BTM : 90)는 '레즈비언'이 아닌 사람들에 의해서도 똑같이 전유되거나 재의미화될 수 있다. 그리고 레즈비언 팔루스는 여러 콤플렉스들 가운데 '레즈비언 팔루스 선망'을 겪는 사람들에 의해 전복적으로 재영토화될 수도 있을 것이다.

'여자애'로 명명하기

앞에서 팔루스의 수행성에 관한 버틀러의 암시적인 언급들을 보았고, 언어적 행위 그러니까 그것에 이름을 붙이고 구성하는 행위와 분리될 수 없는 담론적으로 구성된 육체에 관한 설명을 자세하게 검토했다. 이제 『의미를 체현하는 육체』 서문에서 육체의 문제를 이야기하며, 진술적인 주장은 언제나 어느 정도 수행적이라고 한 버틀러의 언술을 살펴보자.(BTM : 11) 거리에서 누군가를 불러 세우는 경찰이나, 초음파로 태아의 영상을 보고 나서 '여자애입니다!'라고 외치는 의사나 간호사의 호명을 생각해보자. 그리고 이 책 2장에서 수행적 정체성에 관한 버틀러의 공식들을 오스틴의 언어 이론의 맥락에 위치시켰던 것을 떠올려보자.

『의미를 체현하는 육체』에서 버틀러는 오스틴의 언어학 강의 즉 『말과 행위』를 다시 끌어온다. 오스틴은 발화의 양식을 두 가지로 구별한다. 하나는 무엇을 설명하거나 보고하는 것이고, 다른 하나는 말함으로써 이야기된 것을 실제 수행하는 것이다. 오스틴이 진술적 발화라고 부른 전자의 예로는, '날씨가 좋다.' 또는 '나는 쇼핑을 갔다.'와 같은 진술을 들 수 있다.(오스틴은 이를 언어효과적 행위perlocutionary acts라고 부른다.) '나는 쇼핑을 가고 있었다.'라고 말함으로써 내가 그것을 하고 있는 건 아니다. 나는 단지 하나의 사건을 보고할 뿐이다. 반면 내가 등기소의 호적 담당자 앞에 선 이성애자로서 '이 여성을 당신의 아내로 맞이하겠습니까?'라는 질문에 '네, 그렇습니다'라고 대답한다면, 그때 나는 그러한 언술을 함으로써 실제 그 행위를 수행하고 있는 것이다. 이러한 진술은 수행적 발화 또는 '언어수반적 행위illocutionary acts'라고 한다. '어떤 배에 이름을 붙이는 것은 (적절한 상황에서) "나는 명명한다"와 같은 말을 하는 것이다. 호적 담당자나 제단 앞에서 "그렇게 하겠습니다."라고 말할 때, 나는 결혼을 보고하는 게 아니라, 결혼에 참여하고 있는 것이다.'(Austin 1955 : 6)

버틀러처럼 섹스가 언제나 ('어느 정도') 수행적이라고 주장하는 것은, 곧 육체들이 단순히 묘사되는 게 아니라 언제나 묘사 행위 안에서 구성된다고 주장하는 것이다. 육체는 언제나 묘사 행위 안에서 구성된다. 의사나 간호사가 '여자애입니다/남자애입니다!'라고 외칠 때, 그들은 단지 자신이 본 것을 보고하는 게(이것은 진술적인 발화가 될 것이다.) 아니라, 담론 외부에 존재할 수 없는 육체에 실제로 섹스와 젠더를 부여하는 것이다. 다시 말해서 '여자애입니다/남자애입니다!'라는 진술은 수행적이다. 버틀러는 『의미를 체현하는 육체』 마지막 장인 '비판적인 퀴어'에서 출생/초음파 장면으로 되돌아가서, 이전처럼 담론이 '나', 즉 주체에 선행하며 그것을 구성한다고 주장한다.

> "여자애"라고 명명하는 것이 타동사적이라는 의미에서, 즉 특정한 "여자애 되기"를 강요하는 과정을 개시한다는 의미에서, 그 용어의 상징적 권력

은 여성성을 육체적으로 규정하는 공식들을 지배한다. 물론 이는 결코 규범과 완전히 일치하지는 않는다. 그 여자애는 확실한 주체의 자질을 갖고, 그렇게 존재하기 위해 그러한 규범을 "인용"해야 한다. 그러므로 여성성은 선택의 산물이 아니라 규율, 통제, 처벌 관계 등과 떼려야 뗄 수 없게 역사적으로 복잡하게 연루되어 있는 규범의 불가피한 인용인 것이다.(BTM : 232)

'여자애입니다!'는 사실의 진술이 아니라 '여자애 되기' 과정을 개시하는 호명이며, 이 과정은 여성과 남성 사이의 지각되고 *부과된* 차이를 바탕으로 하는데, 그 차이들은 결코 '타고난' 것이 아니다. 호명의 수행적 작용을 설명하며, 버틀러는 한 유아가 '이 아기는 레즈비언입니다.'라는 외침으로 섹스-젠더 체계 안에 자신의 자리를 부여받은 신문 연재만화를 인용한다. '본질주의자의 유머와는 거리가 먼 수행적 언술의 이 같은 퀴어적 전유는, 이성애를 강화하는 법의 결속력과 *법의 권리를 유용할 가능성*expropriability을 모방하는 동시에 노출시킨다'(BTM 232 : 강조 원저자)

우리는 권리를 유용할 가능성과 인용의 문제로 돌아가 이를 간략하게 살펴볼 것이다. 여기에서 요점은 다음과 같다. 섹스의 차이와 젠더화된 차이는 담론 안에서 담론에 의해 수행적으로 성립되었기 때문에, 담론적으로 구성된 일련의 또 다른 속성들을 토대로 정체성을 지시하거나 부여하는 일이 가능할 수 있다. 한 유아를 레즈비언이라고 공표하는 것은 분명 중립적 서술 행위가 아니라 유아를 호명하는 수행적 진술이다. '여자애입니다!' 역시 정확하게 동일한 방법으로 기능한다. '여자애입니다!'라는 진술은 이후 그 '소녀'로 하여금, 그녀를

'부르는' 이성애적 매트릭스 안에서 주체성을 부여받기 위해 섹슈얼한 규범들과 젠더화된 규범들을 인용하도록 강제하는 수행적 발화이다.

버틀러는 '어떤 뚜렷한 주체가 생산되기 위해 특정한 "인용"을 강요하는 규범이라는 측면에서 젠더 수행성 개념은 재고되어야 한다.'라고 주장한다.(BTM : 232) 버틀러의 진술에서 인용부호로 강조되는 '인용'이라는 용어는 『의미를 체현하는 육체』에서 특별히 데리다적인 의미로 쓰인다. '인용'은 수행성과 구별되는 동시에 그것과 결합한다. 그렇다면 섹스와 젠더 규범들의 인용에 대해 살펴보자.

인용적 기호들

앞에서 나는 여성성은 선택이 아니라 규범의 강제적 인용이다라는 버틀러의 단언을 인용했다. 섹스와 젠더를 인용한다는 것이 정확하게 어떤 의미의며, 버틀러는 『의미를 체현하는 육체』에서 이 용어를 어떻게 사용하는가? 『옥스퍼드 영어사전』에서 '인용하다to cite'라는 동사의 정의를 찾아보면, 흥미롭게도 호명과의 어원상 연관성을 발견할 수 있다.(버틀러가 이러한 연관성을 인정하지는 않지만 말이다.) '인용하다'는 행동을 멈추게 하다 또는 부르다라는 뜻의 라틴어 'citare'에서 온 것으로, 그 의미는 다음과 같이 정리된다. 1) 법정에 출두하라고 공적으로 소환하다. 2) 소환하다 혹은 야기하다. 3) 인용하다. 4) 증거를 제시하다. 5) 상기시키다, 말하다, 언급하다. 이 중 세 번째, 네 번째, 다섯 번째 정의가 버틀러가 사용하는 의미와 가장 가깝지만, '소환하기' 역시 인용과 호명 사이의 이론적 연관성을 가리킨다고 할 수 있다.

버틀러는 '인용'을 특별히 데리다적 의미에서 사용하여, 존재론적 규범들이 담론 안에서 때로 강제적으로 때로는 그렇지 않게 전개되는 방식들을 설명한다. 데리다의 논문 「기호, 사건, 맥락」은 오스틴의 주장, 곧 수행적 언술은 맥락이 제한되어 있을 때와 저자의 의도에 놓여 있을 때에만 '성공적'이라는 주장에 대한 응답이다.

오스틴에 따르면 어떤 진술이 수행적인 힘force을 갖기 위해서는(다시 말해서 그것이 명명하는 것을 실행하기 위해서는), 반드시 1) 적절한 맥락 안에서 그것을 하라고 지시된 사람에 의해 발화되어야 한다. 2) 특정한 관습을 따라야 한다. 3) 발화자의 의도를 고려해야 한다. 가령 한 외과의사가 교회 제단 앞에 서서 동성 두 사람을 마주 대하고, '나는 그대들을 남편과 아내로 선언한다.'라고 공표한다면, 이 진술은 오스틴이 이야기하는 수행적인 힘을 갖지 않는다. 왜냐하면 우리는 그 외과의사가 성직자로 임명되지 않았으며, 따라서 그에게 둘을 결혼시킬 수 있는 권위가 없음을 짐작할 수 있기 때문이다. 이와 비슷하게 한 성직자가 지난 밤 자신의 두 마리 테디 베어에게 '나는 그대들을 남편과 아내로 선언한다.'고 속삭였다면, 그 성직자는 결혼식을 진행한 게 아니라 게임을 했거나 공상을 한 것이다. 그 성직자는 분명 결혼식을 진행할 수 있는 권위를 갖고 있지만, 그의 진술은 성직이 없는 외과의사의 진술과 마찬가지로 권위를 갖지 않는다. 그 이유는 1) 맥락이 부적절하고, 2) 동성 커플에 대해서와 마찬가지로 미국과 영국에는 장난감의 결혼을 규정하거나 허락하는 법률이나 관습이 없기 때문이고, 3) 아마도 자신의 테디 베어들을 결혼시키는 것이 성직자의 의도는 아닐 것이기 때문이다.

오스틴은 부적절한 수행문과 적절한 수행문을 구별하려고 하는데 우리는 이 책 4장에서 오스틴이 끌어낸 그 구별로 돌아갈 것이다. 이 단계에서 중요한 것은 언어 기호 안에서 오스틴의 구별이 갖는 '약점'을 데리다가 포착했다는 점이다. 진술들이 맥락에서 벗어나기 쉽다는 것과 본래의 발화자가 의도하지 않은 방식으로 쓰이기 쉽다는 것을 몰랐다면, 오스틴은 적절한 수행문과 부적절한 수행문을 구별하려 하지 않았을 것이다. 데리다는 오스틴이 함정 또는 약점이라 여긴 것이 사실은 모든 언어 기호들의 특징이라고, 즉 모든 언어 기호는 전유와 반복 그리고 이 절의 주제로 되돌아가서 재-인용 가능성이 농후하다고 주장한다. 데리다는 이를 '기호의 본질적인 반복 가능성'이라 칭한다. 어떤 기호를 특정 맥락이나 관습 혹은 저자의 의도로 둘러싸거나 한정할 수 없다는 의미이다.(1972 : 93) 더구나 데리다는 기호들이 생각지도 않은 맥락에 이식될 수도 있으며, 그가 인용적 접목citational grafting이라 일컬은 전유, 그리고 재배치 같은 예상치 않은 방식으로 인용될 수 있다고 주장한다. 모든 기호들은 인용부호 안에 놓일 수 있으며('섹스', '인종'), 화자나 작가의 본래 의도와 다른 방식으로 인용되고 접목되며 반복된다. 이는 데리다가 지적하듯 기호에 있어서 실패의 가능성은 본질적이고 필연적이며, 실제로 그것이 기호의 구성적 성격임을 의미한다.(1972 : 97, 101-3)

이러한 개념들은 『젠더 트러블』에서부터 익숙한 것인데, 앞서도 말했지만 이 책에서는 데리다가 암시적으로만 드러난다. 또한 여기에서 실패, 인용, 재-인용 개념은 전복적인 젠더 수행들에 관한 버틀러의 논의에 있어 매우 중요하다. 『의미를 체현하는 육체』에서 버틀러는 데리다가 인용적 기호라는 특징을 설명한 데에서 전복의 가능성을 발견하고, 이제 자신의 이론 안에서 수행성으로부터 인용성으로의 움직임을 계획한다. 인용성을 통해 수행성을 다시 생각하는 것이, 근본적인 민주적 이론에 유용하다고 생각하기 때문이다.(BTM : 191. 또는 14를 보시오) 버틀러는 데리다의 인용성이 아브젝시옹과 인정받지 못한 섹스화되고 젠더화된 정체성들의 배제를 정치적 저항 행위로 전환하는 퀴어 전략으로서 유용하다고 주장한다.

『의미를 체현하는 육체』 마지막 장에서 버틀러는 자신이 '"퀴어적인 것queerness"의 논쟁적인 실천들'이라 부른 것이, 인용성으로서 수행성의 정치적 실행을 보여주는 좋은 예라고 말한다.(BTM : 21) 버틀러는 젠더 수행들이 다른 맥락들로 '인용' 즉 접목되는 전복적 실천들을 언급한다. 이러한 실천들은 모든 젠더 수행들의 인용성과 본질적인—그러나 필수적이고 유용한—실패를 드러낸다.

버틀러는 『젠더 트러블』에서 이러한 실천의 예를 제시하는데, 이 책에서 전복과 저항적 행위의 전략으로서 패러디와 드랙에 초점을 맞추었다. 『의미를 체현하는 육체』에서 버틀러는 '퀴어 드러블'의 예로서 드랙으로 되돌아가며, 기호의 반복 가능성과 인용성 안에서 '니체적인 희망'의 또 다른 사례들을 찾아낸다. 우리는 다음 절에서 '트러블을 일으키는' 이러한 방법들 가운데 하나로 돌아갈 것이다.

인종과 섹슈얼리티

인종도 섹스·섹슈얼리티·젠더와 마찬가지로, 법적 용어들이 쉽게 전유되고 전복될 수 있다는 사실을 드러내며 인용되고 재-인용될 수 있는가? 인종은 호명된 수행인가? 인종적 정체성은 우리가 단지 그렇게 '된is' 것이 아니라 '가정된' 것인가? 다시 한 번 보부아르의 진술을 바꿔서 '우리는 흑인/백인으로 태어나는 것이 아니라 만들어진다.'라고 단언할 수 있을까? 아니면 『의미를 체현하는 육체』에 '섹스의 물질화 과정에서 작용하는 담론적 수행성이 후기구조주의자들에 의해 재기술된다.'라고 한 버틀러의 설명에서 '섹스'를 '인종'으로 바꿀 수 있을까?(BTM : 12)

『젠더 트러블』에서는 인종에 관한 논의를 거의 찾아볼 수 없지만, 『의미를 체현하는 육체』에서 버틀러는 정체성의 공식을 분석하며 인종적 정체성에 관한 내용을 '첨가'한다.(BTM : 18) 규범적인 이성애가 육체를 생산하는 데 작용하는 유일한 규제적 양식이 아니라는 것을 받아들이면서, 버틀러는 그 외에 또 어떤 '규제적 생산 양식들'이 있는지 묻는다.(BTM : 17) 이어 그녀는 '상징계—규제적 이상성의 기록부—는 또한 언제나 인종 산업이 된다. 즉 상징계는 인종화시키는 호명 작용들이 반복적으로 실천되는 것이다.'(BTM : 18 ; 강조 원저자)라고 주장한다. 버틀러는 인종의 차이가 성차에 비해 부수적이라고 보는 권력 모델에 반대하고, 인종적이고 이성애적인 명령들이 모두 재생산적이며 섹스화하는 실천 안에서 작용한다고 주장한다.

호명은 단지 섹스·섹슈얼리티·젠더로만 '우리를 부르는' 것이 아니다. 호명은 주체성subjecthood의 조건으로서 인종적인 차이를 구성하는 '인종화하는' 명령들이라고 할 수 있다. 성적sexual 차이와 인종적 차이를 각각 자율적이거나 분리된 권력의 축으로 볼 수 없다.(BTM : 116-17) 또한 버틀러는 섹스와 젠더가 인종에 선행하지 않는다는 사실을 반복해서 강조한다. 즉 '이처럼 분리 가능한 범주들이 나열된 체제 안에서 드러나는 것은 다름 아닌 서로를 구별해주는 조건들'이라면서 다음과 같이 묻는다. '인종은 섹슈얼리티의 양태 속에서 어떻게 존속하는가? 젠더는 인종의 양태 속에서 어떻게 존속하는가? 식민지적 민족국가와 신식민지적 민족국가는 국가권력이 공고화되는 과정에서 젠더 관계들을 어떻게 되풀이하는가?'(BTM : 117)

버틀러 스스로 자신에게 이런 질문들을 던졌지만, 이러한 노력에도 불구하고 인종 '문제'는 그녀의 논의에 설득력 있게 통합되지 않는다 (그것이 바로 내가 이 문제를 이처럼 따로 끝에서 두번째 절에서 다루는 이유이다.) 버틀러는 섹스·섹슈얼리티·젠더가 어떻게 호명되고 가정되며 수행적으로 구성되는가를 분석하면서도, 이와 동시에 수행적 인종의 문제 또는 자신이 '인종화하는 규범들'이라고 부르는 것이 정확히 인종을 어떻게 호명하는가에 대해서는 논하지 않는다. 게다가 몇몇 비평가들은 '인종화된' 육체와 젠더화된/섹스화된/섹슈얼화된sexualized 육체 사이의 구분을 유지하는 것이 매우 중요하다고 생각할지 모른다.

'이 아이는 레즈비언입니다!'라는 농담을 기억해보자. 여기에서 유머는 섹슈얼리티가 태어날 때 눈에 보이지 않는다는 사실에서 나온다. 그러나 이와 대조적으로 인종은 매우 종종 (비록 언제나 그런 것은 아니지만) 태어날 때 눈으로 확인할 수 있다. 흑인 이론가 헨리 루이스 게이트 주니어Henry Louis Gates Jr는 자신의 논문 「명작Master's Pieces」에서 다음과 같은 말로 이 문제를 효과적으로 구체화한다. "'인종"은 오직 사회정치적 범주일 뿐이며, 그 밖에는 아무것도 아니다. 동시에 실질적인 수행력performative force이라는 관점에서 나의 인종은 내가 125번가 레녹스 에비뉴 모퉁이에서 택시를 잡을 때 나에게 전혀 도움이 안 된다는 것을 기억해야 한다.'("제발 아저씨, 제 피부색은 단지 은유일 뿐이에요.")(1992 : 37-8)

게이트의 비딱한 관찰은, 눈에 보이는 '인종화된' 육체(흑인 또는 백인)가 섹슈얼화되고 섹스화되고 젠더화된 육체와 정확하게 동일한 방식으로 이론화될 수 없음을 보여준다. 물론 이것이 권력의 모든 벡터들이 동시에 상호적으로 작용한다는 버틀러의 주장을 부정하는 것은 아니지만 말이다.

인종에 관한 버틀러의 가장 광범위한 분석이, 주인공 중 한 명이 백인으로 행세하려고 애쓰는 넬라 라슨의 소설 『패싱*Passing*』에 집중되어 있다는 사실은 중요하다.〔패싱은 백인과 유사한 신체적 특징을 지닌 흑인들이 자신의 흑인 정체성을 숨기고 백인으로 행세하는 것을 뜻하는 단어이다. 넬라 라슨의 『패싱』은 중산층에 편입됐으나 여전히 사회적 · 심리적으로 인종차별에 시달리는 흑인들의 이야기이다.〕 『패싱』에서 그 주인공의 육체는 흑인 같아 보이지 않는다. 백인으로 '행세하는' 여성 클레어는 흑인들의 모임 안에서 백인 남편과 마주쳤을 때에야 비로소 흑인임이 밝혀진다.

버틀러는 인종과 섹슈얼리티가 겹쳐 있으며 뒤엉켜 있다는 자신의 논점을 증명하는 데 『패싱』을 이용한다. 버틀러는 두 여성 주인공 사이의 '암묵적인 동성애'와 클레어의 '침묵하는muted' 흑인성blackness이 겹쳐 있음을 깨닫는다. 여기에서 그 흑인성은 동성애적 욕망처럼 그것 자체를 은폐하고자 한다.(BTM : 175) 게다가 이성애가 자신의 일관성을 구성하기 위해 동성애를 요구하듯, '백인성'은 그 자체를 보충하고 인종적인 경계를 확립하기 위해 '흑인성'을 필요로 한다. 『패싱』에서 이성애와 백인성은 동시에 불안정해지는데, 이는 퀴어화하기 즉 두 여성 간의 욕망이 인종적이고 성적인 행세하기를 전복시키며 폭로하기 때문이다.(BTM : 177)(인종과 우울증에 관한 논의를 살펴보려면 버틀러의 인터뷰 「담화, 인종, 우울증에 관하여On Speech, Race and Melancholia'」(1999)를 참조하라.)

라슨의 소설에 대한 버틀러의 분석은, 정신분석학이 섹슈얼리티와 백인성을 우월한 것으로 가정하고 있다는 사실을 폭로함으로써 정신분석학을 '이상하게 취급한다queers.' 실제로 버틀러는 『패싱』을 정신분석학에 대한 도전으로 본다. '인종이라는 개념으로 접근하여 욕망, 전치, 질투로 인한 분노 등의 개념을 이론화한 것은, 정신분석학을 재기술하는 데 있어서 중요한 함의를 갖는다'(BTM : 182)는 것이다.

『의미를 체현하는 육체』에서 인종에 관한 또 다른 분석은 제니 리빙스톤의 〈파리는 불타고 있다〉 논의에서 나타난다.(BTM : 121-40) 이 영화는 흑인 또는 라틴 '남성들'이 수행/참여하는 할렘의 여장 동성애자들의 무도회drag balls에 관한 영화이다. 버틀러는 이 영화가 주체 구성에 있어 성차가 인종이나 계급에 선행하지 않는다는 자신의 주장을 예증한다고 본다. 그러므로 상징계는 또한 일련의 규범들을 인종화하고 있으며, 주체는 인종적으로 특징지워진 '섹스'라는 개념

미국의 흑인 여성작가 넬라 라슨

버틀러는 넬라 라슨의 소설 『패싱』 분석을 통해 인종과 섹슈얼리티가 뒤엉켜 있다는 자신의 논점을 증명한다. '패싱'은 백인과 유사한 신체적 특징을 가진 흑인이 자신의 흑인 정체성을 숨기고 백인으로 행세하는 것을 뜻하는 단어이다. 버틀러에 따르면 이 소설에서는 '암묵적인 동성애'와 '침묵하는 흑인성'이 겹쳐 있으며, 그로 인해 이성애와 백인성은 동시에 불안정해진다.

에 의해 생산된다.(BTM : 130) 버틀러의 〈파리는 불타고 있다〉와 『패싱』 분석은 다음과 같은 결론을 이끈다. 이성애와 젠더의 이론적 우선권은 반드시 권력의 복잡한 지형도에 자리를 내주어야 한다. 이는 두 용어를 특별한 인종적이고 정치적인 맥락 안에 위치시킬 것이다.(BTM : 240)

버틀러 자신은 매우 신중하여 어떤 개념을 다른 개념보다 우위에 두지는 않는다. 그러나 『의미를 체현하는 육체』의 구성은 그렇지 않다는 것을 보여준다. 설사 섹스를 인종보다 우위에 두지 않았다고는 해도, 적어도 이 두 개념은 명백하게 분리할 수 있다. 인종은 따로 구별된 장에서 주로 다뤄지기 때문에,(그리고 그 장에서 인종 문제에 관한 초점은 '이론적'이기보다는 '문학적'인 데에 맞춰져 있다.) 전에 지적했듯 이른바 '그 문제'는 버틀러의 다른 이론적 논의들과 다소 거리가 있는 듯하다. 우리는 인종과 레즈비언 팔루스의 관계 혹은 '여자애 되기'에 관한 버틀러의 설명이 어떻게 인종에도 적용될 수 있는지 궁금해할 수도 있다. 왜냐하면 레즈비언 팔루스나 호명/수행성 어느 것도 인종과 관련한 맥락에서는 특별히 논의되지 않기 때문이다. 마찬가지로 '인종화하는 규범들'이라는 관점에서 이야기하는 것은, 인종이 젠더 · 섹스 · 섹슈얼리티처럼 타고난 것이라기보다는 구성된 것이며 담론과 법의 호명적인 '부름'에 대한 응답으로 가정된 것이라고 말하는 것이다. 비록 버틀러는 어떻게 이 '인종에 대한 부름call to race'이 일어나는지는 명확히 말해주지 않지만 말이다.

전복적인 인용과 수행

버틀러는 〈파리는 불타고 있다〉와 『패싱』의 비극적 결말에도 불구하고, 두 텍스트에서 보이는 희망적인 불안정성의 순간을 강조한다. 버틀러의 분석에서 〈파리는 불타고 있다〉는 규범적인 이성애 친족관계의 재의미작용(버틀러가 『안티고네의 주장*Antigone's Claim*』에서 되돌아가게 될 논제)을 표상한다. 한편 『패싱』은 헤게모니적이고 인종적이고 성적인 규범들이, 어떻게 백인 이성애 범주에 정확하게 들어맞지 않는 주체들에 의해 불안정해질 수 있는지를 보여준다. 그러한 규범들은 결코 획일적이거나 고정된 것이 아니며, 앞 절에서 봤듯이 이성애 헤게모니를 훼손시키는 방식으로 반복되고 인용될 수 있다.(〈파리는 불타고 있다〉에 관한 다른 글을 읽고 싶다면 벨 훅스Bell Hooks의 논문 「파리는 불타고 있는가?Is Paris Burning?」(1996) 참조)

그러나 만약 모든 언어 기호가 인용적이라면, 인용성은 그 자체로 그리고 저절로 전복적인 실천이라고 볼 수 없으며, 따라서 몇몇 기호들은 이성애화하는 강압적인 규범들에 계속해서 기여할 것이다. (이는 버틀러가 여성성을 '규범의 *강제적* 인용'으로 설명한 것에서 이미 보았던 것이다.(BTM : 232 ; 강조 저자)) 명백히 '좋은'(전복적인) 인용과 '나쁜'(강제된) 인용이 있으며, 우리는 그 둘을 구별해야 할 것이다. 앞으로 보겠지만 이것은 언제나 쉽지는 않을 것이다. 또 다른 문제는 담론과 법이 그들의 인용성과 계보학을 은폐하고, 자신들을 무시간적이고 단일한 것으로 드러내도록 작용한다는 데에 있다. 수행성도 이와 마찬가지로 '그 자신이 관습의 반복이라는 것을 은폐하거나 숨긴다.'(BTM : 12) 그러므로 이성애 규범을 공고히 하는 수행과, 그것의 우연성·불안정성·인용성을 드러내는 수행을 구별할 필요가 있다.

앞선 예에서 성직 임명을 받지 않은 외과의사가 결혼식을 거행하는 것은, 인정받고 허가받은 관습 외부에 놓이기 때문에 오스틴의 용어로 수행적인 (또는 실제로 법적인) 힘을 갖지 않는다고 설명했다. 반면 버틀러는 그렇게 할 권위가 없는 누군가가 '나는 너를 ……라고 선언한다.'라고 발화한 것은, 전복적인 정치적 전략이 될 수 있다고 주장한다. 왜냐하면 그것은 언제나 전유될 수 있는 불안정한 이성애 규범을 재인용한 것이기 때문이다. 이와 마찬가지로 이성애적 기호들(이것들은 모두 전유될 수 있다)을 인용하는 또 다른 전복적인 방식이 있다. 레즈비언 팔루스가 그러한 '재인용'의 하나이며, 버틀러는 또 다른 예로 버틀러는 연극을 들고 있다.

『젠더 트러블』에서처럼 패러디와 드랙은 (버틀러의 용어를 사용하면) 이성애적 우울증을 전복적으로 '알레고리화'하는 퀴어 수행의 양식들로서, 모든 성적 정체성들의 알레고리적인 본성을 폭로한다. 『의미를 체현하는 육체』에서는 수행과 수행성을 매우 주의 깊게 구별하고 있지만, 버틀러는 연극이 퀴어 정치학의 결정적인 기회들을 제공한다고도 주장한다. '실제로 우리는 퀴어들의 연극성theatricality이 점차 정치화되는 양상을 보여주는 중요한 역사적 사건들을 열거할 수 있다.' '예를 들면, 다른 성의 옷을 입어보는 행위, 여장한 동성애자들의 무도회, 거리에서의 호객 행위, 여성 동성애자들의 대대적인 가장 행렬…… 퀴어 네이션 주최로 이루어진 키스 인 시위, 에이즈 환자들을 위한 여장 동성애자들의 자선 퍼포먼스 등의 전통이 그러한 역사

에 포함된다.'(BTM : 233)

버틀러가 '에이즈 문제에 대한 공공정책 입안자들의 철저한 무관심에 대항하여 정치적 분노를 극적인 방식으로 드러내는 작업'(BTM : 233)이라 칭한 것의 전형 중 하나로 '퀴어'라는 용어의 전유를 들 수 있다. 모욕을 나타내던 '퀴어'라는 용어가 긍정과 저항의 언어적 기호로 바뀐 것이다.(BTM : 233)

그러나 기호의 불확정성과 재의미화의 가능성에서 전복적인 잠재성을 계속 찾는다고 하더라도, 버틀러는 인용이 언제나 전복적일 수는 없다는 것을 알기 때문에, 어떤 이성애 규범의 '탈자연화'는 실제로 이성애 헤게모니를 강화한다고 지적한다.(BTM : 231) 그런 패러디들은 전복적인 잠재력을 잃고 버틀러의 표현대로 그저 '매우 흥분한 오락high het entertainment'으로 기능하도록 틀림없이 '길들여질' 것이다. 버틀러는 〈빅터, 빅토리아*Victor, Victoria*〉의 줄리 앤드류스, 〈투씨〉의 더스틴 호프만, 〈뜨거운 것이 좋아*Some like it hot*〉의 잭 레몬을 이성애적 오락 산업 스스로가 생산해낸 드랙 수행의 예로 인용한다.(줄리안 클라리Julian Clary와 에디 이자르Eddie Izzard도 포함시킬 수 있다.)(BTM : 126) 그러한 수행들은 '이성애'와 '이성애가 아닌' 정체성들 사이의 경계를 확립시킬 뿐이며, 버틀러가 '퀴어적인 것의 침입에 대항하여 자신의 경계를 끊임없이 단속해야만 하는 이성애적 경제의 의례적인 의미에서의 해방감'이라 부른 것을 제공한다.(BTM : 126)

앞서도 말했듯이 전복적인 인용과 수행들을 그것이 반대하는 권력 구조로부터 끄집어내는 것은 어렵다. 전복은 필수적으로 그리고 필연적으로 담론과 법에 관련되기 때문이다. 그러나 이것은 수행성의 어

이성애적 우울증을 전복적으로 '알레고리화'하는 드랙 수행
버틀러는 퀴어 정치학의 가능성을 보여주는 예로 '여장한 동성애자들의 무도회, 거리에서의 호객 행위, 여성 동성애자들의 대대적인 가장행렬…… 퀴어 네이션 주최로 이루어진 키스 인 시위, 에이즈 환자들을 위한 여장 동성애자들의 자선 퍼포먼스 등의 전통'을 든다.

두운 면과 밝은 면을 동시에 구성한다. 버틀러는 기존의 '자원들'을 전복적인 목적에 사용하는 것은 세심한 주의와 노력을 요구한다고 주장한다. '우리가 권장하는 권력과 우리가 반대하는 권력의 차이를 어떻게 알 수 있을까?'라고 버틀러는 적고 있다. 어느 누구도 이를 미리 알 수 없기 때문에, 전복적인 재인용은 언제나 일정 정도의 위험을 포함한다는 문제를 안고 있다. 예측할 수 없는 방식으로 자신의 사상을 해석하거나 배치하는 경향이 있는 독자들에게 자기 연구물을 재차 내밀면서, 버틀러는 바로 이런 위험성을 떠올릴 것이다. 누군가의 말이 가져올 결과들을 미리 알 수는 없는 이유는, 수행과 의미작용이 시작도 끝도 갖지 않기 때문이다.(BTM : 241) 이제 버틀러의 결론을 '인용'하며 이야기를 끝내야겠다. 여기에서 버틀러는 전유와 재배치에 대한 자신의 개념들이 불안정하다는 사실을 인정한다.

> 글쓰기를 (규범의) 필수적이고 불가피한 수용의 장으로 만드는 것은, 주체의 탈중심화가 갖는 양가적인 함의 가운데 하나이다. 그러나 우리가 쓴 것에 대한 소유권을 포기하는 것은 중요한 정치적 결과를 낳는다. 왜냐하면 누군가의 말을 취하고 수정하고 변형하는 것은, 공동체의 미래를 불확실한 상태로 열어놓는 것이기 때문이다. 거기에서 우리가 사용하는 언어가 우리가 누구인가를 완전히 설명해주리라는 희망은 좌절될 수밖에 없다. 그러나 처음부터 우리 말의 주인은 우리가 아니었다. 왜냐하면 말은 언제나 낯선 사람이 자기 자신을 통해 자기 자신으로서 말하는 것이며, 우리가 결코 선택할 수 없는 언어, 즉 그것이 쓰여질 도구라는 것도 깨닫지 못하고 사용한 그 '누군가'와 '우리'의 불안정하고 지속적인 조건들

로서 동전의 앞뒷면 같은 권력의 양면적 조건들에 의해 사용되고, 그 안에서 수용된 언어의 우울증적 반복이기 때문이다.(BTM : 241-2)

이 진술은 겸손의 몸짓으로 또는 버틀러가 책임감을 거부하는 것으로 해석될 수 있다. 또한 우리가 언어를 사용하는 것이 아니라 언어에 의해 우리가 사용된다는 주장이 문제적인 것이 되는 맥락이 있을 수도 있다.('나는 그런 말들을 쓰지 않았어! 그것들이 나를 쓴 거야.') 버틀러는 다음 책, 『흥분하기 쉬운 발화*Excitable Speech*』에서 혐오 발화, '음란함', 검열을 분석할 때 발화 행위, 언어적 책임감, '의미화 가능성의 범위'(BTM : 241)의 문제들로 되돌아간다.

이성애 헤게모니를 전복시키라

『의미를 체현하는 육체』는 육체들의 담론적 구성에 관한 계보학적 연구이다. 『젠더 트러블』에서처럼 버틀러는 결코 존재의 고정된 그리고 물리적인 '사실들'이라 할 수 없는 섹스화된 정체성들이 어떻게 이성애 헤게모니 안에서 '중요하지matter' 않게 여겨지는 정체성들의 폭력적인 배제를 통해 부여되고 또 가정되는지를 설명한다. 버틀러는 여러 분야의 사상가와 작가들을 끌어와서 섹스를 호명(알튀세), 수행(오스틴), 의미작용(프로이트, 라캉), 구성물constructed(푸코), 재인용성recitable(데리다) 등으로 설명한다.

버틀러 이론의 토대가 되는 오스틴과 데리다의 이론들은 『젠더 트러블』에서보다는 좀 더 명시적으로 나타난다. 이제 버틀러는 인용성을 통해 수행성을 재고하면서, 만약 섹스가 수행적인 것이며, 호명과 인용의 결과라면, 그것은 이성애 헤게모니를 동요시키는 방식으로 재인용될 수 있다고 주장하기에 이른다.

그러한 수용의 예로는 레즈비언 팔루스가 있다. 레즈비언 팔루스는 신체 일부(페니스)의 상징에 불과한 것이 페니스를 갖지 않은 사람들에 의해 전유되거나 재순환될 수 있음을 보여준다. 버틀러는 젠더와 성차, 인종이 어느 하나가 다른 것들에 선행하지 않는 권력의 벡터들로 연결되는 방식을 조심스럽게 고려한다.

'섹스화하는Sexing 실천들'은 이성애적인 명령을 확고히 하면서 또한 인종적인 구분의 경계를 (의문시하면서) 공고히 한다. 버틀러는 인종적이고 성적이며 젠더적인 규범들이 어떻게 전복적일 수 있는가를 보여주는 예들을 제시한다. 그러나 그녀는 무엇이 전복적이며, 무엇이 단지 기존의 권력구조들을 공고히 하는지를 구별하는 것이 때로 어렵다는 사실을 인정한다.

04

언어

흥분하기 쉬운 발화

버틀러가 주장하듯 행동 뒤편에 행위자가 없다면, 혐오 발화가 행해진 경우나 '음란죄'에 걸릴 사건이 발생했을 때, 우리는 누구를 혹은 무엇을 기소하거나 비난할 수 있는가?(앞으로 보게 될 테지만 '음란죄'라는 것 역시 자명한 범주가 아니다.) 한마디 말로 누군가에게 상처를 입히는 일은 가능한가? 그렇다면 어떠한 법적 기구들이 그러한 '상처들'을 다루어야 하는가? 푸코가 주장하듯 권력이란 금지하는 것이 아니라 생산하는 것이라면, 사회의 검열들은 자신이 금지하려 한 담론과 표상들을 생성하고 증식하는 일에 관련될 것이다. 그리고 만약 기호들이 불안정하고 반복 가능하며 결코 맥락이나 관습에 의해 최종 결정되는 게 아니라면, 상처를 입힐 것이라고 생각되는 재현과 단어들을 재의미화하고 재맥락화하는 일 또한 가능할 것이다. 그렇다면 언제 어떤 경우든, 상처를 입힐 수 있는 힘을 갖는 단어나 재현은 없다는 사실을 인정하고 활용하는 것이, 결코 중립적이지도 객관적이지도 않은 법에 호소하는 것보다 나을 것이다.

『흥분하기 쉬운 발화』(1997)에서 버틀러는 주체-범주들에 대한 계속되는 의문들을 언어적 맥락, 특히 혐오-발화, 게이의 자기-표현, 그리고 이른바 포르노그래피적이고 음란한 재현들 속에 위치시키면서 검열 논쟁에 뛰어든다. 버틀러는 언어의 수행성(오스틴), 호명의 효과(알튀세), 자기가 한 말의 독립적 행위자가 아닌 화자들을 기소하는 논리(푸코)를 분석한다. 버틀러의 설명을 따르면 '흥분하기 쉬운 발화'는 발언한 사람의 통제를 벗어난 (것으로 생각되는) 진술을 가리키는 법률 용어인데, 그녀는 모든 발화가 어떤 의미에서는 화자의 통제를 벗어나 있다고 주장한다.(ES : 15) 만약 모든 발화가 흥분하기 쉽다는 특징을 갖는다면, 화자에 선행하며 화자의 의도를 넘어서는 언어에 대해 추궁을 당했을 때, 그러한 발언을 한 화자는 자기 책임이 아니라고 주장할 수도 있다. 심지어 자신들이 언어를 발화한 것이 아니고, 언어가 자신들을 발화했다고 말할 수도 있다.(버틀러 자신도 『의미를 체현하는 육체』 종결부에서 이와 비슷한 말을 하는 것 같다.) 하지만 그렇다고 버틀러가 흥분하기 쉬운 발화의 이처럼 뻔뻔한 태도를 옹호하는 것은 아니다. 이 문제는 곧 다시 검토할 것이다. 버틀러는 여러 분석을 통해, 언어가 수행적이라고 할지라도 언제나 '적절하게' 그런 것은 아니라고 주장한다.('적절한'은 오스틴의 용어로서, 명명한 것을 성공적으로 실행한 진술들을 가리킨다.) 그 실패는 기호의 급진적 재의미화 가능성에 대한 버틀러의 설명에서 중요한 수단으로 작용한다.

말과 행위

어떤 독자들은 언술utterane과 행위가 자명하게 구별된다고 생각할 수도 있다. 물론 성 관계를 이야기하거나 재현하는 것은, 실제로 그것을 행하는 것과 같지 않다. 그러나 앞 장에서 우리는 명명하는 것을 실제로 실행하는 특별한 언술이 있다는 오스틴의 이론을 보았다. 오스틴은 '나는 이 배를 ……라고 명명한다.'와 같은 수행적 발화와 '나는 수영하러 갔다.'와 같은 기술적인 진술문을 대비시킨다. 그 운하에서 수영했다고 말하는 것은 그것을 하는 것과는 다르다. 반면 엄밀한 의미에서 첫 번째 진술 ('나는 이 배를 ……라고 명명한다')은 실제로 그것을 발화하면서 그 행위를 수행한다. 『젠더 트러블』과 『의미를 체현하는 육체』에서, 수행적 발화와 진술적 발화를 구분한 오스틴의 작업은, 비록 그 둘을 오스틴이 명확히 구분하지 못한다는 점이 크게 강조되기는 해도, 버틀러가 젠더와 섹스를 수행적인 것으로서 공식화하는 데 결정적인 역할을 한다. 실제로 오스틴 자신도 모든 발화가 어떤 의미에서는 하나의 행위이며, 어떤 것을 말함으로써 우리는 언제나 어떤 것을 행하고 있다는 사실을 인정한다.(1995 : 92, 94)

만약 우리가 모든 발화utterance가 행위라는 관점을 받아들인다면, 어떤 사람을 '검둥이'나 '동성연애자'라고 부르는 것은 곧 무언가를 행하는 것임을 알 수 있다. 따라서 그러한 언어적 학대와 예컨대 누군가를 때리거나 창문에 벽돌을 던지는 등의 행동 사이에는 종류의 차이가 아니라 정도의 차이만 존재한다. 반면 오스틴은 실제로 무언가를 하는 발화들(누군가에게 종신형을 선고하는 것, 이성애 커플을 남편과 아내로 선언하는 것, 배에 이름을 붙이는 것)과 어떤 결과를 이끄는 발화들을 구별하려고 한다. 그는 전자를 언어수반적 발화 행위illocutionary speech acts, 후자를 언어효과적 발화 행위perlocutionary speech acts라고 부른다. 오스틴은 언어수반적 발화 행위와 관련해 두 가지 중요한 주장을 한다. 첫째, 언어수반적 행위illocutionary acts는 그것의 효과, 즉 오스틴이 '이해uptake'라고 부르는 것에 의해 정의된다. 둘째, 그러한 효과들은 맥락과 관습의 결과로 나타난다. 3장에서 제시했던 예를 기억해보자. 잠자리에 들기 전 자신의 두 마리 테디 베어를 남편과 아내로 선언한 성직자는 수행 또는 언어수반적 행위를 행한 것이 아니다. 왜냐하면 테디 베어의 결혼을 허락해주는 관습은 존재하지 않기 때문이다. 또한 비록 그 성직자에게 결혼식을 수행할 권위가 있다고 하더라도, 자신의 침실에서 사적으로 발화한 그의 말들은 구속력이 없다. 반면 권위 있는 장소(등기소, 교회)에서 권위 있는(성직자, 호적 담당자) 사람 앞에 이성애 커플이 서 있다면, '나는 당신들을 남편과 아내로 선언한다'라는 동일한 말은 법적으로 구속력을 가질 것이며, 또한 발화와 행위가 그 자리에서 동시에 행해지는 언어수반적 행위가 될 것이다.

『말과 행위』에서 오스틴은 수행적 행위의 예로 어떤 배에 이름을 붙이는 것을 들면서, 그 진술이 효과적이려면 적절한 맥락과 관습 안에서 이뤄져야 한다고 주장한다. '어떤 배에 이름을 붙이는 것은 (*적절한 상황에서*) "나는 명명한다"와 같은 말을 하는 것이다. 호적 담당자나 제단 앞에서 "그렇게 하겠습니다"라고 말할 때, 나는 결혼을 보고하는 게 아니라 결혼에 참여하고 있는 것이다.'(Austin 1955 : 6 강조 저자) 이때 '적절한 상황에서'라는 구절이 중요한데 왜냐하면 만약 상황이 적절하지 않다면, 그 발화는 원하는 결과를 얻지 못할 것이기 때문이다. 오스틴은 예컨대 자신이 지금 막 명명되려는 배를 향해 걸어가서, 배의 옆면에 병을 깨고는 '이 배를 미스터 스탈린 호라고 명명한다.'라고 외치는 상황을 가정한다. '이 경우에는 내가 그 배를 명명하는 데 적절한 사람이 아니라는 것이 문제이다'. 그 배는 결코 '미스터 스탈린'으로 명명되지 않을 것이다. 오스틴은 '원숭이(또는 테디 베어)와 결혼하는 것처럼 웃음거리가 될 것이'라고 말한다.(1955 : 23-4) 만약 나에게 배의 이름을 지을 수 있는 권위나 어떤 종류의 수행을 실행할 권위가 없다면 나의 언술들utterances은 실패할 것이다. 성직자들은 펭귄에게 세례를 줄 수 없고 (오스틴의 다른 예들), 사람은 원숭이와 결혼할 수 없으며, 만약 오스틴에게 그럴 권위가 없다면, 그는 어떤 배에 미스터 스탈린이라는 이름을 붙일 수 없을 것이다. 그러므로 오스틴에게 있어 수행적 진술의 결과는 관례와 관습에 달려 있다고 할 수 있다. 그러나 버틀러는 이미 『의미를 체현하는 육체』에서부터 기호에 대한 이러한 관점에서 벗어났으며, 『흥분하기 쉬운 발화』에서 역시 『의미를 체현하는 육체』와 같은 입장을 보여준다.

만약 우리가 언어수반적 발화 행위와 언어효과적 발화 행위에 대한 오스틴의 구분을 받아들인다면, 특정 상황에서 일련의 행위들을 발화 행위 안에서 그들이 명명한 것을 수행하는 언어수반적 행위로 해석할 수 있다. 그러나 『흥분하기 쉬운 발화』 서문에서 버틀러는 오스틴의 관점과 반대되는 다음과 같은 사항들을 지적한다. 첫째, 우리가 앞 장에서 봤듯이 말은 맥락이나 관습에 묶여 있지 않다. 데리다가 말했듯 말의 의미는 결코 끝까지 '포화 상태에 이를 수' 없다. 발화 행위는 그것이 발화되는 고립된 순간에 일어나는 것이 아니며, 오히려 과거, 현재 그리고 의미를 예측할 수 없는 미래까지도 압축된 상태라고 할 수 있다. 발화 행위가 '흥분하기 쉽다'거나 화자의 통제(심지어 이해)를 넘어선다는 것은 이러한 의미에서이다. 즉, 버틀러의 말처럼 발화는 언제나 '그것이 일어나는 순간을 넘어선다.'(ES : 14)

이것은 두 번째 문제점으로 이어지는데, 언어가 화자 뒤에서부터 화자를 넘어서까지 뻗어 있는 의미화의 연쇄라면, 화자가 그녀/그가 한 발화의 유일한 발신자라고 가정하는 것은 잘못이다. 버틀러는 발화에 있어서 독립적인 자율성sovereign autonomy이라는 개념을 거부한다. 하지만 버틀러는 이처럼 화자가 자신이 말한 것을 결코 완전히 통제할 수 없다고 주장하면서도, 화자들이 그들의 언술utterance에 일정 부분 책임이 있으며 특정한 경우 상처를 입히는 말을 했으면 기소되어야 한다고 주장한다. 주권sovereignty과 책임감은 동의어가 아니며, 화자는 그들이 언어를 구성하듯 언어에 의해 구성된다. 그러므로 버틀러는 비-독립적 화자들이라는 역설이 '발화의 시작부터 윤리적 딜레마의 발생을 암시하므로', 책임감이라는 문제는 '처음부터 불순물에 의해 괴롭힘을 당한다.'고 본다.(ES : 28)

앞으로 살펴보겠지만, 발화의 유일한 발신자를 가정하는 것은, 법이 발화speech와 재현을 조절하는 자신의 임무를 정당화하기 위해 꾸민 허구이다. 버틀러가 확인한 '윤리적 딜레마'는, 독립적인 발화 주체가 없을 때 누가 비난받아야 하는가라는 문제와 관계된다. 버틀러는 또한 화자와 발화, 발화와 행동conduct을 연결시킨 오스틴의 관점에서 벗어난다. 말이 언제나 자신이 명명한 것을 실행하지는 않으며, 수행문들이 반드시 효과적이거나 '적절한' 것도 아니다. 즉, 발화와 행위는 동의어가 아니다. 왜냐하면 맥락이나 관습이 고정된 것이 아니며, 또한 어떤 말도 필연적으로 단일하게 이미 정해진 결론을 갖지는 않기 때문이다. 버틀러가 말한 '발화 행위의 개방적 일시성'은 저항적 행위와 재의미작용(아니면 '재의미-작용', 버틀러는 『흥분하기 쉬운 발화』에서 이렇게 쓰는데, 이때의 분리는 아마도 그 단어가 그와 유사한 '분리', 맥락과 관습으로부터의 분리를 지시하기 위해 의도된 단어일 수도 있음을 뜻한다.)의 가능성을 포함한다. '미래의 효과로부터 발화 행위를 분리시키는 〔그〕 간극은 …… 언어적인 저항 행위 이론을 발생시킨다. 이 이론은 법적 배상을 위한 집요한 조사의 대안을 제공한다', '발화들 간의 간격은 발화의 반복과 재의미작용을 가능하게 만들 뿐만 아니라, 시간이 경과함에 따라 말이 어떻게 상처 입힐 수 있는 자신의 권력에 의해 분산되고 좀 더 단언적인 양식으로 재맥락화되는가를 보여준다.'(ES : 15)

『젠더 트러블』과 『의미를 체현하는 육체』에서 알 수 있듯이, 반복과 재의미화는 단언적인 재맥락화와 전복적인 재배치의 가능성을 담고 있다. 이는 혐오 발화에 대해 법률적 조치보다 더 효과적인 대응을 구성할 수 있다. 아마도 이는 버틀러가 찾는 법률적인 배상에 대한 대안이 될 수도 있다. 왜냐하면 앞으로 보겠지만 버틀러는 인종혐오와 성적 자기-표현 사례들을 중재하는 데 있어, 법이 심각할 정도로 일관성을 상실하고 있다는 사실을 발견하기 때문이다.

혐오 발화 드러내는 '법'

『흥분하기 쉬운 발화』 및 이보다 7년 전에 출판된 논문 「환상의 힘The Force of Fantasy」(사진작가 고 로버트 메이플소프Robert Mapplethorpe와 전임 미 공화당 상원의원 제시 헬름스Jesse Helms에 관한 논문)〔메이플소프는 1989년 에이즈로 사망한 사진작가로 사회의 기존 윤리 체계를 거부하고 전복하려는 작품 세계를 담았다. 제시 헬름스는 미국 의회 내 대표적 보수 강경파 의원이다.〕에서, 버틀러는 법이 그것이 금지하는 것 안에서 리비도적으로 운용된다고 주장한다.(문학에서 이러한 예를 찾자면, 셰익스피어의 『자에는 자로*Measure for Measure*』에 나오는 안젤로를 들 수 있다.)

이 두 편의 텍스트에서 버틀러는 혐오 발화가 그것을 통제하는 권위자(즉, 상원위원, 법률가 등)에 의해 재순환된다고 주장한다. 이처럼 공적인 발화는 혐오 발화와 사실상 동의어가 되기 때문에, 우리는 이를 법에 호소할 이유가 전혀 없다. 법이 심판하고자 하는 언어를 고르는 방식을 보여주는 예로서, 버틀러는 흑인 가정의 잔디밭 앞에 놓인 불타는 십자가가 인종 혐오 행위를 구성하는지 아니면 발화 행위를 구성하는지를 결정하는 재판에서 전개된 법적 담론에 대한 자세한 텍스트 분석을 제시한다.(ES : 52-65)

무엇이 발화를 구성하고 또 무엇이 구성하지 않는가를 생각하기 전에, 법의 생산적이고 증식적인 본성부터 살펴보자. 앞서 보았듯 법은 자기가 규제해야 하는 그 혐오 발화를 드러낸다. 만약 법이 혐오 발화를 규제하기 위해 혐오 발화를 생산한다면, 그것은 또한 그/그녀를 고소하기 위해 유죄 발화 주체를 생산할 것이다. 유죄 발화 주체를 법적으로 구성해낸다는 사실은 『젠더 트러블』과 『의미를 체현하는 육체』에서 개진된, 행위 뒤에 행위자가 없다는 니체의 공식을 떠올리게 만든다. 『흥분하기 쉬운 발화』에서 버틀러는 다시 한 번 니체의 단언을 인용한다. '행함, 행위, 생성 뒤에 "존재"는 없다. "행위자"는 단순히 행함에 의해서 생겨난 허상에 불과하다, 행함 그 자체가 전부이다.'(1887 : 29) 『젠더 트러블』에서 버틀러는 이 공식에 젠더화된 추론을 첨가한다. '젠더 표현 뒤에 젠더 정체성이란 존재하지 않는다.…… 정체성은 그것의 결과라고 말해지는 바로 그 "표현들"에 의해 수행적으로 구성된다.'(GT : 25) 『흥분하기 쉬운 발화』는 이 생각을 좀 더 확대시켜 모든 발화 행위에 포함시킨다. 우리는 버틀러의 문장에 쓰인 용어들을 다음과 같이 바꿀 수 있다. '혐오 발화 표현 뒤에 혐오-발화자란 없다. 혐오-발화자의 정체성은 그것의 결과라고 말해지는 바로 그 "표현들"에 의해 수행적으로 구성된다'.

혐오 발화 표현 뒤에 혐오 발화자가 없다는 주장은 무엇을 함축하는가. 이러한 생각(이 생각이 버틀러에 의해 형성된 것은 아니라는 점을 기억해두어야 한다.)은 인종차별주의자/동성애 혐오자/결혼 혐오자들에게 그들이 혐오하는 사람들을 모욕하고 그 행동에 대한 "담론"을 비난할 자유를 부여하는 것처럼 보일 수도 있다. 사실 혐오 발화 표현 뒤에 혐오 발화자가 없다는 말은, 독립적인 언어 행위자란 없으며, 언어는 인용적 사슬로서 담론 내에서 담론에 의해 소급적으로 설치된 발화하는 주체에 선행하며 그것을 넘어선다는 버틀러의 사상과 딱 맞아떨어진다. 이는 화자들이 그 자신이 유일한 발신자가 아닌 발화에 궁극적으로 책임질 수 없다는 사실을 함축하며, 혐오 발화 표현 뒤에 비난받을 주체가 존재하지 않는다는 주장은, 혐오 발화가 일어났을 경우 해당 법령의 유효함을 재고해보아야 한다는 의미이다. 행위 뒤에 존재가 없다면, 고발된 사람은 누구이며, 고발된 행위는 무엇인가? 그들이 혐오스러운 발화를 행한 독립적인 행위자가 아니라면, 왜 그들이 고소되어야 하는가? 왜 그렇게 혐오스러운 방식으로 행동하도록 화자를 호명한 담론이나 이데올로기는 고소당하지 않는가?

담론이나 이데올로기를 고소하는 것은 분명 효과적이지도 가능하지도 않을 것이다. 버틀러에 따르면 바로 이러한 이유에서 법은 고소하기 위해 그것이 만든 독립적인 주체에게 저항적 행위를 귀속시키는 것이다. 버틀러는 니체의 공식을 좀 더 자세히 설명하며, 유죄판결을 받는 주체의 위치는, 그를 비난하고 그에게 책임을 지우기 위해, 행위가 일어나기도 전에 이미 정해져 있다고 주장한다. 주체가 그 행동의 의도적인 창조자가 아니라고 해도, 이 때문에 법이 뛰어난 허구적 구조물인 주체를 고소하지 못하는 것은 아니다. 불법적인 발화의 책임이 있는 발신자를 생산함으로써, 법은 버틀러가 '도덕적 인과율'이라 부른 것을 주체와 행위 사이에 적용한다. 버틀러의 말처럼 그것에 의해서 '두 개의 용어〔즉, 주체와 행위〕는, 이러한 도덕적 요구들에 선행하며 그와 무관한 듯이 보이는, 시간적으로 보다 광범위한 "행동doing"으로부터 분리된다.'(ES : 45-6) 여기에서 버틀러가 '보다 광범위한 "행동"'을 언급한 것은, 주체들이 그들의 발화에 단독으로 책임질 수 없다는 사실을 인정하는 듯 보인다. 왜냐하면 언술들은, 그것의 (버틀러의 용어를 쓰자면) 역사성이 주체를 넘어서는 인용의 연쇄 위에서 일어나기 때문이다. 대신 버틀러는 주체가 '지연된 메타렙시스metalepsis〔제라드 주네트의 용어. 한 이야기 층위에서 다른 이야기 층위로의 이동. 예컨대 돈키호테라는 이야기 속에 저자 세르반테스를 등장시켜서 돈키호테와 얘기하게 하는 것〕'이며 주체-효과라고 주장하며, 법이 당연하게 여기는 주체와 행위 사이의 도덕적 인과율을 깨뜨린다.(ES : 50) 메타렙시스는 대체이며, 주체-효과는 말하자면 법이 범죄 장면에 소급적으로 주체를 위치시킨다는 의미에서 '지연된' 것이다. 매우 단순하게 말해서 법은 혐오 발화나 '음란죄'의 경우 비난할 누군가를 또는 무언가를 필요로 한다. 그러므로 주체는 고소하기 위해 그 법이 창조한 것이다.

버틀러는 '모욕을 입힌 주체의 행위를 추적하고 사회적 모욕을 협상하는 장소로서의 특권을 법정에 부여하는 것은, 주체를 발화의 출발점으로 여기는 것이다. 그런데 이렇게 함으로써 우리는 우리도 알지 못하는 사이에 담론이 정확히 어떻게 모욕을 생산하는가에 대한 분석을 중단하는 건 아닌가?'라고 질문한다.(ES : 47) 담론의 작동방식보다는 그에 의한 모욕과 상처에 초점을 맞추는 캐서린 매키넌Catharine MacKinnon이나 마리 마츠다Mari Matsuda 같은 반포르노그래피 운동가들에 의해 담론에 대한 계보학적 분석이 '지연될' 수는 있었겠지만, 그럼에도 여전히 『흥분하기 쉬운 발화』는 주체 효과가 발생하여 자리잡게 되는 것installation과 모욕이 담론적으로 생산되는 방식을 분석한다. 실제로 버틀러의 논의는 누구를 손가락질해야 하는가의 문제 해결을 더욱 어렵게 만들 수도 있다. 왜냐하면 혐오 발화 혹은 '음란죄'의 경우, 누가 혹은 무엇이 비난받아야 하는가의 문제가 더 이상 분명하지 않기 때문이다.

수정된 호명

인종 혐오와 '음란죄'에 대한 법적 대응을 고려하기 전에, 『흥분하기 쉬운 발화』에서 버틀러에게 다시 한 번 중요하게 작용하는 호명 이론과 주체 구성에 대한 알튀세의 논의를 간단하게 검토해볼 필요가 있다. 여러분은 앞 장에서 경찰이 '이봐, 거기 당신!'이라고 부르는 소리에 멈춰 선 알튀세의 '행인'을 기억할 것이다. 그 남자는 뒤를 돌아본 후 경찰이 자신을 부르고 있다는 것을 깨닫고는 주체로서 자신의 위치를 취하거나, 혹은 푸코의 용어를 사용하면 '주체화된다'. 어떤 독자는 버틀러가 알튀세와 푸코를 어떻게 이론적으로 화해시켰는지 궁금해 할 수도 있다. 권력이 복합적이고 무수한 면을 가졌으며 분산된 것이라면, 왜 거리에서 법의 독립적 대리인이 분명한 한 명의 경찰만이 주체를 불러 세우겠는가? 더구나 호명이 수행적 발화라면, 즉 그것이 명명 행위를 통해 그녀/그를 주체로 구성한다면, 그리고 우리가 알고 있듯이 언술이란 혼자서 이를 책임지는 한 명의 독립적인 발화자에게서 비롯되는 것이 아니라면, 경찰의 외침이 그렇게 효과적으로 나타나는 이유는 무엇인가? 경찰이 그를 부를 때 그 행인은 왜 뒤를 돌아보는 것일까? 그리고 만약 그가 그 외침을 듣고도 무시한 채 그저 가던 길을 계속 간다면 어떤 일이 발생할까?

『흥분하기 쉬운 발화』 서론에서 버틀러는 모욕적인 명명 행위를 논하는 짧지만 중요한 절을 통해 알튀세적 장면을 다시 언급한다.

주체로 구성되기 위해 우리는 누군가가 불러줄 이름을 필요로 한다는 사실에 주목하며, 버틀러는 욕설이 작동하는 방식을 주의 깊게 검토한다. 행인을 불러 세우는 경찰에게 신성하고 독립적인 권력을 부여하는 듯 보이는 알튀세와 달리, 버틀러는 법의 호명적인 외침에는 마법 같은 효력이 존재하지 않는다고 주장한다. 더구나 호명은 그 효과를 맥락과 관습에 의지하는 인용적인 발화이다. 즉, 호명은 다른 발화와 별 차이가 없는, 그와 유사하게 우연적인 발화이다. '어떤 면에서, 경찰은 부름의 관습을 인용한다.'라고 버틀러는 주장한다. '〔그들은〕 화자가 누구인가에는 아무 관심이 없는 발화에 참여하는 것이다.'(ES : 33) 그러므로 호명은 그녀/그의 발화를 통제할 수 없는, 호명 행위자를 넘어서는, 인용할 수 있는citable 발화인 동시에 (인용을 초과하는) 흥분하기 쉬운ex-citable 발화이다.

알튀세는 누군가 그녀/그를 불렀을 때 뒤를 돌아보고 그에 대한 반응으로 자신을 부른 말을 전유하며 사용하는 주체를 가정했지만, 버틀러는 주체가 호명 작용에 반응을 보이지 않아도 주체의 언어적 구성은 일어날 수 있다고 단언한다. 따라서 법이 나를 부르고 내가 그것을 듣지 못해도, 나를 부르고 내가 못 들은 그 이름은 여전히 주체로서 나의 사회적인 정체성을 구성할 것이다. 나는 나를 부른 그 이름을 거부할 수 있지만, 버틀러에 따르면 그럼에도 불구하고 그 이름은 여전히 그것 자체로 나에게 영향을 미친다.(ES : 33) 따라서 버틀러는 주체의 '강제될 준비'(『권력의 정신적 삶』 4장에서 버틀러는 이러한 개념으로 되돌아간다.)에 주목한다고 해도, 주체는 선뜻 자기를 부르는 이름을 받아들이지 않을 수 있으며, 또한 그럼에도 불구하고 주체는 그 이름에 의해 구성될 것이다.

호명적인 외침이 다른 수행적 발화들보다 효과적이거나 구속력이 커야 할 이유는 없다. 버틀러는 알튀세의 장면을 푸코의 권력 모델과 데리다의 언어 구조linguistic framework 안에 위치시킴으로써 이러한 수행문들의 불안정한 본성 안에서 저항적 행위의 가능성을 발견한다. 버틀러는 다시 한 번 푸코의 『성의 역사』 1권을 끌어오며 권력이 하나의 신적 주체에서 나오거나 어떤 이름에 존재하는 것이 아니기 때문에, 호명은 뚜렷한 시작도 끝도 없다고 주장한다.(ES : 34) 권력이 어느 한 장소나 개인에게 국한될 수 없다면, 그리고 호명적인 외침이 언제나 효과적인 건 아니라면, 버틀러가 끝없는 의미론적 미래를 갖는다고 주장하는 명칭을 재의미화하는 것이 가능할 것이다. 버틀러는 이렇게 주장한다. '호명은 규칙적으로 소인을 빠뜨리는 편지봉투이다, 그것은 권위의 인정을 요구하는 동시에 성공적으로 그러한 인정을 강요함으로써 정체성을 부여한다.'(비록 이러한 인정의 '강요'가 언제나 성공적인 것은 아니지만 말이다.)(ES : 33) 우리는 우리를 호명하는 그 용어들을 선택할 수 없으며 법의 부름을 빠져나갈 수 없는 듯 보여도, 언어의 열린 본성은 '저항적 행위라 부를 수 있는 무언가를 위한' 기회를 제공한다. 버틀러가 지적하듯이 그것은 또다른 목적을 위해 원래의 종속 관계를 반복하는 것으로, 그 미래의 일부는 열려 있다.'(ES : 38)

앞으로 볼 것처럼, 혐오 발화가 의도한 모욕의 효과를 무화시킬 방법은 여러 가지가 있다. 물론 앞에서 보았듯 이것이 혐오-발화자가 그들의 발언에 책임이 없다는 것을 의미하지는 않는다. 실제 버틀러는 인종 혐오나 반동성애 언급 등의 발언자를 고소할 필요가 있는 경우가 '아마도' 있을 거라고 인정한다.(ES : 34, 50)(비록 그럴 경우 정확히 누구를 혹은 무엇을 고소해야 하는가의 문제가 겉보기처럼 그렇게 명백하지는 않지만.) 그런데 실제로 독립적인 발화 주체와 뚜렷한 수행문들이 없는 경우, 혐오스런 언어 또는 담화의 사례를 고소하는 것이 어떻게 가능한가?

법정에서의 폭력

법은 객관적인 심판자가 아니므로, 버틀러는 법률적 조치에 의지하지 않고 혐오 발화에 대응하는 방식을 선호한다. 버틀러는 인종 혐오와 '성적 음란죄'의 법적 고발을 분석하며, 법적인 교정 이외의 대안을 찾는 자신의 견해를 유리하게 해주는 문제적 모순들을 밝혀낸다.

백인 10대가 흑인 가정의 잔디밭에 불타는 십자가를 둔 R. A. V 소송 사건〔미네소타 주 백인 마을 청소년들이 책상을 부수어 십자가를 마든 뒤 마을에 들어와 사는 흑인 집 마당에 쌓아놓고 불태운 사건. 경찰은 청소년들을 '증오언론방지법' 위반으로 기소했는데, 미 연방대법원은 이 법이 표현의 자유를 침해했다며 위헌 판결을 내렸다.〕의 경우를 보자. 버틀러는 백인 10대 청소년들의 행위를 변호하는 피고 측 변호사들이 법의 심판을 받아야 하는 바로 그 담론의 폭력을 제멋대로 휘두르는 반면, 불타는 십자가의 위협을 받은 흑인 가족은 피고 측 변호사들에 의해 유죄 선고를 받고 있다고 지적한다.(버틀러는 로드니 킹 사건과도 몇몇 시사적인 유사성을 찾아낸다. 버틀러의 논문 「위태로운/위태롭게 하는 : 도식적 인종주의와 백색 편집증Endangered/Endangering : Schematic Racism and White Paranoia」(1993) 참조) 아무리 충분한 설득력을 갖추고 있다 해도 불타는 십자가를 자유로운 발화 행위라고 주장하는 피고 측 변호사의 변호는, 법에 부정적인 버틀러 고유의 '입장'을 강화시킬 뿐이다. 결국 그 행위는 미국 수정헌법 제1조〔언론의 자유를 명시해놓은 미국의 헌법. 미국의 수정헌법 제1조에는 "의회는 표현의 자유, 출판의 자유를 제한하는 어떤 법률도 제정할 수 없다."고 명시되어 있다.〕에 의해 보호받을 자격을 갖춘다. 불타는 십자가는 파괴 행위라기보다는 일반적으로 인정하듯 논쟁적이며 잠재적으로 공격적인 관점을 표현한 것임이 입증되었고, 따라서 그 행위는 '트집 잡는 말'(이유 없는 협박)로서 금지되는 대신 '자유로운 발화(발언의 자유)'로 보호받았다.

성적 재현과 관련해서는 다양하면서도 상이한 문젯거리들이 존재한다. 버틀러는 수행문들의 잠재적인 실패와 그 결과로 저항적 행위의 장면이 펼쳐질 수도 있다고 주장하지만, 안드레아 드워킨Andrea Dworkin이나 마츠다 · 매키넌 등 검열을 옹호하는 이들은 어떤 의미에서 성적 재현들이 그들이 묘사하는 것을 수행한다고 가정한다. 버틀러는 매키넌의 『오직 말*Only Words*』(1993)을 논하면서, 매키넌이 포르노그래피를 그것이 명명하는 것을 실행할 권력을 가진 일종의 혐오 발화로 해석한다고 주장한다. 매키넌은 포르노그래피의 재현들이 말과 행위뿐만 아니라 사진과 말을 합성함으로써, 그들이 묘사하는 것을 실행시킬 권력을 가지므로 검열되어야 한다고 결론 내린다.(ES : 67) 반면 버틀러는 포르노그래피의 재현들을, 상처 입힐 수 있는 권력을 갖지 않은, 불가능한 섹슈얼리티의 '환영적이고' 비사실적이

법은 객관적 심판자인가?

사진은 1991년 로드니 킹이 로스앤젤레스 경찰에게 폭행당하는 장면이다. 로드니 킹 사건을 비롯하여, 흑인 가정의 잔디밭에 불타는 십자가를 두었다가 기소된 R. A. V 사건 등에서 피고 측 변호사들은 법정에서 오히려 담론의 폭력을 제멋대로 휘두른다. 법은 객관적 심판자가 될 수 없다. 이런 이유로 버틀러는 법률적 조치에 의지하지 않고 혐오 발화에 대응하는 방식을 선호한다.

며 실현 불가능한 알레고리라고 본다. 포르노그래피를 '젠더의 비사실성에 관한 텍스트'라고 특징짓고, 버틀러는 '포르노그래피가 젠더 입장들의 사회적 실재성reality을 장악하지만, 엄밀하게 말해서 실재성을 구성하지는 않는, 실현 불가능한 입장들의 영역을 표시한다.'고 주장한다. 실제로 포르노그래피의 이미지에 환영적인 권력을 부여한다는 사실 자체가, 젠더 입장들의 실재성을 구성하는 데 실패했음을 의미한다.(ES : 68)

포르노그래피의 권력이 사실적이 아니라 환영적이라면, 그러한 재현들(또는 그것의 재현자들)을 고소하는 것은 의미가 없다. 버틀러는 페미니스트에게 비유적인 독해를 통해 포르노그래피 텍스트와 그것들이 묘사하는 '불가능한' 섹슈얼리티를 재배치하라고 요구한다.(ES : 69)(그러나 『의미를 체현하는 육체』에서 버틀러는 환영적인 것과 사실적인 것 사이에 구분이 없다고 주장한다. 이 책 3장과 BTM : 59 참조) 그러한 텍스트들이 반드시 효과적인 수행문이 되는 것은 아니며, 하나의 텍스트를 검열한다고 해서 그것이나 그와 같은 다른 텍스트들이 없어지는 것도 아니므로, 버틀러는 '텍스트의 수행성은 독립적인 통제 아래 놓여 있지 않다.'는 것을 인정하고, 그러한 텍스트들을 그것 자체에 반하게 읽는 어려운 작업에 참여하는 것이 효과적이라고 주장한다. 사실 텍스트의 수행성은 독립적인 통제 아래 절대 놓일 수 없으므로, 버틀러가 지적하듯 '만약 텍스트가 일단 행한다면, 그것은 다시 행할 수 있으며, 그 이전 행위에 반하게 행할 수 있다. 이는 수행성과 정치학이라는 대안적인 독해로서 재의미작용이 기능할 수 있는 가능성을 야기한다.'(ES : 69)

우리는 여기에서 간단하게 재의미작용을 다시 살펴볼 텐데, 이 단계에서 당신은 불타는 십자가는 그렇지 않은데, 포르노그래피적 텍스트는 왜 쉽게 전복적으로 재인용될 수 있는가라는 질문을 할 수도 있다. '검둥이' 같은 인종차별주의적 용어들이 몇몇 화자와 집단들에 의해 '교정된' 것은 틀림없지만(버틀러가 『흥분하기 쉬운 발화』에서 그 용어에 대한 논의를 피했다 하더라도), 혐오 발화의 맥락에서 폭력적인 인종차별주의자의 행동과 폭력적인 인종차별주의자의 발화 행위를 구별하는 것은 중요하다. 이는 불타는 십자가 행위가 절대 전복적으로 재배치될 수 없다는 의미는 아니지만, 좌파적인 사유를 하는 자유주의자들left-thinking liberals은 위협적인 행위를 폭력과 인종차별주의적 억압의 역사에 전유하기에 앞서 아마 한 번 더 생각해볼 것이다. 데리다에 따르면 언어의 역사적 차원보다 구조적 차원이 강조되면, 수행적인 기호는 이전에 쓰인 의미에서 벗어날 수 있다. 버틀러는 이러한 입장에 찬성한다고 해도, 기호의 역사성 또한 중요하다는 사실을 인정한다.(ES : 57) 『흥분하기 쉬운 발화』 서문에서 버틀러는 언어가 그 역사를 벗어날 수 없으며, 이전에 사용되었던 것들이 기호의 의미를 결정하는 데 중요하다는 점을 인정한다. '외상적인 잔여물들이 모두 정화된 언어란 존재하지 않으며, 외상을 통과하기 위해서는 언어의 반복 과정을 지시하는 데 끈질긴 노력을 기울여야 한다.'(ES : 38) 우리는 반복이 정해진 과정 속에서 어떠한 효과를 갖는지를 보게 될 것이다.

우리는 이미 R.A.V 사건에서 피고 측 변호사들이 불타는 십자가가 하나의 관점을 표현하는 발화 행위였다고 주장하는 것을 보았다. 이들의 주장은 이 행위가 미국 수정헌법 제1조의 보호 아래 놓일 수 있음을 의미한다. 이와 반대로 드워킨 · 매키넌 · 마츠다가 주장한 성적 재현들에서 재현의 대상은 발화가 아니라 폭력 행위로 여겨지고 따라서 미국 수정헌법 제1조의 보호를 받을 수 없다. 버틀러는 흑인 문화의 생산성 및 레즈비언과 게이의 자기-재현을 제한하기 위해 만들어진 것으로 추정되는 '음란법의 자의적이고 전술적인 사용'을 문제 삼는다. 법은 말하기가 행하기인지, 행하기가 말하기인지를 결정할 수 없는 듯하며, 따라서 인종 혐오와 성적 재현의 이러한 모순된 처리 뒤편에 이데올로기적 의제가 존재한다고 볼 수 있다. 다시 말해서 이는 버틀러로 하여금 말하기와 행함 사이의 생산적인 간극을 주장하도록 이끈다.(ES : 75) 특별한 경우 '말하기'가 해로운 '행함'을 이끌 수 있다는 것을 인정하면서, 버틀러는 '혐오 발화의 관례적 연쇄는 검열로 취소시킬 수 없다.'고 주장한다.(ES : 102) 단지 법적 예외나 법에 내재하는 폭력성 때문이 아니라, 검열이 담론과 법의 복잡한 작용에 대한 단순화된 대응이기 때문이다. 이러한 복잡성의 한 가지 양상은, 금지되고 배척된 것을 오히려 생산하고 보존하는 작용일 것이다.

군대의 우울증

금지가 생산적이라는 개념은 앞서 『젠더 트러블』과 『의미를 체현하는 육체』에서 살펴본 바 있다. 버틀러는 계속해서 『흥분하기 쉬운 발화』 3장 '전염병적인 말. 군대에서의 편집증과 "동성애"'에서 금지의 생산성을 탐구한다. 장 제목에서 '동성애'라는 단어는 인용부호 안에 위치하는데, 이는 그 단어가 담론 이전의 존재론적 본질이라기보다는 하나의 구성물임을 표시하기 위해서이다. 실제로 『흥분하기 쉬운 발화』에서 동성애는 군대와 정부의 권위에 의해 생산되는 동시에 금지된다. 군대는 이성애 공동체의 통일성을 유지하기 위해 '동성애'를 *필요로 한다*. 군대의 담론이 우울증적이라는 것은 이러한 의미에서이다. 군대의 담론은 분명 버틀러가 동시적인 생산과 금지라고 부르는 그 용어 (즉, '동성애') 안에 금지된 리비도 집중cathexis을 보존한다.(ES : 105)

버틀러는 군대의 담론, 법, 동성애의 생산성을 논의하는 데 프로이트의 저서 세 편을 인용한다. 「편집증의 메커니즘에 관하여On the Mechanism of Paranoia」(1911), 『문명과 불만*Civilisation and Its Discontents*』(1930), 『토템과 터부 : 야만인과 신경증환자의 정신적 삶의 몇 가지 일치점들*Totem and Taboo : Some Points of Agreement Between the Mental Lives of Savages and Neurotics*』(1913)이다. 「편집증의 매커니즘에 관하여」에서 프로이트는 동성애적 욕망의 억압이 사회적 감정을 생산해낸다고 주장하며, 『문명과 불만』에서는 욕망이 단념renunciation의 구조 안에서 어떻게 보존되는지를 분석한다. 이때 금지는 리비도적으로 투여된 행위가 된다. 버틀러는 군대라는 맥락에서 동성애적 욕망을 단념하는 행위는, 그 욕망을 보존하는 하나의 방법이라고 주장한다. 따라서 동성애는 절대 단념될 수 없으며 버틀러도 지적하듯이 '금지의 발화 속에서 존속된다.'(ES : 117)

물론 군대는 이러한 주장을 인정하지 않으며, 성적 행위만큼이나 부도덕하다고 간주하는 동성애적 언술들을 금지하려고 애쓴다. 『토템과 터부』는 버틀러의 군대 담론 논의에 등장하는 전염병의 은유를 제공한다. 군대 담론에서 동성애는 언어적으로 질병, 특히 에이즈로 표시된다. 군대와 정부의 눈으로 보면, 동성애적 내용을 담은 말들은 전염성의 유동체를 가지고 있으며, 에이즈 바이러스와 동일한 방식으로 '감염된다.'(ES : 110) 이러한 시각은 그러한 말들을 '단지 말' 이상으로 여기는 것으로서, 군대와 정부의 담론 내에서 언어는 청자에게 '작용'할 수 있는 치명적인 바이러스의 특징을 갖는다고 간주되며, 따라서 커밍아웃은 성적 행위로 간주된다. 버틀러가 말하듯 기질 disposition이나 실천을 표상하는 언술은 그 기질과 실천, '생성a becoming, 이행성transitivity 등과 융합되는데, 그러한 이행성은 발화와 행동 사이의 구분의 붕괴에 의지하며, 또한 그러한 붕괴를 초래한다.'(ES : 112)

반면 버틀러는 발화와 행동은 계속 서로 구별되어야 한다고 주장한다. 버틀러는 비록 언술이 행위로 간주될 수 있다 하더라도, 발화가 청자에게 반드시 예정된 방식으로 *작용*하는 건 아니라고 주장한다.(ES : 113) 더구나 군대라는 맥락 안에서 커밍아웃이 금지된다 하더라도, 우리는 공식적인 담론들이 그 자체로 스스로 불법이라고 선언한 욕망들을 보존하며 활동하고 있다는 사실을 알고 있다. '금지는 금지된 "본능"이나 욕망을 위한 만족의 전치된 장소가 된다, 즉 그것은 죄를 판결하는 법의 규제 아래 놓인 본능을 재생하기 위한 의식 occasion이다.'라고 버틀러는 적는다. '〔욕망은〕 결코 포기되지 않는다. 그것은 포기의 바로 그 구조 안에 보존되며 거듭 주장된다.'(ES :

117) 동성애는 절대 침묵 속으로 빠지지 않으며, 금지 자체의 바로 그 구조 안에 유지된다. 동성애적 욕망을 죄의식으로 변형시킴으로써, 군대 담론은 버틀러가 일컫은 '남성중심주의자로서의 시민'(ES : 121)의 면모를 갖춘 동성애자들을 생산한다.

동성애적 어휘들에서 저항적 행위와 전염병(또는 전염병 속의 저항적 행위)의 위험성을 감지하는 것은, 동성애적 주체가 공격적이고 위험한 것으로 정의된다는 사실을 의미한다. 군대의 담론은 (이를테면 동성애자와 같이) 그것이 명명하는 것을 존재하게 하는 수행적 권력을 가진 듯 보이며, 버틀러는 일반적인 수준에서 언술들이 때때로 효율적이라는 사실을 인정한다. 마찬가지로 버틀러가 '동성애의 담론적 생산, 동성애에 대해 이야기하고 쓰고 제도적으로 인정하는 것'이라고 일컫는 것은 다음에서 언급되는 그 욕망과는 같지 않다. 동성애는 담론적이지 지시적인 것은 아니다, 다시 말해서 욕망에 대한 담론은 욕망 그 자체와 동의어가 아니다, 따라서 기호와 지시대상은 별개의 것으로 남게 되고(ES : 125), 언어가 행위한다고 주장하는 것과 언어가 누군가에게 작용한다고 말하는 것은 같은 것이 아니게 된다.(ES : 113)

버틀러는 여전히 동성애를 질병이나 전염병과 관련짓는 지배적인 담론 안에서, 동성애와 그것을 재현하는 문화적 특징들을 '분리'시킬 것을 요구한다. 그러한 분리의 가능성은 버틀러가 '언어의 범위 내에서 우리 삶의 미래'라고 부르는 것을 표상하는데, 이를 통해 동성애의 기표들은 민주적인 재분절과 경쟁의 가능성에 개방된다. 다시 말해서 끝까지 의미론적으로 결정되지 않는다는 기호의 개방적 일시성과 재의미작용은, 저항적 행위의 조건과 가능성들을 반드시 '불순한' 담론 내에서 제공하게 될 것이며, 언어의 이러한 특징들은 버틀러로 하여금 검열의 대안이 될 만한 또 다른 법적 잣대를 마련하라고 제안한다.

검열에 반대하여

예컨대 성적 재현에 대한 검열을 요구함으로써 법과 같은 권위와 제도들을 이용하는 것은, 폭력적인 반게이/인종주의적 담론들이 성적 재현을 금지시키는 과정에서 전개될 수도 있음을 인정하는 것일 뿐만 아니라, 그러한 반게이/인종주의적 기구들을 효과적으로 강화할 수도 있다. 때로는 검열을 일괄적으로 피하는 것이 나을 수도 있다. 법적 교정의 대안으로 버틀러는 기호가 가진 개방적 일시성, 즉 앞선 맥락으로부터 왜곡될 수 있으며 예기치 않게 전복적인 방식으로 재의미화될 수 있는 기호의 특성을 활용하는 게 더 효과적일 수 있음을 암시한다.

『의미를 체현하는 육체』에서처럼, 『흥분하기 쉬운 발화』의 마지막 장에서 버틀러는 현저하게 반복 불가능해 보이는iterable 기호들이 언제나 쉽게 수용expropriation되고, 급진적으로 재-인용될 수 있다고 주장한다. 다시 한 번 버틀러는 반복 가능하고 상대적으로 자율적이며 따라서 필연적으로 역사적인 맥락에서 벗어나는 것으로 기호를 특징화하는 데리다의 논의를 인용한다. 버틀러는 역사성과 맥락・관습의 문제를 염두에 두고, 언어에 대한 오스틴의 설명 및 프랑스의 인류학자이자 사회학자인 피에르 부르디외Pierre Bourdieu(1930-)가 『언어와 상징계적 권력*Language and Symbolic Power*』(1991), 『실천의 논리*The Logic of Practice*』(1990)에서 행한 사회적 관습 분석에 반대하는 데리다의 기호 이론을 전제한다. 관습의 구속력을 강조하는 오스틴과 정적인 실체로 사회적 기구들을 특징 짓는 부르디외와 달리, 데리다는 맥락들은 '무한illimitable'하며 기구들institutions은 언어처럼 사회적 변화에 종속된다고 주장한다.(ES : 147) 관습과 기구들은 무너질 수 있으며, 수행문들은 그들이 명명한 것을 실행하는 데 '실패'할 수도 있다. 그리고 이러한 실패들은 재의미작용이라는 급진적 정치학에 종사하도록 동원될 수 있다. 실제로 버틀러는 데리다가 '수행성을 변환transfomation과의 관계 속에서, 그리고 아직 도달하지 않은 맥락을 새롭게 열 가능성을 지니면서 앞선 맥락과의 단절 속에서 생각할 수 있는 방식을 제공한다고〔하고 있다고〕 간주한다.'(ESP : 151-2) 부르디외는 수행적 언술이 권력 내부의 것들에 의해 발화되었을 때에만 효과적이라고 주장함으로써 저항적 행위를 배제한다.(ES : 156) 반면 데리다는 실패를 그 흔적mark에 대한 흔적으로 만든다. 따라서 버틀러가 '지배적이고 "공인된" 담론의 수용 가능성'이라고 일컬은 것은, 급진적인 재의미작용과 재배치 과정에 의해 쉽게 공격받을 수 있는 것이 되고 만다.(ES : 157)

이제 버틀러는 억압당한 집단의 성원들이 '정의' '민주주의' 같은 용어들을 그들이 지금까지 배제되었던 곳에서 주장하기 시작할 때 어떤 일이 일어날지 궁금해 한다. 버틀러는 누군가를 학대하는 용어들을 전유할 수 있는 수행적 권력이 존재한다고 주장한다. 그러한 전유는 그 용어의 비하적 요인들을 '제거하고depletes' 긍정적인 것으로 전환시킨다. 버틀러는 그 예로 '퀴어', '검둥이', '여성' 같은 단어들을 들고 있다.(ES : 158) 우리는 버틀러가 전유의 전복적 가능성을 계속 주장하면서도 그 기호에 침전되어 있는 관습들, 다시 말해 저절로 덧붙은 의미들과 예전에 가졌던 의미들을 간과하지 않는다는 사실을 확인한 바 있다. 비록 역사는 의미론적으로 결정되지 않지만, 버틀러는 앞선 의미들이 사회적이고 물리적인 정체성을 구성하는 데 여전히 중요하다는 사실을 인정한다.(ES : 159) 그러나 버틀러는 또한 '오염된' 용어들이 예기치 않은 결백함〔부정적 의미를 가진 단어를 순전히 사전적 의미로만 사용하는 것을 가리킴〕에 쉽게 영향을 받는다고 단언하고, 계속해서 예기치 않은 의미들을 수행하기 위해 재맥락화될 수 있는 발화 행위의 생산적인 불안정성을 강조한다. 이것이 버틀러가 '헤게모니의 정치학 한가운데에 수행문을 위치시키겠다는, 즉 해체적 사유에 예상치 못했던 정치적 미래를 제공하겠다는 수행문의 정치적 약속'이라고 부른 것이다.(ES : 161) 기호의 개방적인 일시성은 경멸이나 모욕적인 명칭들이 역-동원되고 급진적으로 재전유될 수 있음을 의미한다. 또한 버틀러는 잠재적으로 유해한 용어들을 전유하는, 위험을 동반한 그 실천들을 옹호한다. '반란의 발화는 모욕적인 언어에 대한 필수적인 반응이 된다'. 버틀러는 '위험에 처한 자의 반응으로 간주되는 위험, 변화를 일으키는 언어의 반복'을 주장한다.(ES : 163 ; WIC도 참조. 여기에서 버틀러는 위험의 정치적 필요성을 거듭 강조한다.)

최근 한 인터뷰에서 버틀러는, 자신이 옹호하는 언어적 위험-수용의 예로, 창문에 기대어 자기에게 레즈비언인지 물었던 버클리의 한 '꼬마'와의 만남을 든다. 버틀러는 그렇다고 대답했는데, 이 순간 모욕을 주려고 질문한 것이 틀림없는 상대가, 자신이 매우 자랑스럽게 그 용어를 전유하자 뒤로 물러서게 된다는 사실을 깨달았다. 버틀러는 '그것이 매우 효과적인 방법이었다'고 주장한다.

> 내가 그 용어를 처음 쓴 건 아니었다. 나는 그 용어를 받아서 되돌려준 것이다. 나는 그것을 재연했고 반복했다.…… 마치 상대가 '이봐, 우리가 레즈비언이라는 단어로 무엇을 하는 거지? 우리가 그 단어를 여전히 써야 되는 건가?'라고 묻는 것 같았다. 그래서 나는 '그래, 그것을 이런 방법으로 써보자!'라고 대답한 것이었다. 아니면 마치 창문에 기댄 상대가 '이봐, 당신은 레즈비언이라는 단어가 길거리에서는 경멸적인 방식으로만 사용되어야 한다고 생각해?'라고 묻는 것 같았다. 그래서 나는 '아니, 길거리에서도 당당하게 쓸 수 있어!, 같이 해보자!'라고 대답한 것이었다. 우리는 협상 중이었다.(CTS : 760)

『흥분하기 쉬운 발화』에서 옹호했던 긍정적인 전유의 실천들을 예증하면서, 버틀러는 억압적인 언어를 빼앗아 전복적으로 재의미화한다. 버클리의 그 '꼬마'와의 만남에서 '레즈비언'이라는 단어를 공언함으로써, 그리고 그 용어가 이해되고 쓰일 수 있는 수많은 상이한 방식이 있다는 것을 인정함으로써, 버틀러는 그 상황에서 폭력적인 잠재력을 제거해낸다. 따라서 버틀러가 실제 상황에서의 반복 가능성에 대한 이 설명의 끝부분에서 말하고 있듯이 '그것은 혐오 발화가 될 필요가 없다'. 그럼에도 여전히 많은 중요한 의문들이 남는다. 갑자기 '순수한' 방식으로 의미화하기 위해 '레즈비언' 같은 용어들을 이전 맥락으로부터 왜곡하는 것이 가능한가? 어떠한 요인들이 그러한 재맥락화에 효과적인가? 재의미작용은 반드시 그렇게 인식되어야만 하는 것인가? 게다가 재의미작용이 담론과 법 안에서 일어난다면, 그것이 그 자체로 법의 산물이 아니라는 것을 우리가 어떻게 알 수 있는가? 특히 그러한 용어들이 그것의 침전된 과거로부터 '정화될' 수 없다면 왜 우리는 과거에 우리를 억압했던 용어들만을 전유해야 하는가? 버틀러가 전략적으로 거리를 두려 하는 본질주의와 마찬가지로, 버틀러가 옹호하는 전유 역시 지배 담론을 붕괴하기보다는 강화할 수도 있는 게 아닌가?

최종적인 질문들

이러한 질문들은 도전적이다. 비록 그 중 다수가 『흥분하기 쉬운 발화』에서 제기되었거나 그 위험성이 인정되었다 해도, 이러한 질문들은 그 특성상 궁극적 해결을 추구하지 않는 개방적 성격의 것이다. (비록 지금까지 우리는 만약 어떤 문제가 해결되지 않는다면, 거기에는 무언가 잘못된 것이 있기 때문이라고 생각했지만 말이다.) 버틀러가 현재 진행하고 있는 정체성 범주의 해체 및 『흥분하기 쉬운 발화』에서 중심이 되는 언어의 이론화 작업에서, 주체 혹은 발화의 행위자를 둘러싼 문제는 가장 중요한 논의들을 함축하고 있다고 할 수 있다. 만약 주체가 이미 존재하는 것이 아니라면, 행위의 뒤에 존재가 없다면, 앞서 인용된 인터뷰에서 버틀러가 예증하는 일종의 언어학적이며 의미론적 재배치를 야기하는 것은 누구 혹은 무엇인가? 내가 하나의

'주체-효과'로서 자율적이고 일방적으로 '레즈비언'은 현재 긍정적인 용어라고 결정하는 것이 가능한가? 대화하고 있는 상대가 나의 의견에 전혀 동의하지 않는다 해도? 버틀러와 잠깐 마주쳤던 그 '아이'는 여전히 '레즈비언'이라는 용어 및 레즈비언 정체성을 지닌 사람들에게 편견을 가지고 있을 수 있다. 그러므로 버틀러의 전유적 전략의 효과를 우리가 어떻게 판단하느냐 하는 문제는 적어도 부분적으로는 아이의 반응에 달렸다고 할 수 있을 것이다.

이러한 경우 심지어 맥락들이 고정되어 있지 않을 때에도 수행(문)들의 성공적인 재배치를 위해서는 의미론적 합의가 여전히 중요한 문제로 대두된다. 우리는 데리다와 버틀러의 논의를 수용하여 기호와 지시 대상 사이에 필연적인 연관관계가 존재하지 않는다는 사실을 긍정할 수 있지만, 이러한 자의성에도 불구하고 여전히 어떻게 기호들이 다른 지시 대상들과 재결합할 수 있는가에 대해서는 명확한 해답을 내리지 못하고 있다. 이미 다른 이름으로 불리고 있는 배를 부두에 있는 사람이 마음대로 '미스터 스탈린'으로 바꿔 명명할 수 없다는 오스틴의 사례에서처럼, 화자 혼자 마음대로 기호들의 의미를 바꿀 수는 없다. 버틀러가 '레즈비언'이라는 용어를 자기 식대로 사용했다 해도, 버클리에 사는 한 아이가 그와 다른 의미로 그 용어를 이해한다면, 이러한 관계에서 정확히 무엇을 얻을 수 있을까? 버틀러 자신의 고유한 시각에 따른 알튀세 독해를 인용하자면, 버클리에 사는 그 아이는 여전히 버틀러에게 상처를 주고 모욕을 안기려는 의도로 '레즈비언'이라는 용어를 사용하여 그렇게 '부를' 수 있다. 또한 버틀러가 그 호명을 자신의 것으로 인식할 수 없다 해도, 그 아이의 부름은 여전히 버틀러를 종속시키고 주체화subjectivate할 수 있는 수행적 힘을 지닐 것이다. 다시 말해서 『흥분하기 쉬운 발화』는 어떻게 호명이 재연될 수 있는지, 또는 어떻게 그 의미들이 변할 수 있는지에 대해 뚜렷한 해답을 제시하지는 않는다.

버틀러는 '예기치 않은 결백함에 의해 훼손될 수 있는 용어의 취약성'을 찬양하기는 하지만, 비유적으로 표현해서, 말이 그것의 역사성을 완전히 정화시킬 수 없다는 사실을 인정한다. 그러나 어떻게 훼손된 용어들이 다시 '결백'하게 될 수 있는가에 대해서는 명확한 언급을 회피하며, 실제로 버틀러 자신은 『흥분하기 쉬운 발화』에서 그러한 용어들을 마지못해 사용하는 듯하다. 그럼에도 '퀴어'라는 단어는 광범위하게 전유되어 이제 더 이상 모욕적인 용어가 아닌 반면, '검둥이'는 여전히 특정한 화자 및 특정한 맥락에 따라 모욕을 주는 언어로 사용될 수 있다는 사실은 의문으로 남는다. 버틀러가 '검둥이'라는 말을 재의미화하기 꺼려 한다는 사실은 (『흥분하기 쉬운 발화』에서 이 용어는 단 한 번 사용되었다.) 말이 상처를 줄 수 있는가라는 의문에 대한 그녀의 주저함과, 급진적인 재의미화 작용은 어떻게 완수될 수 있는가라는 의문에 대한 그녀의 불확실함을 보여주는 징후로 간주될 수 있다.

이미 제기된 바 있는 또 다른 의문은, 우리는 진정 버틀러가 옹호하는 전유와 재의미작용이 효과적으로 완수되기를 원하고 있는가 하는 것이다. 왜냐하면 표면적으로는 전복적으로 보일 수 있는 이러한 행위들이, 실제로는 권력의 효과에 불과할 수도 있기 때문이다. 우리가 왜 우리를 종속시키는 용어들에 얽매여야 하는가, 혹은 어떻게 우리는 전복적인 반복과 단지 현존하는 권력구조들을 강화시킬 뿐인 반복을 구별해낼 수 있는가? 『권력의 정신적 삶』에서는 이처럼 주체가 종속에 귀착되는 문제를 중점적으로 다루고 있다. 『흥분하기 쉬운 발화』와 같은 해에 출판된 『권력의 정신적 삶』에서 버틀러는 법의 부름에 대한 응답인 종속, 주체화subjectivation, 자기-복종이라는 논제들에 다시금 주목한다.

언어와 주체

언어는 그 자신이 명명하는 것을 행하는가? 말들은 상처를 입히는가? 누군가를 위협하거나 때리겠다고 말하는 것과 실제로 그렇게 하는 것은 동일한 성질의 것인가? 섹스를 재현하거나 섹스/섹슈얼리티에 관해 이야기하는 것이 '성적 행위sexual conduct'로 해석되어야 하는가? 재현이 '외설스럽다'거나 '포르노그래피적'이라는 것을 누가 결정하는가, 그리고 그러한 재현들은 검열되어야 하는가?

『홍분하기 쉬운 발화』에서 제기된 질문들 중 몇 가지이다. 이 책에서 다시 한 번 푸코, 알튀세, 오스틴, 데리다 등이 언어와 주체에 관한 버틀러의 분석에 이론적 틀을 제공한다. 『젠더 트러블』과 『의미를 체현하는 육체』에서 주체는 수행적 실체로 특징 지워졌다. 그러나 『홍분하기 쉬운 발화』에서 버틀러는 언어가 반드시(혹은 실제로는 결코) 효과적인 수행인 것만은 아니라고 주장한다. 다시 말해서 언어는 언제나 그것이 명명하는 것을 수행하지는 않는다는 말이다. 게다가 만약 우리가 다음과 같은 사실, 주체가 행위 이전이 아니라 행위 이후에 생겨난다는 사실을 받아들인다면(이 주장은 『젠더 트러블』과 『의미를 체현하는 육체』에서 이미 제기된 바 있으며, 『홍분하기 쉬운 발화』에서도 반복된다.), 혐오 발화나 '외설성'/'포르노그래피'의 경우 누구 혹은 무엇에 책임을 물어야 하는가를 결정하기는 쉽지 않을 것이다. 버틀러는 검열을 목적으로 하는 특정 법률적 기구들이 '폭력적인'/'외설적인'/'포르노그래피적인' 재현들을 생산하고 유통시키는 데 어디까지 관계하는지에 관심을 갖는다.

만약 우리가 행위의 뒤에는 존재가 없다는 니체의 공식을 받아들인다면, 행위자 또는 주체가 의미론적이고 언어적인 변화를 야기한다는 사실을 이해하기는 어려울 것이다. 비록 버틀러는 그러한 변화를 주변적이거나 억압된 공동체의 미래에 필수적인 것으로 제시했지만 말이다. 더구나 오염된 용어들이 결백함innocence에 쉽게 공격당할 수 있다는 생각은 역설적으로 들리며, 버틀러 자신은 앞선 역사들이 기호의 의미를 결정하는 데 있어 중요하다는 점을 인정하기 때문이다. 오염된 용어들이 왜 전유되어야만 하는가 하는 문제 역시 분명히 해명되지 못하는데, 왜냐하면 그러한 실천은 효과적으로 담론과 법을 강화하는 자기-종속적 행위들에 주체를 종속시킬 수도 있기 때문이다. 자기-종속 및 법으로의 주체의 귀착 문제는 『권력의 정신적 삶』에서 중점적으로 다루어질 것이다.

05

정신

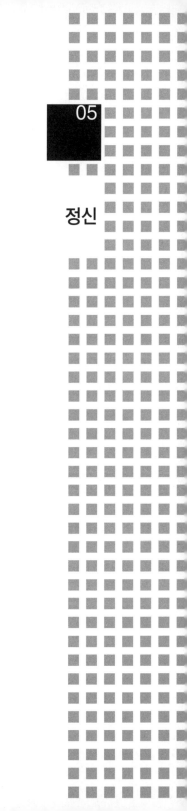

권력의 정신적 삶

버틀러는 『흥분하기 쉬운 발화』에서는 주체가 자신을 모욕하는 용어를 받아들일 가능성이 있다고 했고, 『권력의 정신적 삶』에서는 주체가 자신을 종속시키는 권력구조에 귀착된다고 주장했다. 『권력의 정신적 삶』에서 헤겔·니체·프로이트·푸코·알튀세 등에 나타난 정신the psyche의 문제를 다루면서, 버틀러는 이러한 철학자들이 묘사한 주체가 스스로에 반하는 행동을 통해 형성된다는 사실을 발견했다.

주체는, 그들에게 유죄판결을 내리고 그리하여 그들을 구성하는 법을 양심의 가책을 느끼면서 받아들인다. 주체의 형성은 말소cancellation와 극복overcoming, 보존preservation이 동시에 일어나는 과정이다.(곧 Aufhebung 혹은 지양) 종속subjection 없이는 어떤 사회적 정체성도 존재할 수 없기 때문에, 버틀러는 주체란 자신을 종속시키는 법이나 권위에 수동적으로 귀착된다고 주장한다. 다시 말해서 정체성은 부인repudiation, 죄의식guilt, 상실감loss 등을 통해 생겨나며, 주체-형성이 이루어지는 권력구조를 피하거나 초월하는 것은 불가능하다는 것이다.

그러나 버틀러는 법에서 달아나기보다는 그것을 넘어서는 정신의 작용에서 저항적 행위의 잠재력을 발견한다. 따라서 『권력의 정신적 삶』은 정신적 삶의 권력을, 다른 말로 하면 권력을 그 자신과 불화하도록 만드는 정신의 잠재력을 분석한 것이라고 할 수 있다. 이전처럼 버틀러는 어떻게 금지와 부인repudiation이 스스로를 전복할 수 있는 잠재력을 지닌 권력구조의 기능에 리비도적으로 투여되는지invested 기술하기 위해, 프로이트의 정신분석학 이론을 도입하여 헤겔·니체·푸코·알튀세 등의 이론을 독해한다.

정신의 출현과 형성

(보부아르의 공식을 개조한) 버틀러의 분석에서 우리는 주체로 태어나는 것이 아니라 만들어지며, 우리가 주체가 되는 것은 권력에 대한 복종을 통해서이다.(PLP : 2) 우리는 앞에서 살펴본 책들에서 주체의 문제를 다루어왔는데, 『권력의 정신적 삶』에서 버틀러는 주체를 '비판적 범주 …… 언어학적 범주, 장소 점유자placeholder, 형성 중인 구조 …… 개인이 지적 능력을 획득하고 재생산하는 언어적 사건'으로 정의한다.(PLP : 10-11)(주체와 관련한 유용한 설명은 『페미니즘과 정신분석학 : 비평을 위한 사전*Feminism and Psychoanalysis : A Critical Dictionary*』에 실린 엘리자베스 그로스Elizabeth Grosz가 쓴 주체 항목을 참조(Wright 1992 : 409-16))

버틀러는 '정신적인psychic' 것이나 정신psyche에 대해 정의를 내리지는 않았지만, 『권력의 정신적 삶』은 의식의 출현, 특히 담론과 법내에서 의식의 출현에 초점을 맞추고 있다. 버틀러가 서문에서 강조한 것처럼, 이러한 맥락에서는 권력이 취하는 정신적 형식과 권력구조 안에서 정신의 형성을 고려함으로써 권력과 정신의 관계를 이론화하는 것이 이치에 맞다. 그렇게 함으로써 버틀러는 푸코의 이론과 정신분석학 이론을 함께 배치하는데, 이는 그 둘을 종합하기 위해서가 아니라 권력과 정신을 연구하기 위해서이다. 버틀러는 푸코주의와 정신분석학의 '주류학파' 혹은 정통에 속한 이론가들이 줄곧 권력과 정신에 대한 연구를 소홀히 해왔다고 주장했다.(PLP : 3) 버틀러는 푸코가 권력을 설명하면서 정신의 전복적 잠재력을 소홀히 취급해왔다고 비판하면서도, 복합적이며 무수하고 생산적이라는 푸코의 설명을 통해 권력 개념을 정의한다.

앞서 검토했듯 주체는 선험적 권력의 효과이다.(PLP : 14-15) 그러나 또한 권력은 그것 없이는 주체가 행위자로 존재할 수 없는 주체의 조건이기도 하다.(그리고 심지어 권력구조라는 수렁에 빠져 있다 하더라도, 주체는 행위자가 된다.)(PLP : 14) 주체는 마음대로 권력을 휘두를 수 없으며, 권력의 테두리 안에서 일어나는 저항적 행위는 복종의 효과이다. 다시 말해서 주체는 주체가 되기 위해 권력을 필요로 하며, 권력이 없으면 주체-지위 혹은 저항적 행위의 잠재력 또한 존재할 수 없다. 주체는 선험적 권력의 효과로서 출현하지만 권력을 넘어서 있으며, 권력은 또한 그것에 선행하(지 않)는 것처럼 보이는 주체에게 작용한다.(PLP : 14-15)

이러한 인과관계의 흐름은 중요한데, 왜냐하면 만일 주체가 단지 권력의 효과일 뿐이라면, 어떻게 그것이 현존하는 권력구조를 전복할 수 있는지 이해하기가 쉽지 않기 때문이다. 버틀러는 주체의 저항적 행위가 '권력에 포섭되지 않은 의도를 가정하고 있으며, 논리적·역사적으로 얻어낼 수는 없는 것이자 저항적 행위를 가능하게 하는 권력과의 우연성과 반전의 상호관계 속에서 작동하며, 그럼에도 불구하고 권력에 속한다.'(PLP : 15)라고 주장한다. 주체가 권력과 맺는 관계는 양가적이다. 주체는 자신의 존재를 권력에 의지하지만, 또한 예기치 못한 채 잠재적·전복적 방식으로 권력을 휘두르기도 한다. 곧 우리는 다시 양가성과 저항적 행위의 문제로 되돌아올 것이다.

불행한 의식

『욕망의 주체들』 첫 번째 장에서 버틀러는 주인과 그를 위해 일하는 노예의 충돌을 기술한 헤겔의 이론을 분석하는데, 거기에서 노예는 자신이 힘써 산출한 대상을 결국에는 주인이 착복하리라는 것을 알면서도 자기 자신을 인정받는다는 데에서 일할 의욕을 부여받는다. 『권력의 정신적 삶』의 첫 번째 장에서 버틀러는 주인과 노예의 관계 및 그에 따르는 불행한 의식에 대한 헤겔의 설명으로 돌아온다.(Hegel 1807 : 「자기-의식의 독립과 의존 : 주인과 노예Independence and dependence of self-consciousness : Lordship and the Bondage」 및 「자기-의식의 자유 : 스토아 철학, 회의주의, 불행한 의식Freedom of self-conciousness : Stoicism, Scepticism and the Unhappy Consciousness」 참조) 『욕망의 주체들』에서처럼 버틀러는, 심지어 그 대상에 노예 자신의 서명이 찍혀 있더라도 결국에는 주인에게 박탈당하리라는 사실을 알면서도 왜 노예가 대상을 애써 만들어내는지 기술한다. 주인은 노예의 자율성을 침해하는 위협이 되지만, 버틀러에 따르면 노예가 스스로를 인정받는 것은 그러한 위협을 통해서이다.(PLP : 39) 헤겔에게 노동은 소망과 욕망의 형식이며 또한 노예가 자신을 드러내고 인정받는 수단이다. 노예가 노동을 통해 산출한 대상은 노예의 자아의 투사이기 때문에, 그는 자신을 언제나 쉽게 착취당할 수 있는 일시적 대상으로 인식하게 될 것이다.

주인이 결국 추방당한 후, 노예는 이전에 자신이 노동하면서 따르던 복종을 내면화하여 결과적으로 정신은 주인과 노예로 분열되고 육체는 의식으로부터 분리된다. 노예는 이제 자기 자신에게 다시 말해서 자신의 윤리적 명령 혹은 규준, 즉 그 자신이 반드시 따라야 하는 법에 대한 두려움에 의해 동기화된 자기 복종에 종속된다.

버틀러는 스토아 철학과 회의주의라는 현상학적 '여정journey'의 다음 단계를 통해 헤겔적 주체의 진행 과정을 추적한다. 이제 불행하고 분열된 의식은 스스로를 조소의 대상으로 간주하게 되고, 그리하여 그 주체의 정체성은 갈등과 모순을 일으키는 일종의 지킬 박사와 하이드 같은 구조를 갖게 된다.(PLP : 46) 불행한 의식은 계속 스스로를 책망하고, 그 스토아적 국면에서 주체는 버틀러의 표현대로 '포기renunciation를 향한 끊임없는 수행자'가 되는데, 왜냐하면 언제나 그 자신을 포함한 많은 것을 포기하고 있기 때문이다.(PLP : 49) 버틀러에 따르면, 이러한 자기-포기는 부정적 나르시시즘의 형식이자 그[즉, 주체]와 관련하여 가장 가치가 저하되고 더럽혀진 것을 향한 예정된 몰두engaged preoccupation이다. 다시 말해서 불행한 의식은 자신의 아브젝시옹에 매혹되어 있다는 것인데, 왜냐하면 불행한 의식은

그러한 아브젝시옹을 통해서 자신을 인정받기 때문이다.(PLP : 50)

역설적으로 스토아 철학과 자기-포기는 자아에 대한 즐거운 단언이며, 여기에서 헤겔은 『문명과 불만』에 등장하는 프로이트의 법에 대한 분석을 예견한다고 할 수 있다.(PLP : 53-4) 육체와 쾌락을 극복하려고 노력하면서, 주체는 포기를 통해 정확히 그러한 특징들을 단언하며, 따라서 발전의 이러한 단계에서 주체는 버틀러가 '아브젝시옹의 신성화'라고 부른 것을 경유하여 자신을 알게 된다.(PLP : 51) 그런데 이것이 주체가 자신을 알 수 있는 유일한 방법인가? 혹은 헤겔이 『정신현상학』의 네 번째 장에서 묘사한 자기-고행self-mortification과 자기-포기self-renunciation에 상응하는 다른 대안이 존재하는가? 버틀러는 탈헤겔적인 주체와 복종의 문제를 다루며 이러한 질문들에 몰두한다.

주체와 종속

버틀러는 특히 헤겔이 기술한 자기-책망self-beratement의 형식이 어떻게 프로이트의 신경증과 동성애 공포증을 예견하는지에 관심이 많으나(PLP : 54), 탈헤겔적 주체와 종속에 관한 그녀의 논의는 니체의 『도덕의 계보학』, 프로이트의 『문명과 불만』, 푸코의 『감시와 처벌』에 초점이 맞춰져 있다. 이 텍스트들은 주체가 종속subjection과 자기-포기, 특히 육체와 욕망의 포기에 귀착attachment되어 있다고 본다는 점에서 상호 연관성을 지니고 있다.

주체-형성에 대한 정신분석학의 설명에서 육체는 결코 종속되지 않는데, 왜냐하면 금지는 리비도적으로 투여된invested 행동이기 때문이다. 이것은 『흥분하기 쉬운 발화』에서 우리가 발견한 공식으로, 그 책에서도 버틀러는 『문명과 불만』에 등장하는 프로이트의 양심에 대한 분석을 끌어들인다. 프로이트에 따르면 욕망은 포기 안에서 그리고 포기를 통해 보존되는데, 『흥분하기 쉬운 발화』에서도 알 수 있듯이 이것이 의미하는 바는 '욕망은 결코 포기되지 않으며 바로 그 포기의 구조 내에서 유지되고 거듭 주장된다는 것이다.' (PLP : 56 ; ES : 117) 따라서 주체는 종속에 귀착되는데, 왜냐하면 복종 그 자체가 일종의 쾌락, 니체가 『도덕의 계보학』에서 깨달은 그 무엇, 그리고 『감시와 처벌』에서 푸코가 발견한 통찰을 제공하기 때문이다. 『문명과 불만』에서처럼 『감시와 처벌』에서 금지하는 법은 자신이 억압하게 될 육체를 산출하며, 우리는 헤겔과 달리 푸코가 육체는 (대체로) 자신을 억압하는 담론과 법에 선행하지 않는다고 주장한다는 사실을 발견한다.(PLP : 60) 종속에 대한 푸코의 설명은 『정신현상학』에는 부재하는 저항적 행위와 전복의 잠재력을 포함하며, 버틀러로 하여금 헤겔에서 출발하여 푸코를 경유하도록 이끈다.

니체적인, 프로이트적인, 푸코적인 그리고 진실로 헤겔적인 주체를 특징짓는 것은 종속에 대한 귀착이다. 우리가 이미 보아온 것처럼 종속 없이는 어떠한 주체도 있을 수 없으며, 이러한 사실은 정확히 욕망을 폐쇄하겠다고 위협하는 것(금지 등)을 욕망해야만 하는 역설적인 입장에 주체를 위치시킨다. 버틀러는, 동일한 구절이 몇 페이지 뒤에도 글자 그대로 반복되는, 그래서 반어적으로 반복되는 공식이라 할 수 있는 다음의 공식으로 이를 표현한다. '욕망에 대한 욕망은 오직 욕망을 지속시키려는 가능성을 위해서 정확히 욕망을 배제 하는 것을 욕망하는 의지이다.'(PLP : 61, 79) 욕망은 구성적인 것이기 때문에, 탈헤겔적인 주체는 전혀 아무 것도 욕망하지 않는다기보다는 금지를 욕망하겠지만, 그러나 그 주체의 종속subjection에 대한 귀착attachment이 그 주체가 예속-내의-저항적 행위agency-within-subordination를 주장할 수 없다는 사실을 의미하지는 않는다.

법과 사랑에 빠져

니체와 프로이트는 폭력적인 도덕을 통한 양심의 작용과 정신 혹은 영혼의 생산을 이론화한다. 『도덕의 계보학』에서 니체는 양심과 양심의 가책bad conscience을 구별하며, 양심의 가책을 '인간'을 괴롭히는 질병으로 정의한다. '나는 양심의 가책을 인간이 일반적으로 경험했던 모든 변화 중에서도 가장 근본적인 그 변화의 압력 때문에 빠져들 수밖에 없었던 심각한 병이라고 간주한다. 그 변화란, 인간이 결국 사회와 평화의 구속에 갇혀 있다는 사실을 알았을 때의 변화를 말한다'(1887 : 64) 또한 니체는 도덕이 어떻게 후에 정신분석학자들이 억압이라고 특징짓는 행동들을 통해 인간의 '거친' 본능을 조절하여 그것이 바깥으로 향하지 못하고 인간 자신을 향하게 하는지를 기술한다.(1887 : 65)

니체의 주체는 자기-폭력self-violence의 효과이며, 사회적으로 부과된 금지와 도덕에 의해 던져진 자아를 거부하는데, 버틀러는 여기에서 주체가 자기-폭력의 행위에 참여한다는 사실에 주목한다. '그러한 폭력은 주체를 발견한다.'라고 그녀는 말한다. '폭력, 심지어 폭력 그 자체에 대한 폭력에도 반대하는 주체는, 이미 폭력 없이는 등장할 수 없는 선험적 폭력의 효과 그 자체이다.'(PLP : 64) 니체는 '제 자신을 구원할 수 없을 만큼 죄를 지었으며 저주받아야 한다고 보는 인간의 *의지*, 어떤 벌도 죄에는 상응할 수 없기에 스스로 벌을 받아야 한다고 생각하는 인간의 *의지*, 사물의 가장 깊은 근거를 벌과 죄의 문제로 오염시키고 독을 타려는 인간의 *의지*'를 강조한다.(1887 : 73 ; 강조 원저자) 버틀러는 또한 주체의 죄의식 내에 있는 결단력(혹은 자기-의지self-will)의 요소에 주목하지만, 그러나 주체로 하여금 스스로를 외면하도록 하는 도덕의 자기-반성성self-reflexivity이야말로 결국 자기-구성self-constitution의 행동임이 판명된다고 주장한다.

『권력의 정신적 삶』의 두 번째 장에서 버틀러는 니체의 '양심의 가책'이 주체의 자기-반성적 자기-책망self-beratement에 선행하는지, 다시 말해서 주체는 주체에 선행하는 법의 효과인지를 묻는다. 사실상 버틀러는 주체가 '일종의 필연적 허구 …… 도덕에 의해 전제된 최초의 예술적 성취 중 하나'라고 주장한다. 따라서 『흥분하기 쉬운 발화』에서 볼 수 있듯이, 법이 자신의 권력 행사의 대상인 이러한 실체를 만들어낸다는 것은 분명하다.(PLP : 66) 결정적으로 버틀러는 니체적인 양심의 가책이 비유이자 은유이며, 니체의 시술은 어떠한 존재론적 자격도 만들지 않는다고 주장한다. 다시 말해서 니체는 법에 우선하는 주체나 양심을 가정하지 않았다는 것이다.(PLP : 69) 우리는 곧 *비유적 주체*의 문제로 돌아올 테지만, 여기에서 버틀러는 또한, 니체가 사용하는 용어들이 양심 형성의 결과이기 때문에, 양심 형성에 관한 니체의 서술은, 그 자신이 서술하는 도덕 담론에 연루되어 있다고 지적한다.(PLP : 77) 니체의 『도덕의 계보학』이 양심의 가책의 산물 그 자체라는 주장은, 계보학적 연구가 자신이 서술하는 권력구조와 분리될 수 있는가라는 의문을 야기한다. 표준적인 용어 바깥의 주체를 사고하는 것이 불가능하다면, 버틀러 자신의 설명 역시 그것이 이론화하는 법과 담론적으로 연루되고 공모하게 될 것이다.(PLP : 77)

버틀러는 양심의 가책에 대한 니체의 설명이 프로이트의 「나르시시즘에 대하여On Narcissism」(1914)뿐만 아니라 『문명과 불만』에 끼친 영향을 발견하는데, 두 책은 모두 양심의 작용과 관련된 것이다. 프로이트는 신경증을 분석하며, 정신은 금지적 행위자에 리비도적으로 귀착된다고 주장한다. 금지적 행위자 그 자체가 욕망의 중심이 된다는 것이다. 우리는 이러한 생각을 이미 『흥분하기 쉬운 발화』에서 접한 바 있다. 또한 『권력의 정신적 삶』에서 버틀러는 리비도가 억압될 때 그것은 부인되지 않는다는 프로이트의 공식을 반복하는데, 그 이유는 법 그 자체가 리비도적으로 투여된 것이기 때문이다. 이러한 관점에서 버틀러는 앞서 인용한 구절을 반복한다. '욕망에 대한 욕망은 오직 욕망을 지속시킬 수 있도록 욕망을 배제하려고 하는 것을 욕망하고자 하는 의지이다.'(PLP : 79)

앞에서처럼 버틀러는 주체는 소망하기를 소망하며, 여전히 그 욕망의 대상은 정확히 주체가 소망하는 것을 가로막는 어떤 것이라는 사실을 암시한다. 억압과 욕망은 분리될 수 없다. 왜냐하면 억압 그 자체는 리비도적 활동activity이며, 육체는 자신을 적대시하는 도덕적 금지를 회피하려고 시도하기는커녕, 욕망하기를 지속하기 위해 이러한 금지를 유지한다.(PLP : 79) 주체는 욕망하기를 욕망하며 또한 주체는 어떤 것도 욕망하지 않는 것보다는 차라리 자신을 위협하는 법을 욕망할 것이다.

'육체적 충동impulse의 윤리적 조절', 즉 육체적 욕망에 대한 억압은 욕망하는 활동 그 자체이다. 또한 버틀러는 『권력의 정신적 삶』의 첫 번째 장에서 도덕적 법의 행위자가 사실 가장 진지한 위반자라는 점을 지적한다.(PLP : 55-6) 버틀러는 강제적 금지 속에서 (성적?) 만족을 경험하는 도덕적 법의 대리인과 관련한 문학적 사례를 제공한다. 그 공식은 전직 미국 상원의원 제시 헬름스에게도 똑같이 적용될 수 있을 텐데, 우리가 4장에서 이미 보았듯 그는 포르노그래피를 검열하려는 바로 그 행위 속에서 '포르노그래피'적인 합법적 텍스트를 생산한다.

『흥분하기 쉬운 발화』에서 버틀러는 또한 '동성애'적 언술을 금지하는 군대의 금기를 편집증으로 해석하며, 『권력의 정신적 삶』의 두 번째 장에서 편집증을 승화된 동성애의 형식으로 간주하는 프로이트의 이론으로 되돌아온다.(그리고 다시 미군의 동성애 규제를, 포기 내에서의 보존의 예로 인용한다.)(PLP : 82) 부인과 금지는 동성애를 억압함으로써 동시에 그것을 생산하고 유지하는 고도의 생산적 행동이다.(PLP : 80) 프로이트는 『문명과 불만』에서 금지가 그것이 금지하는 욕망을 산출한다고 하였는데, 이러한 주장은 버틀러로 하여금 양심의 가책은 자아, 육체, '나르시시즘적으로 길러진 자기-책망'의 형식으로 자신에게 되돌아오는 욕망을 포함한다는 니체적 공식을 다시금 확언하게 한다.(PLP : 82)

금지 · 자기-책망self-beratement · 자기-처벌self-punishment은 주체가 존

재하는 데 필수적이다. 또한 억압과 금지를 설명하는 프로이트의 이론에서 리비도와 육체는 효과적으로 혹은 최종적으로 억압될 수 없는데, 왜냐하면 금지하는 행동 그 자체가 이미 주체의 욕망의 대상이기 때문이다. 푸코가 권력의 작용을 설명하며 과잉적이고 저항적인 정신을 간과했다는 버틀러의 비판은, 정신의 과잉에 저항적 행위를 위한 잠재력이 존재한다는 통찰을 제공한다.

푸코의 감옥들

『감시와 처벌』에서 푸코는 어떻게 주체-형성이 육체의 담론적 형성을 통해 작동하는지를 보여준다. 버틀러가 지적한 것처럼, '형성'은 '원인causing'이나 '결정determining'과 동일하지 않으며, 따라서 이러한 푸코적 형성은 결코 단순히 육체를 담론으로 환원하는 것이 아니다. 양심에 대한 설명과 마찬가지로 버틀러는 지금까지 고민해온 문제들을 여전히 고려하는데, 푸코적 종속은 생산적인 과정이자 그것 없이는 주체-형성이 발생할 수 없는 '일종의 생산 내에서의 제한'이다. 푸코의 종속 이론에는 무의식과 동의어가 아닌 정신의 문제가 생략되어 있다는 사실에 주목하며, 버틀러는 '정신분석학적 푸코 비평'이 정신분석학 이론을 참조하지 않고서 종속과 주체화를 설명하는 것은 불가능하다고 주장한다. 왜냐하면 정신이 없으면 저항의 가능성도 존재하지 않기 때문이다. 『감시와 처벌』에서 푸코는 정신the psyche과 동일한 의미로 사용되는 영혼the soul이 담론적으로 조직화된 육체를 함정에 빠뜨리는 권력의 구속 효과라고 설명한다. 그러나 버틀러는 정신은 푸코가 기술한 표준화의 기능을 담당하는 담론을 넘어서서 저항한다고 주장한다. '규율 형성에 대한 혹은 규율 형성에 내재하는 저항은 어디에서 발생하는가?'라고 그녀는 질문한다.

> 정신분석학적으로 유용한 개념인 정신을, 구속하는 영혼의 개념으로 환원하는 것은 표준화와 주체 형성에 대한 저항의 가능성을, 정확히 정신과 주체 사이의 같은 표준으로는 잴 수 없는 엄청난 차이에서 발생하는 저항의 가능성을 제거하는 것인가? 어떻게 우리는 그러한 저항을 이해하게 될 것인가, 그리고 그러한 이해는 어떻게 그 길을 따라 정신분석학에 대한 비판적 재검토를 수반할 것인가?(PLP : 87)

'저항의 가능성'은 버틀러의 주체 설명에서 매우 중요한 역할을 한다. 버틀러는 만일 푸코가 공식화한 것처럼 정신/영혼이 구속의 효과에 불과하다면, 푸코는 권력에 대한 정신적 저항을 어떻게 설명할 수 있는지 묻는다. 반대로 푸코적인 시각을 정신분석학 이론에 적용할 수 있도록 단련함으로써, 버틀러는 정신적 저항은 권력의 토대를 잠식하는 수단이라기보다는 오히려 권력의 효과나 담론적 생산물은 아닌가 하는 질문을 야기한다. 저항은 담론이나 법 안에서 발생하지만, 버틀러가 '정신적 잔존물psychic reminder'이라고 부른 것, 그러니까 담론적 작용이 자신의 일을 끝마쳤을 때에도 여전히 남아 있는 정신의 요소는, 무의식이 자신을 구조화하는 권력 관계를 벗어날 수 없다는 사실이 명백함에도 불구하고, 표준화의 한계를 의미한다.

버틀러는 또한 자신이 '푸코에서의 육체의 문제'라 일컬은 것에 관한 질문을 제기한다. 만일 푸코의 주장처럼 영혼이 육체의 감옥이라면, 이는 규율적 구조가 그것에 앞서 존재하는 육체 위에서 작용한다는 사실을 의미하는가? 버틀러는 초기 논문 「푸코와 육체적 기입의 역설」에서, 육체와 담론을 이론화한 푸코에게서 발견한 다음과 같은 역설을 논한다. 비록 푸코는 육체가 담론적으로 구성된다고 주장하지만, 법이 육체에 기입되는 메커니즘을 다룬 그의 이론은 육체가 법에 선행한다고 가정하는 듯하다.(FPBI : 603) 나아가 『권력의 정신적 삶』에서는 이러한 역설에서 출발하여 (혹은 더욱 발전시켜) 육체와 영혼은, 육체가 영혼으로 승화됨으로써 동시에 등장하게 되는 담론적 구성물이라고 주장한다. '승화sublimation'는 성적 충동이 '문화적' 혹은 '도덕적' 행동으로 변형되거나 전환되는 현상을 가리키는 정신분석학적 용어이며, 버틀러는 이 용어를 자신이 '분열된 자아'라고 부르는 것이 등장함에 따라 육체가 종속되고 부분적으로는 파괴되는 과정을 설명하는 데 사용한다.(승화에 대한 이러한 정의는 라이트Wright에게서 빌어온 것이다 1992 : 416-17) 그러나 버틀러는 육체의 영혼 혹은 정신으로의 승화는 '육체적 잔존물bodily reminder'을 남긴다고 주장하는데, 그것은 표준화의 과정을 초과하여 버틀러가 '일종의 구성적인 상실constitutive loss'이라 부른 것으로 생존한다.(PLP : 92) '육체는 구성이 일어나는 장소가 아니'라고 버틀러는 주장한다. '주체가 형성되는 계기가 되는 것은 파괴이다.'(PLP : 92) 또 한 번 우리는 버틀러적 역설의 영역 내에 있는 우리 자신을 발견하게 된다. 하지만 이것은 『권력의 정신적 삶』의 핵심적인 역설을 정교화한 것이다. 주체는 그녀의 육체가 (아마도 담론에 의해) 그녀의 육체에 작용하고, 그것을 파괴할 때 존재하게 된다. 이는 이러한 과정이 생산적인 파괴 혹은 지양이라는 의미이다. 왜냐하면 육체와 정신은 담론적 구조 내에서 형성되는 동시에 파괴되기 때문이다.

주체 형성과 관련하여 정신분석학과 푸코 이론은 명백히 대조적이다. 전자의 경우 정신뿐만 아니라 육체 또한 과잉과 저항이 가능한 영역인데 반하여, 푸코에게 모든 저항은 법이라는 용어 내에서 발생한다. 실제로 저항은 법의 효과이다. '저항은 권력의 효과로서, 권력의 일부로서, 그것의 자기-전복self-subversion으로서 등장한다.'고 버틀러는 푸코를 의역하여 적고 있다.(PLP : 93) 비록 그렇다 하더라도 무수히 도처에 스며 있는 권력구조라는 푸코의 모델 내에서 법은 현존하는 규준들을 불안정하게 만들기 위해 전복적으로 되풀이되고 반복될 것이며, 따라서 버틀러는 주체의 작용을 가능하게 하는 권력 관계들이 어떻게 또 어떤 방향으로 작동하게 될 것인지를 묻는다.(PLP : 100) 푸코적 주체는 언제나 구성의 과정상에 존재하기 때문에, 이러한 과정은 쉽게 반복될 수 있고 또 넌지시 암시된 바에 따르면 쉽게 전복될 수도 있다. 그러나 버틀러는 정체성의 이러한 모델 내에 존재하는 재규준화의 위험성에 주목하며, 어떻게 저항이 담론 그 자체로부터 파생될 수 있는지 궁금해 한다.(PLP : 93, 94)

버틀러는 다시 한 번 정신분석학적 시각을 통해 푸코의 이론들을 독해하면서, 정신분석학이 법을 욕망과 분리된 것으로 간주한다고 주장한 푸코에 반하여, 욕망을 생산하고 지탱하는 법이 없다면 어떤 욕망도 존재할 수 없다고 주장한다. 우리는 다시금 그 자체로 욕망의 형식인 리비도적으로 투여된 법과 금지라는 프로이트적 개념으로 되돌아왔으며, 따라서 버틀러는 무의식은 권력구조 외부에 존재한다고 주장하기보다는, 권력 그 자체가 급진적 반복을 위한 조건을 제공하는 무의식을 소유하고 있다고 주장한다. 그것은 주체를 사회적으로 구성하는 법의 모욕적인injurious 용어들을 주체가 쉽게 반복적으로 되풀이하여 받아들이고 점유할 수 있기 때문이다. '모욕적인 이름들로 불림으로써 나는 사회적 존재가 된다. 왜냐하면 나는 나의 존재를 위해 불가피하게 특정한 귀착에 의존해야 하기 때문이다. 특정한 나르시시즘이 존재를 부여하는 용어를 제어하므로, 나는 나를 모욕하는 그 용어들을, 그것들이 나를 사회적으로 구성하기 때문에 받아들여야만 한다.'라고 버틀러는 단언한다.(PLP : 104) 이름-부르기, 혹은 호명interpellation의 작용과 법의 열정적 추구가 버틀러의 푸코주의적이고 정신분석학적인 공식들을 보충해주는데, 이에 대해서는 다음 절에서 더 상세히 다룰 것이다.

역호명

『권력의 정신적 삶』에서 버틀러는 다시 한 번 효율적인 호명적 수행문들과 법의 부름에 대한 응답으로 자동적으로 뒤를 돌아보는 순종적 주체에 대한 알튀세의 설명을 비판한다. 또한 『의미를 체현하는 육체』와 『흥분하기 쉬운 발화』에서와 마찬가지로, 버틀러는 알튀세의 법이 자신이 이름을 부르는 그 대상을 존재하게끔 하는 신성한 수행적 권력을 소유하고 있지는 않다고 주장한다. 버틀러는 알튀세가 든 사례인 경찰의 '이봐, 거기 당신!'을, 주체로 하여금 사회적 존재가 되도록 강제하는 명명인 종교적 세례, 혹은 베드로와 모세를 향한 신의 명명에 비유한다. 그러나 명명의 신성한 권력이 갖는 이러한 특징은, 부름에 선행하는 수신인이 이미 존재하는 것인지 혹은 이름을 부르는 행위가 그러한 주체를 산출하는 것인지 의문을 갖게 한다. 이러한 행위는 자신을 부르는 그 용어들을 받아들이고 그를 향해 뒤를 돌아볼 의지를 지니고 있는 주체를 전제로 하기 때문이다.

호명과 수행성에 대한 이전의 설명으로 미루어 짐작할 수 있듯, 버틀러는 주체는 법이 고소한 죄를 용서받는 반복되는 행위 그 자체를 통해 형성된다고 주장하며 (이름을 부르는 행위가 주체를 산출한다는) 후자를 지지한다.(PLP : 118)

죄와 사면의 이중적 행위dual action가 주체의 조건을 이루며, 따라서 알튀세의 설명에서처럼 주체가 되는 것은 '나빠지는being bad' 것과 동의어가 된다.(PLP : 119) 앞에서처럼 버틀러는 자신이 『흥분하기 쉬운 발화』에서 주장한 바와 같이, 호명이 어떻게 자신의 표식을 간과하거나 실패함으로써 작동하게 되는지에 흥미를 느끼며, 『권력의 정신적 삶』 세 번째 장에서는 불안정한 정체성과 오인의 전복적 잠재력을 강조한다. 특히 만일 주체가 열등함을 상징하는 사회적 정체성(버틀러가 제시한 사례는 '여성' '유대인' '퀴어' '흑인' '멕시코계 여자 미국인' 등이다.)을 구성하는 이름으로 불렀을 때, 그 상징계적인 용어는 정신 혹은 상상계에 의해 본래의 의미를 넘어서게 된다.(PLP : 96-7) 실제로 '뒤돌아보기' 외에도 자신을 인지하는 다양한 방식들이 존재하며, 따라서 『의미를 체현하는 육체』에서처럼 호명은 명명하는 대상에 작용하는 권력을 갖는 효과적인 수행문으로 볼 수 없다.

『권력의 정신적 삶』 네 번째 장("'양심은 우리를 모두 주체로 만든다'' : 알튀세의 복종')에서 이루어진 버틀러의 정신분석학적 알튀세 독해는, 호명적인 부름이 어떻게 본래적 의미를 벗어나기보다는 그것을 넘어서는지를 보여준다. 버틀러에 따르면 알튀세의 주체는 자신을 부르는 법에 수동적으로 귀착되어 있다. 왜냐하면 사회적 정체성은 법이 부여한 죄책감을 받아들임으로써만 얻어질 수 있기 때문이다. 알튀세는 이처럼 법을 추구하고자 하는 의지의 사례로 자신을 들고 있다. 알튀세는 자신이 아내 엘레네를 살해한 후 경찰을 부르려고 거리로 뛰어나왔다고 설명한다. 알튀세의 유죄 선고는 호명 장면을 반대로 뒤집은 것으로서, 그 순간 유죄 선고로 주어질 사회적 인식과 주체-위치를 차지할 목적으로 경찰을 '이봐, 거기 당신!'이라고 부르는 것은 주체이다.

따라서 알튀세적 호명은 니체의 노예의 도덕 혹은 프로이트의 양심에 대한 설명과 유사하다. 그러나 알튀세의 이론은 자신을 부르는 법에 선행하는 주체를 가정한다.(PLP : 117) 주체가 죄를 통해 법을 인정하는 것과 그녀/그의 자기-사면에 대한 알튀세의 강조에 초점을 맞추면서, 버틀러는 사실상 이러한 '예식rite'의 수행에 선행하는 주체는 존재하지 않는다는 사실을 발견한다.(PLP : 119) 주체는 복종과 지배의 동시적 행동을 통해 존재하게 되지만, 그러나 이러한 행동은 그 행동의 원인이라기보다는 효과인 주체가 행하는 것이 아니다.(PLP : 117) 법 이전의 주체에 대한 알튀세의 부름은 문법적인 문제에 직면하고, 이를 통해 원인으로서의 주체는 언어학적으로 이데올로기와 법의 부름에 앞서 설치된다. 반면 버틀러는 권력은 그 이름을 부름으로써 주체에게 작용하는 동시에 주체를 활성화시킨다고 주장한다. 버틀러는 '명명이 부름인 한, 그 부름에 선행하는 수신인은 존재하지 않으며, 그 부름이 그것이 명명하는 대상을 창출하는 이름으로 주어지는 한 "베드로"라는 이름 없이는 어떤 "베드로"도 나타나지 않는다.'고 주장한다.(PLP : 111) 다시 이것은 역설적으로 들리겠지만, 사실상 버틀러의 공식은, 독자들이 모두 기억하고 있는 바와 같이, 행동deed 이전의 행위자doer는 존재하지 않으며 행함doing 그 자체가 모든 것이라는, 『젠더 트러블』, 『의미를 체현하는 육체』, 『흥분하기 쉬운 발화』 등에 나타난 인과관계의 역전과 구조적으로 동일하다.

호명과 관련한 이전의 논의에서와 마찬가지로, 버틀러는 종속에 있어서 사회적 정체성을 수여하는 법에 의해 호명된 사람 혹은 그 대상에 의문을 던지며, 또한 법의 수행적 효능도 의문시한다. 법의 부름은 신성한 수행이 아닌데, 왜냐하면 버틀러가 '법이 보기보다 강력하지 않다는 사실을 폭로하기 위해 그렇게 되지 않으려는 의지 곧 비판적 탈주체화'라고 일컫는 태도 변화의 방식들이 존재하기 때문이다.(PLP : 130) 일관된 정체성을 주장하거나 요구하는 것에 대한 포기가 갖는 전복적 잠재력을 강조하는 에세이 「비평이란 무엇인가?What Is Critique?」를 예견하는 듯, 버틀러는 욕망이 구성적 욕망으로 되는 것을 이해하는 게 어떻게 가능한지, 그리고 사회 내에서 자신의 위치를 견지기 위해 스스로를 종속된 것으로 인정하는 주체를 법이 어떻게 이용하는지 묻는다. 자신을 호명하는 그 용어에 고분고분 대답하기보다는 역설적으로 법의 부름 속에서 자신을 인식하지 않음으로써 존재하는 데 실패하는 것이, 존재의 더 윤리적이고 전복적인 양식이 된다.(PLP : 131) 주체는 어떤 의미에서든 일관된 의미로는 '존재'할 수 없다. 우리는 이전의 버틀러의 설명을 통해 주체는 버려지고 사회적으로 용인되지 않는 욕망에 의해 출현하게 된다는 사실을 알고 있기 때문이다. 참으로 『젠더 트러블』이나 『의미를 체현하는 육체』처럼 『권력의 정신적 삶』은 사회적으로 정체성을 구성하는 용어들을 언제나 필연적으로 넘어서는, 젠더화되고 섹스화된 정체성의 특징인 우울증을 계속해서 강조한다.

다시 우울한 젠더에 대하여

버틀러가 분석한 종속과 주체화에 대한 설명은 어떻게 특히 젠더화되고 섹스화된 정체성과 상호 관련되는 것일까? 『권력의 정신적 삶』 이전에 이미 버틀러는 금지와 상실을 통해 등장하는 '특정한' 동성애적 정체성을 기술한 바 있다. 버틀러는 전복적 전유와 재규준화의 위험성을 설명하며 동성애를 인용하였으며, 또한 주체를 형성하는 이름 부르기와 호명을 논하며 '퀴어'를 하나의 사례로 제시하고 있다. 『권력의 정신적 삶』의 여섯 번째 장 '우울한 젠더/거부된 동일시 Identification'에서 버틀러는 자신이 『젠더 트러블』과 『의미를 체현하는 육체』에서 다룬 많은 논의들을 재론하고 확장하며, 특히 「슬픔과 우울증」, 『에고와 이드』, 『문명과 불만』 등에 나타난 프로이트 이론을 끌어들이고 있다. 이를 통해 버틀러는 젠더화되고 섹스화된 정체성에 주의를 돌린다.

『젠더 트러블』, 『의미를 체현하는 육체』, 『흥분하기 쉬운 발화』에서처럼 『권력의 정신적 삶』에서도 버틀러는 금지와 억압이 정체성의 구성 요소라고 주장하며, 억압되는 것은 보편적인 욕망이 아니라 특히 동성애적 욕망(혹은 동성애적 리비도 집중)이라는 점을 상세히 설명한다.

『젠더 트러블』에서처럼, 버틀러는 젠더란 주어진 것이 아니라 하나의 과정이며 남성성과 여성성은 '완성accomplishments'인데 반해 이성애는 '성취achievement'라고 단언한다.(PLP : 132, 135) 이제 버틀러는 이러한 과정과 완성과 성취가 어떻게 발생하는지, 그것이 주체와, 그리고 그 과정에서 억압되고 부정될 다른 주체들에게 어떤 비용을 요구하는지 질문한다. 일관된 이성애적 정체성을 얻기 위해, 무언가는 포기되어야만 하는데, 앞서 보았듯 이때 포기되는 것은 주로 전-오이디푸스적 이드를 특징짓는 최초의 동성애적 리비도 집중이다.(이 책 2장 참조) 억압, 금지, 상실은 이성애적 에고 형성의 기초를 구성하고 이성애자와 동성애자는 모두 최초의 동성애적 귀착attachment의 상실을 슬퍼하는 것이 허용되지 않는 젠더 우울증의 이성애적 문화 속에서 살아간다.(PLP : 139)

비탄은 『권력의 정신적 삶』에서 단지 하나의 은유로만 사용된 것이 아니다. 버틀러는 『슬픔과 우울증』에서 정신적 상실에 대한 프로이트 이론과, 동성애적 귀착의 상실에 애도를 표하기조차 힘든 현대의 이성애 문화 사이의 대응을 발견한다.(PLP : 138) 버틀러는 이러한 문화적 무능력의 징후로 '맹위를 떨치는 에이즈'에 희생된 '겉보기에도 끝없는 숫자의 시체들'에게 조의를 표하는 공적 포럼이나 언어가 존재하지 않는다는 사실을 가리킨다.(PLP : 138) 이 신랄한 비판은, 은유적이고 실제적인 슬픔을 생략하는 것이, 이성애적 주체가 그/그녀가 상실했으나 그러한 사실을 인정하고 공표할 수 없는 혹은 그럴 의지가 없음을 의식하고 있다는 사실을 암시하는 것으로 간주되어야 한다는 것이다.

마찬가지로 버틀러는 『젠더 트러블』의 가장 강력한 논점, 곧 이성애는 부인의 바로 그 구조 속에서 보존되는 부인된 동성애로부터 출현한다는 논점을 발전시킨다. 아브젝트화된Abjected 동성애적 리비도 집중은 단순히 사라지는 것이 아니며, 『흥분하기 쉬운 발화』와 『권력의 정신적 삶』의 앞부분은 모두, 부인과 금지가 실제로 스스로를 구성하기 위해 동성애를 필요로 한다는 버틀러의 주장을 뒷받침한다. 동성애가 말소되기는커녕, 동성애는 그것을 금지하는 바로 그 구조에 의해 유지된다. '동성애는 폐지되는 것이 아니라 유지된다. 정확히 동성애에 대한 그 금지 속에서 유지된다.'라고 버틀러는 주장한다.(PLP : 142)

> 포기는 외적 대상으로서가 아니라 가장 소중한 지지의 원천으로서 자신이 비난하는 바로 그 동성애를 필요로 한다. 따라서 동성애를 포기하는 그 행위는 역설적으로 동성애를 강화한다. 그것은 정확히 포기를 통해 권력을 갖는다는 의미에서 동성애를 강화한다.(PLP : 143)

동성애 공포증적이며 동성애로 인해 공황 상태에 빠지는 문화의 중심에 버틀러가 동성애를 위치 지운 것은 분명 정치적인 중요성을 갖는다. 왜냐하면 아브젝트화되었다고 간주되는 것이 이성애적 정체성의 원천으로 전제되었기 때문이다.(물론 버틀러가 '원천sources 같은 용어가 암시하는 본질주의적 사상을 구축한 것은 아니지만 말이다) 젠더 정체성은 동성애적 귀착을 부인함으로써 '성취되며', 아브젝트화된 동성의 욕망 대상은 우울증적 동일시로서 에고 안에 설치된다. 그리하여 나는 내가 여성을 욕망해온 만큼 여성이 되며, 내가 남성을 욕망해온 만큼 남성이 된다.

이성애적 정체성은 동성 구성원들에 대한 금지된 욕망에 기초하고 있기 때문에, 성인이 동성의 구성원을 욕망하는 것은 젠더를 '공황'에 빠뜨리며 혹은 다른 말로 (안정적이고 일관된 것과는 거리가 멀다는 사실을 폭로함으로써) 겉보기에는 일관되고 안정된 이성애적 정체성을 위태롭게 만든다.(PLP : 136)

이성애적 주체의 동성애적 욕망은 파괴되었다기보다는 승화되었으며, 부인과 거부는 젠더의 '수행'을 구조화한다. 수행적 젠더는 3장에서 논의되었으며, 버틀러가 이러한 '젠더 수행' 내에서 '실행된' 것은 부인된 동성애의 해소되지 않은 비탄이라고 주장하는 데서 알 수 있듯, 『권력의 정신적 삶』에서 버틀러는 수행성, 수행, 정신치료 등을 융합한 것처럼 보인다.(PLP : 146) 『젠더 트러블』과 『의미를 체현하는 육체』에서처럼 버틀러는 동성애를 숙고하기 위한 패러다임으로 '젠더를 넘나드는 동일시' 혹은 드랙에 초점을 맞춘다. 왜냐하면 드랙은 (남성) 드랙 수행자가 사랑의 가능한 대상으로 거부해온 여성 젠더의 흉내를 내는 이성애적 우울의 알레고리이기 때문이다. 이러한 패러다임을 일반적인 젠더 정체성으로까지 확대하면서, 버틀러는 "가장 진실한" 레즈비언 우울증자는 정확히 이성애적 여성이며, "가장 진실한" 남성 게이 우울증자는 정확히 이성애적 남성이라고 단언한다.(PLP : 146-7) 다시 말해서 두드러지거나 심지어 과장된 '이성애적' 정체성은, 이성애적 우울의 문화 내에 있는 부인된 동성애적 욕망의 징후인데, 거기에서 부인된 욕망은 버틀러가 '과장법적 동일시'라고 부른 것으로 '회귀한다.'(PLP : 147)

동성애적 우울증자는 다른 종류의 상실로 특징화되는데, 이번에는 정신적인 것이 아니라 에이즈로 죽어가는 사람과 이러한 죽음을 슬퍼하는 것이 허용되지 않는 이성애주의, 반-게이 문화 내에 남아 있는 사람의 실제적 상실이다. 동성애적 정체성은 또한 이성애적 우울증과 유사한 거부된 이성애적 리비도 집중을 통해 구축되기도 하는데, 버틀러는 '게이 우울증'이라 부른 것의 정치적 전망을 단언하면서도(PLP : 147), 한편 거부된 이성애적 리비도 집중이 이성애의 약점과 틈을 폭로할 기회를 놓침으로써 이성애를 손대지 않은 채로 남겨둘 거라고 주장한다.(PLP : 148) 버틀러는 따라서 섹스화되고 젠더화된 '다른 것'을 거부하기보다, 존재론적 일관성에 대한 그리고 섹스화되고 젠더화된 '다른 것'을 기꺼이 받아들이라는 요구를 포기함으로써 우울과 상실을 인정하는 것이, 정치적으로 훨씬 더 잠재력이 있다고 본다.

긍정적인 우울증

앞선 장에서는 버틀러의 이론에서 우울증이 갖는 중요성을 강조했으며, 그러한 사고는 『권력의 정신적 삶』에서도 여전히 중심적인데, 『권력의 정신적 삶』에서는 우울증이 재현 그 자체를 구성하는 방식들뿐만 아니라 재현까지도 창시한다고 주장한다. 정신분석학에서는 결핍과 그 결과인 우울증 없이는 에고에 대한 어떤 은유적 설명도 불가능하다. 왜냐하면 그러한 서술을 필요하게 만들고 촉진시키는 것이 모두 우울증이기 때문이다. 실제 우울증과, 그와 관련한 에고는 지형학적 용어로 만들어진 비유이다. 다시 말해서 정신분석학자들이 에고와 우울증을 재현하기 위해 사용한 은유는 공간적이다. 이러한 비유 중 스스로를 거역하는 에고에 대한 비유가 가장 두드러지는데, 버틀러는 결핍에 의해 촉진된 이러한 거역과 그 다음에 일어나는 우울증은 그러한 거역 이전에 존재하지 않는 에고를 구성한다고 주장한다.(PLP : 171) 정신적 '풍경'의 서술이 필요한 것은 결핍 때문인데, 왜냐하면 만일 에고가 이러한 방식으로 '망가지지' 않았다면, 정신분석학 이론과 정신적 삶에 대한 은유적 해석이 필요하지 않았을 것이기 때문이다.

우울증은 정신적 삶을 창시하며, 주체가 형성되는 권력구조를 넘어섬으로써 전복과 저항적 행위의 가능성을 제공한다. 그리고 적어도 이러한 '초과'의 일부분은 존재론적인데, 우울증적 주체는 자기-동일적이지도 단일하지도 않기 때문이다. 「슬픔과 우울증」에서 에고는 스스로를 대상으로 취하며 자신의 폭력적인 분노를 스스로에게 직접적으로 향한다. 이는 버틀러의 에고에 대한 설명을 특징짓는다. 이제 버틀러는 우울증이 그러한 상태에 의해 촉진되고, 자신을 은폐하는 권위와의 상호관계를 깨닫지 못하는 시민들에게 내면화된다고 주장한다. 그러나 우울증이 권력의 효과처럼 보인다 하더라도, 주체의 자기-폭력과 구성적 우울증을 전복적인 목적을 위해 배치하는 방법들이 존재한다.

버틀러는 탈식민주의 비평가 호미 바바Homi Bhabha를 언급하며, '바바는 우울증이 수동성의 형식이 아니라 반복과 환유를 통해 발생하는 반란의 형식이라고 주장한다.'라고 진술한다. 버틀러는 바바의 통찰을 따르면서, 호전적인 우울증은, 비판적 저항 행위 혹은 슈퍼에고를 절멸시킴으로써 그리고 '그 자신을 향한' 에고의 공격성을 바깥으로 되돌림으로써, 슬픔과 삶 속에 정돈될 수 있다고 단언한다.(PLP : 190-1) 또한 버틀러는 헤겔과 니체 등이 묘사한 폭력적 자기-비판을 포함하지 않는 우울증의 형식도 존재하며, 주체의 출현을 개시하는 결핍의 흔적을 인정하는 것이 주체를 정신적 생존으로 이끌 것이라고 주장한다.

데리다와 마찬가지로 버틀러는 자신의 구성적 우울증을 깨닫는 것은, 자기 안의 타자를 받아들이는 것을 포함하리라고 주장한다. 왜냐하면 우울증은 에고 안에 타자가 동일시를 통해 설치되는 과정이기 때문이다.(PLP : 195-6) 따라서 존재론적 자율성이라는 개념은 하나의 허구로써 포기되어야만 한다. '삶을 주장하는 것은 …… 올바른 정신을 두고 경쟁하는 것인데, 의지라는 행위를 통해서가 아니라 그러한 행위를 가능하게 만드는 사회성과 언어적 삶에 대한 종속을 통해서 그렇게 하는 것이다. 이때 그 종속은 에고의 한계와 그것의 "자율성"을 넘어선다.'라고 하면서 버틀러는 '자기 존재를 고집하는 것은 시작부터 결코 그 자신의 것이 아닌 사회적 용어로 자신이 주어졌음을 의미한다.'라고 쓰고 있다.(PLP : 197) 이것은 주체가 자신이 결코 선택한 적이 없는 호명에 의해 구성된다는 『흥분하기 쉬운 발화』의 내용과, 호명은 결코 자신이 부른 주체를 완전히 구성한 적이 없기 때문에 실패에 의해 작동한다는 『권력의 정신적 삶』 마지막 장에서 버틀러가 반복해서 강조한 요점과 상호 공명한다. 마찬가지로 주체가 호명 및 권력과 맺는 상호 관계는 양가적으로 남아 있는데, 법의 '부름'은 주체를 종속시킴으로써 주체로 하여금 존재가 되게 한다.

결핍에 의해 특징 지워지는 양가적 자아는 보잘것없는 것처럼 보일 수도 있다. 하지만 저항적 행위는, 호명에 순응함으로써 획득할 수 있는 일관성이나 자기-정체성에 대한 모든 요구를 포기하는 것, 그리고 우리를 부르는 그 용어를 전복적으로 오인하는 것이다. 그러한 거절과 오인은 우리를 종속시키고 조종하는 권력구조 내에서 발생하며, 이것은 우리로 하여금 순종이 저항적 행위의 수단과 어떻게 다른지, 그리고 그 수단을 있는 그대로 인식하는 것이 가능한지에 대해 의문을 품게 만든다. 버틀러는 슬픔, 우울증, 자기-일관성의 존재론적 위험을 다룬 두 개의 강연, 「비평이란 무엇인가?」와 『안티고네의 주장』에서, 그리고 공저인 『우연성, 헤게모니, 보편성』 등과 같은 최근의 논의들에서 이러한 문제들로 되돌아오고 있다.

주체와 권력

『권력의 정신적 삶』에서 버틀러는 주체가 권력과 맺는 관계를 논하기 위해 정신분석학, 푸코, 알튀세 이론의 패러다임을 전개시킨다. 주체는 자신을 복종시키는 동시에 구성하는 법에 수동적으로 귀착되어 있으며, 아무것도 욕망하지 않는다기보다는 그것이 욕망하는 권력구조와의 양면적 관계 속에서 존재한다. 버틀러는 권력과 영혼, 육체에 대한 설명 바깥에 정신을 남겨두었다는 이유로 푸코를 비판하며, 자신을 복종시키는 법에 의해 결코 전적으로 결정되지 않는 정신 내에 전복적 초과의 잠재력이 존재한다고 단언한다. 더욱이 알튀세가 서술한 법의 호명적 '부름'은 최상의 탁월한 효과를 발휘할 필요는 없으며, 버틀러는 이러한 수행의 실패에서 전복을 위한 더 나은 잠재력을 확인한다.

만일 인정되기만 한다면, 우울증 그 자체는 긍정적인 전복의 기회가 될 것이며, 비록 버틀러가 섹스화되고 젠더화된 정체성이 최초의 결핍과 상실로 발생한다고 다시 한 번 강조하고 있지만, 그녀는 타자의 흔적을 인정하는 것이, 주체가 무엇이든 될 수 있는 유일한 방법이라고 주장한다. 저항적 행위는 자기-일관성에 대한 모든 요구를 포기하는 것에 있으며, 개인의 존재론적 지위를 위험하게 하는 것은 성공적인 반란의 수단을 구성할 수 있다.

버틀러 이후

미국에서 가장 유명한 페미니즘 철학자

주체와 관련한 버틀러의 이론적 주장은 (일일이 열거하기에는 너무 많은 다양한 영역들 중에서도) 페미니즘 이론, 퀴어 이론, 철학의 발전을 촉진했으며, 정체성·젠더·섹스·언어 등의 문제와 관련된 비평적 논쟁을 촉발시켰다. 이 책 첫 번째 장에서 언급했듯, 버틀러는 결코 퀴어 이론의 '창시자'나 '토대를 놓은 사람'을 자청한 적이 없지만(퀴어 이론은 단일한 하나의 이론으로 묶을 수 있는 것도 아니다.), 그럼에도 페미니즘 이론과 퀴어 이론에 끼친 그녀의 영향은 매우 크다. 1999년 출판된 『욕망의 주체들』의 최근 리뷰에서, 어떤 평자는 버틀러를 '미국에서 가장 유명한 페미니스트 철학자'라고 소개했으며, 또 다른 이들은 그녀를 탁월한 퀴어 이론가로 간주하기도 한다. 또한 많은 사람이 『젠더 트러블』을 페미니즘 이론과 퀴어 이론 둘 다의 출발점이 되는 책으로 간주한다. 예컨대 철학자 루이스 멕네이Louis McNay는 버틀러의 저작이 페미니스트들의 젠더 정체성 이해에 영향을 끼쳐왔다고 주장하고(1999 : 175), 조너선 돌리모어는 버틀러를 '최근에 나온 섹슈얼리티 이론들을 가장 탁월하게 절충한 이론가'로 규정한다.(1996 : 533)

그러나 버틀러의 이론은 격찬만큼이나 많은 비판을 일으켰다. 또한 최근의 비평가 및 비평 이론들에게 계속 평가받고 있기 때문에 버틀러의 저작이 일으킨 논쟁은 결코 '해소'되었다고 할 수 없다. 이러한 관점에서 보면 이 장의 제목은 잘못되었다고 할 수 있는데, 왜냐하면 '버틀러 이후'라는 제목은 버틀러가 과거에 발생한 그리고 지금은 거의 끝나가는 하나의 사건이며, 많은 비평가와 사상가들이 그 사건의 여파를 음미하며 다음 단계에는 무엇을 다룰지 고민하고 있다는 암시를 던지기 때문이다. '버틀러 이후'라는 용어가 버틀러가 야기한 일련의 과정이 '종결'되었다는 잘못된 암시를 준다는 것이다.

버틀러는 다른 비판적 사상가들의 저작뿐만 아니라 자신의 텍스트들과도 계속해서 능동적이고 변증법적인 관계를 유지하고 있으며, 동시에 다양한 이론 분야에 미치는 영향력 또한 여전히 놀랄 만큼 크다. 에디 예기아얀Eddie Yeghiayan이 꼼꼼하게 작성한 버틀러의 저작 목록과 버틀러의 저서를 참조한 저작들(문자 그대로 수백 편에 달한다.)의 서지 목록을 일별하는 것만으로도 여러 분야, 그중에서도 특히 퀴어 이론, 페미니즘 이론, 영화 연구, 문학 연구, 사회학, 정치학, 철학 등에 끼친 그녀의 영향이 어느 정도인지 일목요연하게 드러난다.

결론을 겸한 이 장에서는 '버틀러 이후'에 일어난 일들을 상세히 서술하기보다는, 버틀러의 사상이 영향을 미치고 있는 특정 분야에서의 논점 및 버틀러의 최근작들을 간략하게나마 요약 설명하는 편이 유용할 것 같다. 마지막으로 버틀러가 앞으로 발표할 작품들을 간략히 검토하고, 버틀러가 사상가 및 이론가로서 자신의 명성을 계속 유지하며 이론적 참여를 마다하지 않고 있는 비평 분야를 언급하겠다.

버틀러에게 남아 있는 것은 무엇인가?

이론이 정치적으로 중요한 이유는 무엇이며, (만약 그러한 것이 있다면) 지식인의 정치적 역할은 무엇인가? 현존하는 법은 전복될 수 있는가? 만일 그럴 수 있다면 그러한 전복을 이끌어낼 행위자들은 어떤 부류인가? 우리를 형성하는 규준과 비판적 관계를 맺는 일이 가능할까? 민주주의는 '현실화realization'를 목적으로 삼는 정치 기획인가? 그렇다면 그러한 정치적 목적을 달성했을 때의 효과는 무엇인가? 반대로 그러한 목적이 완전히 달성되지 않았을 때는 어떤 결과가 빚어지는가? 사회구조의 한계 지점으로 밀려난 채 살아가고 있는 사람들은 사회 내에 통합되기 위한 운동을 벌여야만 하는가, 아니면 비록 더 고통스럽더라도 그들을 거부하는 동시에 그들을 구성원으로 삼고 있는 제도권과 비판적이고 삐딱한 관계를 계속 유지하며 살아가야 할까?

이러한 것들이 버틀러의 최근 저서 「비평이란 무엇인가?」, 『우연성, 헤게모니, 보편성』, 『안티고네의 주장 : 삶과 죽음 사이의 친족관계』에서 제기된 쟁점들인데, 이 책들은 모두 2000년에 출판되었다. 반면 최근의 인터뷰 「주체를 변화시키기 : 주디스 버틀러의 급진적 재의미작용의 정치학Changing the Subject : Judith Butler's Politics of Radical Resignification」에는, 위에 제기된 질문들을 직접적으로 거냥한 대답은 아니지만, 이러한 질문과 관계된 버틀러의 주장이 담겨 있다.

버틀러의 최근작들은 법의 한계를 폭로함으로써 그 토대를 침식하게 될 급진적으로 재의미화된 대안을 제공하면서 여전히 주체의 범주와 규준을 불안정하게 만든다. 버틀러의 글쓰기는 언제나 암묵적으로 정치학에 초점을 맞추고 있는데, 특히 그녀의 후기 저작들은 몇몇 독자와 비평가들이 불명료하고 추상적이며 '물질적인 실재'에서 벗어나 있다고 간주해온 이론들의 이면에 놓인 정치적이고 윤리적인 힘을 강조하는 경향이 있다.(버틀러가 명시적으로 정치적 글쓰기를 시도한 사례로는 걸프전과 관련된 토론을 매개로 하여 주체를 이론화한 초기 논문 「우연한 토대 : 포스트모더니즘의 의문과 페미니즘Contingent Foundation : Feminism and the Question of Postmodernism」 참조.) 1999년에 발행된 『젠더 트러블』 기념판 서문에서 버틀러는 정치적 참여라는 빛을 따라 자신의 이론들을 수정해왔다는 사실을 분명히 밝혔다. 특히 '국제 게이·레즈비언 인권 연합'과 함께 한 작업을 통해 일반성Universality이라는 용어의 의미를 재고하게 되었다고 했다. 한편 진보적인 정신분석학 잡지 《젠더와 섹슈얼리티 연구*Studies in Gender and Sexuality*》에 참여한 것은, 버틀러의 정신분석학적 사고에 '실천적'인 영역을 보충해주었다.

비판적 에세이 모음집 『이론에 남아 있는 것은 무엇인가?〔혹은 이론에게 좌파란 무엇인가?〕*What's Left of Theory?*』(2000)에서 버틀러와 공동 편집자들은 이론과 문학의 정치적 유용성과 관련한 질문들을 제기한다. 편집자들은 '정치적인 것이 반영된 문학적 분석'이 반드시 그 배후에 좌파 이론을 포함하고 있어야 하는지, 그리고 이론은 정치적으로 좌파left의 문학적 분석을 전경화하기 위해 언제나 배후에 남아 있어야만left 하는지 등을 질문하며 반복해서 'left'라는 말을 가지고 언어 유희를 즐기고 있다.(WLT : x, xii) 『의미를 체현하는 육체』 5장과 6장을 예외로 한다면, 문학과 문학가들은 버틀러의 텍스트에서 특별히 중요한 역할을 맡은 적이 없다. 버틀러가 문학적 분석에 참여했을 때는, 대체로 그를 통해 정치적인 혹은 이론적인 요점을 강조하기 위한 것이었다. 이와 마찬가지로 『이론에 남아 있는 것은 무엇인가?』 서문에서 제기된 문제들은 모두 철학에 적용할 수 있는데, 버틀러의 저서들은 굳이 어느 분야에 속하는지 결정해야 한다면 잠정적으로나마 철학 항목에 속한다고 할 수 있다. 그렇다면 철학은 정치적인 것인가? 또한 철학의 정치적 유용성은 무엇인가? 혹은 다른 한편으로 정치적 좌파는 세계에 좀 더 실천적으로 개입하는 효과를 낳기 위해 철학을 배후에 숨겨두어야만 하는가?

이러한 질문에 답하면서, 주체는 지배적인 담론 및 규준과 비판적 관계를 취해야 한다고 주장한 버틀러의 언급 속에는, 정치학·철학과 이론(그리고 이 문제와 관련해서는 문학)이 어떻게 관련을 맺어야 하는지가 암시적으로 담겨 있다. 「비평이란 무엇인가?」, 『우연성, 헤게모니, 보편성』, 『안티고네의 주장』은 지배적 권위에의 복종과 동화, 저항 등에 대한 다양한 관점을 제공한다. 2000년 5월 케임브리지대학에서 행한 레이먼드 윌리엄스Raymond Williams 기념 강연 〈비평이란 무엇인가? 푸코의 미덕에 관한 에세이〉에서 버틀러는 자신이 푸코를 따라 '자발적 불복종의 예술'(WIC : 12)이라 부른 것이 최근의 존재론적·인식론적 한계에 얼마나 도전하고 있는지 기술한다. 이와 마찬가지로 에르네스토 라클라우Ernesto Laclau 및 슬라보예 지젝Slavoje Žižek과의 논쟁을 책으로 출판한 『우연성, 헤게모니, 보편성』에서, 버틀러는 억압적 용어들을 전복적으로 소유하는 것은 그 용어들의 한계를 폭로함으로써 헤게모니적 구조를 전복할 것이라고 확신한다. 1998년 캘리포니아에서 행한 웰렉도서관 기념 강연 〈안티고네의 주장〉에서 버틀러는 소포클레스의 주인공 안티고네가, 현존하는 법 및 규준과 문자 그대로 전복적이고 비판적인 관계를 맺는 전형적 사례를 제공한다고 주장한다.

초기 글에서부터 지금까지 줄곧 버틀러는 주체-범주 및 주체를 형성하는 담론 구조를 불안정하게 만드는 작업에 관여해왔다. 또한 단순히 자기 만족만을 위해서가 아닌, 현존하는 규준의 한계·우연성·불안정성 등을 폭로하기 위해 행해지는 비판적 실천 등에 참여해왔다. 비록 그녀가 제기한 난해하고 복잡한 질문들에 분명한 답을 하지 않는 것이 정치적 기획의 일부는 아니더라도, 버틀러는 이 세 개의 최근 텍스트들에서도 여전히 이러한 질문과 연구에 계속 몰두하고 있다.

버틀러 이론의 파장

주체, 육체, 정치, 언어 등과 관련한 버틀러의 이론에 동의하지 않는 이론가들조차도, 그녀의 사상이 비판 이론의 광범위한 영역에 걸쳐 엄청난 충격을 던졌다는 점은 인정한다. 옥스퍼드 판 『20세기 철학자 인명사전』에 기재된 '버틀러' 항목은 수행성을 포스트모던 페미니즘의 필수불가결한 조건으로 기술하고 있으며 페미니즘 이론, 레즈비언과 게이 이론, 정신분석학과 인종 연구 등에 끼친 버틀러 저작의 중요성을 지적하고 있다.(Shildrick 1996) 예컨대 페미니스트 철학자 수전 보르도Susan Bordo는 『젠더 트러블』이 젠더의 이론화 작업에 '포스트모던'하게 참여함으로써 자아-구축을 탐색하는 놀랄 만큼 통찰력 있고 …… 교육적으로 유용한 틀을 제공했으며, 이성애

중심주의와 본질주의의 작용을 폭로한 버틀러의 작업 또한 매우 능숙하고 명민했다고 주장한다.(Bordo 1993 : 290) 멕네이 역시 버틀러의 사상이 페미니즘의 비평적 · 이론적 신천지를 열었다는 점에서 중요하다는 사실에 동의한다. 젠더 정체성을 참호에 깊이 에워싸여 있지만 변경될 여지가 있는 것으로 정교하게 이론화한 버틀러의 연구는, 다른 어떤 페미니스트 이론가보다도 더욱 페미니즘 이론을 본질주의자들의 극단적 주장과 거리가 있는 것으로 만들었다는 이야기이다.(McNay 1999 : 175)

버틀러의 이론이 왜 중요한지에 대한 보르도와 멕네이의 의견이 정확히 일치하지는 않지만, 두 사람 모두 버틀러의 이론이 '여성'에 대한 본질주의적 · 규범주의적 · 자연주의적 가정을 해체하고 불안정하게 만들고 있다는 점에서 중요하다는 사실은 인정하고 있다.

멕네이의 지적처럼, 변증법적으로 정체성을 이론화하는 버틀러의 작업은 심지어 그녀의 사상이 논박될 때조차 다른 어떤 분야보다 페미니즘 이론에 커다란 영향을 미쳐왔다.(1999 : 177) '성적 불일치'를 이론화한 돌리모어는 버틀러의 절충주의가 훌륭하다고 인정하면서도, 그녀의 서술 중 일부는 역사를 고려하지 않은 '매우 잘못된hopelessly wrong' 것이라고 생각한다.(1996 : 533 5) 물론 근본주의와 본질주의에 버틀러가 개입한 것은, 퀴어 이론의 반-정체성 비판(O'Driscoll 1996 : 31)과 정상성이라는 권력에 저항하는 데 매우 중요한 영향을 끼쳤다.(Warner 1993 : xxvi)

반복적으로 일어나는 불안정하고 유동적인 과정으로 이성애와 동성애의 정체성을 특징화하고, 우울증적 섹스와 젠더 정체성을 이론화한 버틀러의 작업은 기존의 통념에 거대한 이론적 타격을 입혔다. 버틀러의 이론은 모든 정체성 범주들이 '우연적 토대'에 기반하고 있다는 사실을 폭로했는데, 이처럼 이성애가 (쉽게 알아챌 수는 없지만) 우연적이라는 사실은, 그것의 아브젝트화된 '타자'인 동성애가 반反게이 감정과 이성애 중심주의에 대한 효과적인 도전을 구성할 수 있음을 의미한다. 그러나 돌리모어는 버틀러가 이성애를 편집증적인 것으로 특징 짓는다는 사실, 그리고 이성애 내에서 전복적인 것이 되지 못하는 한 게이 욕망을 불완전한 것으로 간주한다는 사실에 우려를 표시한다.(Dollimore 1996 : 534-4)

정체성을 불안정한 것으로 간주하는 버틀러의 이론은, '단일한 주체성' 개념을 면밀하게 재검토 중인 다양한 이론적 분야에서 효율적으로 활용되어왔다. 「디아스포라와 혼성 : 퀴어 정체성과 민족성의 모델Diaspora and Hybridity : Queer identities and the Ethnicity Model」에서 앨런 신필드Alan Sinfield는, 호미 바바의 미미크리mimicry〔모방〕 이론과 버틀러의 수행적 정체성 이론의 연관성을 지적한다.(1996 : 282-3) 비록 신필드가 미미크리의 정치적 효용성을 의심하고는 있지만, 그의 비교는 정체성이 불안정하고 모방적이라는 수행적 정체성 개념이 이론적으로 광범위하게 적용될 수 있다는 사실을 보여준다.(물론 바바의 『문화의 위치*Location of Culture*』는 『젠더 트러블』과 같은 해에 출판되었으며, 따라서 버틀러가 결코 이러한 사고의 '원천'으로 간주될 수는 없다는 점을 분명히 해야 할 것이다.) 사회학자 비키 벨Vikki Bell의 논문 「문화적 생존으로서의 미메시스 : 주디스 버틀러와 반-유대주의Mimesis as Cultural Survival : Judith Butler Anti-Semitism」 또한 수행성을 인종 문제의 장으로 가져가는데, 벨은 일반적으로는 페미니스트 이론에서 세부적으로는 버틀러의 저서에서 미메시스에 대한 강조가, 2차 세계대전 이후 반유대주의에 대한 철학적 응답에 기원을 두고 있다고 제안한다. '문화적 생존'으로서의 미메시스에 초점을 맞춤으로써 벨은 젠더와 관련한 버틀러의 저서를 민족 및 인종/인종주의의 이론화와 연결 짓고는, 그것이 '모방적 행동과 정체성 수행이 발생하는 특정한 역사적·정치적 맥락에 주목하게 만든다.'고 주장한다.(1999a : 134) 이러한 주장은 매우 중요하다. 왜냐하면 버틀러의 저서가 그 성과를 위해 비역사주의와 탈맥락화라는 비용을 지불했다는 비판이 매우 빈번하게 제기되고 있기 때문이다.

주체/젠더

1990년 『젠더 트러블』이 처음 출판되자마자, 주체를 해체하려 한 버틀러의 시도는 정체성 및 정체성의 정치학과 관련한 토론에서 중요한 주제가 되었다. 정체성 범주를 불안정하게 만드는 작업의 정치적 잠재력을 파악한 독자들은 그 책을 '선택했지만', 다른 비평가 및 이론가들은 주체의 '소멸'에 반대하며 그것을 위험하고 허무주의적인 것으로 간주했다.(이 책 2장 참조) 혹시 기억하는 독자가 있을지 모르겠다. 정치학자 벤하비브가 버틀러의 논제를 니체주의적인 '주체의 죽음'으로 간주하고 우려하던 것, 그리고 사회학자 후드 윌리엄스와 실리 해리슨이 버틀러가 수행성에 기초한 새로운 젠더 존재론을 이론화하고 있는 건 아닌지 의아해하던 것을 말이다. 즉 벤하비브는 버틀러가 페미니즘의 토대(그것은 벤하비브가 진행하는 정치적 기획의 일부이다.)를 침식하고 있다고 간주하는 반면, 후드 윌리엄스와 실리 해리슨은 버틀러가 수행성을 대안적 토대로 만드는 작업을 진행하고 있다고 주장하는 것이다.

이러한 주장들이 버틀러 이론의 근본으로 수행성을 들고 있다면, 페미니스트 비평가 모이는 버틀러의 제1원칙으로 권력을 들고 있다.(1999 : 47) 분명 푸코적 성향을 보이는 까닭에, 일종의 근본적 토대주의foundationalism(즉, 주체 형성 과정에서 권력의 작용에 대한 강조)에 기초하고 있는 건 아닌가 하는 추정이 그녀를 비판하는 사람들 사이에서 제기되는 한편, 또 다른 사람들은 버틀러의 프로이트주의 혹은 프로이트의 이론을 적용하는 방식 때문에 혼란스러워한다.(Hood Williams and Cealy Harrison 1998 : 83, 85 참조)

프로서 또한 버틀러의 프로이트 적용을 비판하며, 비-수행적이고 진술적인 정체성을 갈망하는 트랜스젠더화된 개인들이 존재한다는 이유를 들어 수행성을 무용한 개념으로 치부한다.(1998 : 32 ; 이 책 2장 참조)

페미니스트 철학자 낸시 프레이저Nancy Fraser는 주체-형성이 언제나 억압적일 필요가 있는지에 의구심을 표한다.(Benhabib et al 1995 : 68) 벤하비브와 마찬가지로 프레이저는 버틀러의 주체 해체를 우려하며, 버틀러에게 여성의 자유는 정체성으로부터의 자유라고 주장한다. 폭력과 배제를 통한 주체의 형성은 버틀러의 정체성 이론에서 필수적이며, 프레이저의 질문에 대답하며 버틀러는 배제와 억압을 통해 말하는 주체가 존재하게 된다고 주장한다.(Benhabib et al. 1995 :

139) 버틀러가 반복해서 단언한 것처럼, 주체의 해체deconstruction는 주체의 '파괴destruction'와 같지 않다. 주체의 해체는 주체가 이론의 필수적 전제라는 정치적 결론들을 단순히 잘못된 것으로 치부하지 않으면서, 그와 함께 주체 구성의 과정을 면밀하게 검토하는 것이다.(Benhabib et al. 1995 : 36) 물론 버틀러를 둘러싼 논쟁은 이것으로 끝나지 않았다. 버틀러가 섹스를 해체한 것 역시 젠더를 이론화한 것만큼이나 많은 비평적 논쟁을 촉발했다.

육체

물질과 육체 형성에 관한 이론은 버틀러의 이론 중에서 가장 논쟁적으로 보이며, 계속해서 독자들을 혼란스럽게 만들며 문제를 일으키고 있다.(2장과 3장 참조) 이론가 바바라 엡스타인Barbara Epstein은 '성적 차이가 사회적으로 구성된다는 것은 지나친 신념으로 인한 무리한 주장'이라고 비판한다. 엡스타인은 자신에게는 자명한 것으로 간주되는 '대부분의 인간은 남성 혹은 여성으로 태어난다'는 사실의 기초를 위협하는 버틀러의 주장을 거부한다.(Epstein 1995 : 101)

테리 로벨Terry Lovell은 섹스와 젠더가 구성된다는 사실은 인정하지만, 그것들이 없어서는 안 될 필수적인 사회적 구성물이라고 주장하는 반면(Lovell 1995 : 334), 모이는 육체란 '실재적'이고 '실질적'인 것이라고 주장한다. 모이는 언어와 물질은 분리될 수 없다는 '오래된 상투어구'를 부인하며, 버틀러가 '사랑하고 고통을 겪고 죽음을 감수하는 구체적이고 역사적인 육체'를 무시하는 위험을 무릅쓰고 있다고 주장한다.(1999 : 51, 49) 버틀러가 구체적이고 역사적인 상황 속에 놓인 구체적 육체의 존재를 부인하지는 않겠지만(이것이 정확히 『욕망의 주체들』의 결말 부분에서 그녀가 주장하는 바이다.), 실제 버틀러가 서술하는 것은 일반적 의미의 육체가 아니다. 마찬가지로 철학자 케리 헐Carrie Hull은 모이처럼 버틀러가 물질성을 고려하는 방식에 심각한 정치적 결점이 있음을 발견한다. 헐은 섹스화된 물질적 실재성의 토대가 되는 무언가가 존재한다는 주장으로 《급진 철학*Radical Philosophy*》 지에 게재한 자신의 논문을 끝맺는다. '우리가 여성이라 부르는 피조물은 우리가 남성이라 부르는 피조물과 상이한 토대를 갖는다고 주장할 때조차, 그 상이한 토대가 물질적이라는 점에서는 동일한 토대를 공유하고 있다.'(Hull 1997 : 33) 버틀러의 헤겔적인 관념론적 뿌리와 (아마도 관념론적인 움직임이라 할 수 있는) 유물론에 대한 거부를 구별하면서, 헐은 유물론에 대한 거부는 자본주의 사회와 경제의 작동 방식에 대한 정치적 분석을 불가능하게 만든다고 단언한다. 그러한 이론화는 헐이 '고통의 실질적 토대'라고 부른 것을 다루기에는 불충분하기 때문이다.(1997 : 32)

모이와 마찬가지로 헐은 '물질성'의 다양한 '양상들'이 존재한다고 주장하지만, 구체적으로 이러한 것들이 무엇인지 상세히 다루지 않을 뿐만 아니라 폭력과 배제 없이 어떻게 물질적 육체에 대한 긍정적 진술이 가능한지도 자세히 다루지 않는다. 게다가 버틀러가 물질성이나 유물론을 부정한다는 주장은 정확하지 않다. 실제 버틀러는 『의미를 체현하는 육체』 서문에서 평소와 달리 식사와 수면, 쾌락과 고통 등의 '원초적이고 반박할 수 없는 경험들'의 실재를 인정한다고 독자들을 안심시키고 있다.(BTM : xi) 버틀러가 그토록 광범위하고도 지속적으로 배제적인 폭력에 대해 고민한다는 것은, 그녀가 그에 수반되는 고통과 같은 결과들을 결코 모르지 않는다는 사실을 내포하지만, 그럼에도 버틀러의 이론은 여전히 내면성과 '경험'에 거의 주의를 기울이지 않기 때문에 고통을 간과하는 것처럼 보일 수 있다.

프로서는 이처럼 버틀러가 『젠더 트러블』과 『의미를 체현하는 육체』를 통해 섹스를 이론화하며 인식과 시각을 강조한 것을 실재적 고통에 대한 간과로 해석한다. 프로서는 섹스에서 사전적 의미를 떼어내고 그것을 표면의 투사로 간주하는 버틀러의 이론적 작업이, 프로이트의 『에고와 이드』를 오독하고 잘못 인용한 결과라고 지적한다.(『젠더 트러블』과 『의미를 체현하는 육체』에서 버틀러는 프로이트를 경유하여 육체는 정신적 효과이자 에고의 투사라고 주장하지만, 『에고와 이드』에서 프로이트는 육체적 감각으로부터 파생된 육체의 표층의 정신적 투사가 에고라고 주장함으로써 에고가 육체적 효과임을 인정한다 (Prosser 1998 : 41)) 버틀러가 유물론적 관점을 받아들이지 않는 한 고통이나 경제적 억압을 이론화할 수 없을 거라는 헐의 주장과 같은 맥락에서, 프로서는 젠더화되고 섹스화된 정체성의 토대로 '경험'을 재도입해야 한다고 주장한다. 그러나 다시 말하지만 버틀러는 결코 '경험'이나 고통의 존재를 부인한 적이 없다. 비록 그녀의 저작 대부분이 ('나는 느낀다/경험한다, 고로 존재한다' 식의 가정과 같은) 존재론적 '토대'의 근거 없음을 폭로하고 그것을 해체하는 작업과 관계된 것이기는 하지만 말이다. 비록 버틀러의 물질 해체가 괴로움과 고통의 문제를 간과할 위험을 안고 있다 하더라도, 의미작용에 대한 버틀러의 강조는 신중한 검토를 필요로 하는데, 왜냐하면 그것이 섹스와 젠더의 재의미작용이 갖는 전복적 가능성을 보여줄 수 있기 때문이다.

언어

앞의 〈왜 버틀러인가?〉에서, 버틀러가 헤겔 읽기의 어려움을 인정한 『욕망의 주체들』의 한 구절(SD : 19)을 인용하며, 헤겔의 문체에 대해 이야기하는 버틀러의 서술이 난해함·암시성·논리적 모순 등으로 악명 높은 버틀러 자신의 문체에도 적용될 수 있다고 말한 바 있다. 부디 이러한 언급 때문에 버틀러 읽기를 단념하지 않았기를 바란다. 왜냐하면 나는 이러한 경고와 함께, 버틀러의 문장들은 이야기된 내용이 이야기하는 방식을 보완하기 위해 독자에게 전략적으로 작용한다는 점도 지적한 바 있기 때문이다. '약자를 괴롭히는' 문체라는 어느 비평가의 지적과 달리, 버틀러의 문체는 변증법적이고 능동적이고 참으로 수행적인, 수행성 그 자체를 예증하는 글쓰기 양식이다.

만일 버틀러의 문체가 수행적이어야 한다면, 투명하고 완결적이며 인식론적으로도 '근거가 확실한' 문장들로 모순적이고 불완전하며 불안정한 주체를 이론화하는 것은 앞뒤가 맞지 않는 일일 것이다. 이는 얼마나 많은 버틀러 독자들이 그녀의 문체를 하나의 논제로 다루었는가와는 별개의 문제이다. 버틀러의 문체는, 헤겔의 문체를 놓고 '모호하고 다루기 힘들며 불필요하게 압축적'이라고 했던 그녀 자신의 불평과 정확히 일치하는 것처럼 보인다.

아마도 가장 지속적으로 언급되는 비판은 철학자 마르타 누스바움Martha Nussbaum의 비판일 것이다. 그녀는 「패러디 교수The Professor of Parody」라는 논문에서 버틀러의 문체를 '걸쭉한 스프'라고 칭한다. 버틀러는 그 암시성, 지나친 압축, 불확정적인 의미 등의 문제 때문에 비판받는다.(누스바움의 저서에 대한 독해는 Eagleston 1997 : 36-60 참조)

누스바움은 버틀러가 언급한 수많은 철학자들과 이론들에 겁을 먹은 독자들을 '골목대장에게 시달리는 사람bullied'에 비유한다. 누스바움은 버틀러가 그들이 누구인지, 혹은 그 이론은 무엇인지, 그것들이 어떻게 그 맥락에 등장하게 되었는지 전혀 설명도 하지 않은 채 수많은 철학자와 이론들을 언급한다고 말한다. 누스바움은 버틀러의 언어 사용 방식 및 언어에 대한 이론을 세 가지 이유를 들어 공격한다.(그 비판 또한 자기 나름의 방식으로 약자를 괴롭히고 있다.) 1) 버틀러의 문체는 엘리트주의적이고 불명확하며 독단적이다. 2) 누스바움이 '새로운 상징적 유형의 페미니스트 사상가'라고 부른 일군의 이론가들은 물질성, 특히 고통과 억압의 문제를 '의미의 결핍' 정도로 축소한다. 3) 언어는 정치적 행동을 대체할 수 없다. 언어가 정치적 행동을 대체할 수 있다는 믿음은 필연적으로 정치적 무관심의 조장 및 적과의 협력으로 귀결될 것이다.(Nussbaum 1999)

누스바움은 단순히 버틀러의 글쓰기 양식만 문제 삼는 게 아니다. 상징계에 초점을 맞춘다는 이유로 물질matter의 해체뿐만 아니라 수행성, 인용성, 패러디 같은 버틀러 이론의 근본 개념들을 모두 거부한다. 누스바움은 이렇게 주장한다. '당신이 자유로운 분위기의 대학에서 얼마간의 권력을 갖고 있으며 종신 재직권까지 보장받은 지식인이라면 패러디적 퍼포먼스를 주장하는 것도 그리 나쁘지 않다. 그러나 버틀러가 초점을 맞추는 상징계에서는 삶의 물질적 측면을 자랑스럽게 거부하는 그녀의 주장이 치명적이고 맹목적인 게 된다. 배고프고 글자도 모르고 공민권을 박탈당하고 얻어맞고 강간당한 여성들에게는, 패러디적으로 배고픔, 무지, 공민권 박탈, 구타, 강간 등의 삶의 조건을 재실행하는 것은 도발적이지도 해방적이지도 않다. 그러한 여성들은 음식이나 통합된 자신의 육체를 더 선호할 것이다.' (Nussbaum 1999) 누스바움은 버틀러 같은 미국의 지식인들이 '전적으로 프랑스적인 사상'에 굴복해왔다고 주장한다. 물질성의 문제를 외면한 채 '실제 여성들의 실질적 조건'과는 거의 관련이 없는 언어적이고 상징적인 정치학을 선호하며 선동적으로 연설하는 것이 의미 있는 정치적 행위라도 되는 양 행동해왔다는 것이다.(Nussbaum 1999)

그러나 실질적 억압 및 억압받는 자들과 관련된 장황한 설명을 상세히 늘어놓았다 하더라도, 누스바움의 글에는 이처럼 '실질적' 고통을 겪고 있는 '실제 여인들'이 누구를 말하는지 여전히 분명하게 밝혀져 있지 않으며, 미국의 대학에서 일하고 있는 페미니스트 철학자가 행해야 하는 개입이 어떤 것인지도 구체적으로 나와 있지 않다. 스피박은 버틀러를 옹호하는 글에서 누스바움이 매우 위하는 척한 '배고프고' '무지한' 여성들도 종종 버틀러가 기술한 수행적 젠더의 관습에 참여한다고 주장한다. 또한 우리 안의 '다른 여성들'을 향한 자비심을 조장하는 누스바움의 행동이 오히려 착취와 협력하는 것일 수 있다고 함으로써, 버틀러의 무저항주의 조장이 악과 협력하는 것이라는 누스바움의 단언을 반박한다.(스피박의 반박에 대해서는 『마르타 누스바움과 그녀의 비판가들 : 교환Martha C. Nussbaum and her critics : an exchange』 참조)

누스바움의 비난은 폭력적이고 과도한 (혹은 스피박의 표현을 빌면 '사악한') 것일 수 있지만, 언어의 문제에서 시작된 비판적 토론이 그토록 많은 감흥을 불러일으켰다는 사실은, 언어 문제의 중요성을 알려주는 것이라 할 수 있다. 프레이저는 버틀러가 그러한 문체가 가져올 충격과 정치적 결과를 고려하지 않았으며 자신이 말하고자 하는 것과 거리를 두려는 관용어구를 사용한다는 이유로, 버틀러의 에세이 「우연적 토대Contingent Foundations」가 '매우 반휴머니즘적'이라고 주장한다.(Benhabib et al 1995 : 67) 또한 멕네이는 그러한 문체가 주는 영향에 대한 버틀러의 고려가 형식적이고 추상적이며, 그녀의 문체에는 '해석학적 차원'이 결여되어 있다고 주장함으로써 프레이저의 견해에 동조하는 모습을 보인다.(물론 멕네이가 버틀러의 문체만 언급한 것은 아니다.)(McNay 1999 : 178) 버틀러의 문체는 《뉴욕 타임스》의 비판을 받기도 했으며 1999년에는 (우익 경향의) 학술지 《철학과 문학》이 수여하는 '최악의 문체' 상을 수상하기도 했다.

만일 언이와 의미의 문제에 깊은 관심을 표명한 저서를 쓴 수사학 교수가, 자신의 언어가 갖는 중요성을 간과한다면 매우 기이한 일일 것이다. 자신의 글쓰기 방식에 대한 버틀러의 빈번한 암시는, 그녀의 문체가 의식적이고 정치적인 전략이며, 흔히 비난하듯 거만하거나 그러한 무시를 자랑스럽게 생각하기 때문은 아니라는 사실을 증명한다. 《뉴욕 타임스》의 비판에 답하면서, 버틀러는 날카로운 사회 비평들은 왜 어렵고 큰 노력을 요하는 언어로 표현되어야 하는지 자문한다. 그리고 그 질문에 대한 답으로, 그러한 글쓰기가 익숙한 세계를 바라보는 새로운 방식을 유발함으로써 '상식'으로 간주되는 암묵적인 전제들을 심문한다고 단언한다. 최근의 인터뷰에서도 버틀러는 다시 한 번 비평가는 쉽게 접근할 수 없는 글쓰기 방식을 통해 독자가 가장 소중하게 지니고 있으리라 짐작되는 가정들을 불안하게 만들어야 한다고 단언하며, 소위 '평범한 언어'를 비판한다.

버틀러에 따르면 이처럼 난해한 글쓰기는 새로운 사상이 세계로 진입하는 불가피한 방식이다. 난해한 언어를 '횡단하는' 고통은, 손쉽게 구성된 것으로 간주되는 사회적 세계를 향해 비판적 태도를 취할 것을 요구하기 때문이다. 비판적 지식인이 되기 위해서는 주의력과 집중력을 요구하는 난해한 텍스트를 가지고 씨름하면서, 그것을 자신의 언어로 바꾸어 쓸 수 있어야 한다. 이러한 해석학적 과정은 독자와 작가가 공통의 언어를 공유한다는 잘못된 가정을 전복할 것이다.(CTS : 734) 또한 이러한 과정은 버틀러가 「비평이란 무엇인가?」에서 추천한 바 있는 노고가 많이 드는 니체식의 '반추적' 분석뿐만 아니라 『페미니스트 논쟁』(Benhabibet al. 1995)의 두 번째 기고문에서 '신중한 독해'라고 부른 것을 요구한다.('반추Rumination는 이론과 철학이 필요로 하는 느리면서도 신중한 분석을 묘사하기 위해 버틀러가 니체에게서 빌려온 독서의 양식이다. WIC : 5, Nietzsche 1887 : 10 참조)

분명 버틀러는 언어 그 자체를 정치적 활동의 장이자 전복의 전략으로 간주하고 있다. 그럼에도 여전히 우리는 정치적이 되기 위해서는 정치에 대해 말하고 쓰는 것으로 충분하다고 생각하는, 소위 새로운 상징적 유형의 페미니즘 철학자들에 반대하는 누스바움식의 견해와 마주치곤 한다. 버틀러의 글쓰기는 정치적인가, 혹은 그녀의 비판자들이 주장하는 것처럼 물질적 '실재'를 간과(혹은 무시)함으로써 효과적으로 정치 전체를 회피하는 것인가?

정치

마르타 누스바움은 버틀러와 언어라는 주제에 열정적으로 매달려온 만큼의 노력을, 버틀러의 정치 문제에도 쏟아붓고 있다. 물론 언어와 정치는 서로 연결되어 있으며, 버틀러의 정치(혹은 정치적 참여가 결여되어 있다는)에 대한 누스바움의 비판 대부분은 그녀가 언어와 관련해 지적한 문제들과 유사하다. 이러한 맥락에서 누스바움이 가장 빈번하게 사용하는 용어는 '무저항주의quietism'이다. 누스바움은 현존하는 담론을 벗어날 수는 없으며 그것을 개정할 수 있을 뿐이라고 단언하는 버틀러의 이론이, 현상 유지의 상황을 수동적으로 인정하는 태도를 불러일으키거나 고무한다고 주장한다. 권력과 그 작용에 대한 버틀러의 이론은, 누스바움이 다소 환원적으로 열거한 것처럼, '성별을 바꾸거나, 재미 삼아 찔러보거나, 다소 다른 방식으로 행동함으로써' 여성성을 행하기doing femaleness 등과 같이 위험이 따르지 않는 개인적인 저항 행위만을 야기할 뿐이라는 것이다.(1999) 누스바움은 패러디와 드랙이 '억압받는 여성' 계급에게 유용한 대안이 될 수 없다고 보며, '보편적이고 규범적인 개념들'을 버틀러가 거부하는 것은 우려할 만한 법적·사회적 결과를 가져올 것이라고 주장한다.

그러한 이론은 왜 (패러디나 드랙 같은) 전복의 어떤 형식은 좋은 것으로 긍정되는 반면 (탈세와 같은) 다른 형식은 그렇지 않은지를 설명할 수 없으며, 따라서 정치적 계획의 중심에 일종의 '공백'을 초래하게 된다. 누스바움 자신은 확실히 규범적인 접근방식을 취한다. '당신이 원한다고 해서 거부할 수 있는 것은 아니다. 어떤 행동이 나쁜 행동이라고 판단하려면, 그러한 판단에 수반되는 공정함, 예절, 위엄 등의 규준이 존재해야 한다. 따라서 우리는 그러한 규준들을 보다 분명히 해야만 하는데 버틀러는 바로 이러한 행위를 거부하고 있다'(1999)

프레이저 역시 버틀러의 정치 이론의 핵심에 유사한 결점이 존재한다고 주장한다. 프레이저가 보기에 버틀러의 정치 이론은 해방적인 페미니즘 정치학에 필수적으로 요구되는 규범적 판단과 해방적 대안이 부재할 뿐만 아니라(버틀러는 여성의 해방을 정체성으로부터의 해방으로 인식한다는 프레이저의 반박) 주체 또한 결여되어 있다. 프레이저에 따르면 '페미니스트는 해체와 재구축 모두를, 의미의 불안정화와 유토피아적 희망의 기획 모두를 갖출 필요가 있다.'(Benhabib et al. 1995 : 71) 멕네이는 강제적인 사회 규준을 다른 것으로 대체하는 것은 저항적 행위의 부정적 양식에 불과할 뿐이라고 주장한다. 또한 누스바움과 마찬가지로 프레이저 역시 수행성을 적절히 역사화·맥락화될 수 없는, 주로 개인적인 정치적 실천이라고 간주한다. 예컨대 멕네이는 '퀴어'라는 용어의 재의미작용은 버틀러가 간과한 일련의 사회적·경제적 변화에 의존하고 있다고 지적하며, 추상적이고 구조적인 잠재력보다는 일련의 확고한 실천으로 저항적 행위를 이해하기 위해 재의미작용을 좀 더 넓은 사회·경제적 관계에 맥락화시키는 것이 중요하다고 주장한다.(McNay 1999 : 183, 187, 190)

이와 유사하게, 보르도는 육체와 젠더에 대한 버틀러의 이론화가 너무 추상적이며, 맥락이나 전복적인 패러디의 작용에 거의 아무런 영감도 주지 못한다고 주장한다. 그리하여 버틀러는 남근 중심주의 및 이성애 중심주의와 빈틈없이 조화를 이루는 반면, 버틀러의 데리다/푸코적인 '의제'는 그녀가 문화적 혹은 역사적으로 적절하게 맥락화되지 않은 저항을 강조하고 찬양하도록 이끈다는 것이다.(Bordo 1993 : 292-5)

버틀러의 텍스트가 정치적 실천을 위한 구체적인 지침을 담고 있지 않은 것은 사실이다. 또한 정확히 어떻게 해야 수행성 및 젠더의 패러디적 양식을 전략적으로 배치할 수 있는지, 혹은 지배적인 규준에 저항하는 가장 탁월한 방식은 무엇인지 궁금해 하는 독자들은 버틀러의 텍스트에 실망할지도 모른다. 그러나 버틀러의 문체에서와 마찬가지로 버틀러가 이러한 문제를 일부러 간과했다기보다는(혹은 누스바움이 '무저항주의'라고 부르는 것), 저항을 위해 신중하고도 전략적으로 접근한 것이라고 보는 게 옳다. 특히 여기에서는 효과적인 정치적 실천을 상세히 설명하라는 혹은 세부적으로 규정하라는 요구에 전략적으로 저항하는 것이라 할 수 있다. 비키 벨Vikki Bell과의 최근 인터뷰에서 버틀러는 약간은 삐딱하게 왜 『젠더 트러블』이 '착수를 위한 다섯 가지 제언'으로 끝맺지 않았는지를 설명한다.

내가 정말로 기이하게 여기는 것은, 내 작업이 얼마나 추상적인지 고려해야 하는 일이야말로 진실로 우스운 일이지만, 실제로 나 자신이 정치란 이론의 수준에서는 예측할 수 없는 맥락과 우연성을 특징으로 하는 것이라고 믿고 있다는 점이다. 또한 '여기에 나의 다섯 가지 처방이 있다'는 식으로 이론이 계획적으로 되기 시작할 때, 내가 나만의 유형학을 세우고 내 책의 마지막 장에 '무엇을 할 것인가?'라는 표제를 붙이게 될 때, 그것은 맥락과 우연성의 모든 문제를 미리 예견하고 제거하는 일일 것이다. 그러나 정치적 결정은 그때그때의 살아 있는 순간에 이루어지는 것이므로, 그러한 순간에 내려지는 그 결정들은 이론의 수준에서 예측할 수 있는 것이 아니라고 생각한다.(Bell 1999b : 166-7)

무엇이라 이름 붙일지 규정하는 힘을 가진 담론의 국면으로 수행성을 이론화해온 이론가가, 자기 자신의 글쓰기가 갖는 정치적 수행성을 경시한다면 참으로 '우스꽝스러운odd' 일일 것이다. 버틀러의 주장들은, 우연성의 정치적 가치 및 '사건' 과 '맥락'이 전적으로 미리 결정될 수 없다는 사실을 깨닫는 것이 중요하다고 강조해온 평소 그녀의 언급과 일치한다. 앞에 인용된 인터뷰에서 버틀러는 자신의 이론을 설명하면서, 스스로를 '반어적 이상주의자'로 간주한다. 그 인터뷰에서 버틀러는 심지어 그러한 대안들이 불안정하고 우연적이라는 사실을 깨닫고 있음에도 불구하고, 현존하는 정치적 지형에 따른 대안들을 제안하는 듯한 언급을 하기도 한다.(Bell 1999b : 167) 버틀러가 자신의 작업을 반어적이며, 과거와 미래에 연루된, 그리하여 결코 스스로를 투명하게 드러내지 않는 (그녀가 존재론적 주체를 기술할 때 동원한 특질들과 유사한) 것으로 이해한다고 해서, 그것이 정치와 무관하며 정치적인 문제와 절연되어 있다는 의미는 아니다. 공정하게 말해서 버틀러의 주장은 이론 및 정치와, 이론의 정치적 한계에 대한 인식은 서로 구별되어야 한다는 것이다. 더욱이 '무저항주의'는 지속적이고 능동적으로 현존하는 규준과 담론의 구조에 개입하고 참여하려는 이론을 정확히 기술하는 용어라 할 수 없다. 심지어 버틀러가 자신의 저서에서 규범적 경향을 보이거나 규범을 향한 열망을 증명한다고 하더라도, 그녀는 분명 그러한 규범이 갖는 우연성과 불안정성을 인식하는 속에서 그렇게 하는 것이다. 만일 버틀러의 정치이론이 누스바움이 단언한 것처럼 '개별적individualistic'인 것이라면, 이는 그녀가 기술하는 자발적 불복종이 보편적이고 정치적인 규범주의라는 총체화된 틀 내에서는 발생할 수 없는 것이기 때문이다. 버틀러에 의하면 그러한 보편적 규범주의는 단순히 하나의 헤게모니적 구조를 다른 헤게모니적 구조로 대체하는, 그리하여 그녀가 민주주의 및 민주적 발전의 선결 조건으로 여기는 개방적 토론의 정치문화를 방해하는 것에 불과할 뿐이다.(CHU : 161)

문학

비록 버틀러가 대체로 정치적이고 철학적인 주장을 강조하기 위해 (가령 월리스 스티븐스Wallace Stevens를 다룬 초기 논문(NIT) 및 『의미를 체현하는 육체』에서) 간헐적으로만 문학 비평에 참여했다 하더라도, 그녀의 사상은 문학 연구에 적지 않은 영향을 끼쳤다. 『새로운 페미니즘 담론』이라는 제목의 비평집에서 캐롤 와츠Carol Watts는 문화적 선택으로서의 젠더라는 버틀러의 개념이 페미니즘 문학 이론에 유용하다고 주장했다. 와츠에 의하면 문학이 젠더를 구축하는 문화적 국면으로 고려될 수 있기 때문이다.(Watts 1992 : 83) 그러한 독해 중 하나가 버지니아 울프Virginia Woolf의 소설 『올랜도*Orlando*』를 다룬 제이미 하비Jaime Hovey의 해석이다. 하비는 젠더화되고 섹스화된, 그리고 인종적인 정체성의 재현을 가장무도회masquerade의 개념을 통해 분석했다.(Hovey 1997 : 396-7) 비록 하비가 수행성을 단순한 연행 정도로 치부하기는 했지만, 그녀의 독해는 버틀러의 사상이 주체-형성과 자아-구축을 재현하는 허구적 텍스트 해석에 어떤 도움을 줄 수 있는지를 예증한다. 때문에 『소설-응시하기*Novel-Gazing*』에 기고한 기고문에서 조너선 골드버그Jonathan Goldberg는, 윌라 캐서Willa Cather의 소설을 성적 지식의 서사로 간주한 버틀러와 세즈윅의 독해가 갖는 중요성을 인정하고 있으며(Goldberg 1997), 틸로마 라잔Tilottama Rajan은 버틀러적이고 헤겔적인 시각으로 메리 헤이즈Mary Hays의 19세기 소설 「엠마 커트니에 대한 추억Momoirs of Emma Courtney」을 독해하면서 욕망의 재현 문제를 분석한다.(Rajan 1993)

결론적으로 정체성 범주가 갖는 배타적 특질에 대한 버틀러의 비평은, 페미니즘 문학 연구 분야를 구축하고 대상 작품들을 분석하는데 유용하다고 말할 수 있다. 메리 이글턴은 여성 문학사를 쓰는 작업을 보충성의 문제로 간주한다. 포괄적인 새로운 문학사는 기존의 것이 갖는 배타적 특질과 한계를 폭로한다는 이글턴의 주장은 배제와/로서의 정체성이라는 버틀러의 이론에 많은 부분을 의지하고 있다.

역동적 결론

이 장의 시작 부분에서 나는 버틀러가 여전히 글쓰기와 연구 작업을 계속하며 정치적·철학적 토론에도 적극적으로 참여하고 있다는 사실로 미루어 '버틀러 이후'라는 제목은 다소 섣부른 감이 있다고 주장한 바 있다. 근간 서적 목록에는 육체에 관한 이론을 다룬 편서, 종속subjection을 주제로 한 바바와의 대화, 윤리학 및 성적 차이의 문제를 다룬 논문, 윌라 캐서의 소설 『굴스 로드 위에서*on the Gull's Road*』에서 트랜스translation로서의 젠더를 다룬 글 한 편 등이 포함되어 있다.(Yeghiayan 2001 참조) 『우연성, 헤게모니, 보편성』에서 버틀러의 동료 이론가 에르네스토 라클라우가 그녀를 보고 '역동적 결론'을 떠올린 것처럼, 버틀러는 결코 자신의 일을 중단한 적이 없다. 또한 버틀러는 여전히 주의를 기울여, 사용되는 그 순간 고정되는 것으로 간주되는 정치적 기표와 담론을 어떻게 전략적으로 배치할 것인지 고심하고 있다. 버틀러는 다른 맥락들에 고정되지 않고 해체적인 방식으로 더욱 그 의미를 불안정하게 만드는데 초점을 맞춘다.(CHU : 269-70) 이러한 노력들이 실천적인 측면에서 의미하는 바는, 버틀러의 저작이 계속해서 '불안의 정치politics of discomfort'를 하나의 사례로서 실천하고 있다는 것이다. 버틀러는 '불안의 정치'를 푸코 저작의 결정적인 특질로 간주하고 있는데, 그녀가 그처럼 '불안의 정치'를 시도하는 이유는 독자를 짜증나게 하거나 소외시키려는 게 아니라 현존하는 규준과 당연하다고 간주되는 가정들을 의문시하고 그것의 역사적 계보를 추적하기 위해서이다.

보편적 규칙과 일반적 개념들을 생산적인 위기 상황으로 몰아가는 것이, 특정 학문 분야에서 버틀러를 더욱 대중적으로 만들어주지는 않을 것이다. 버틀러는 여전히 편협한 가정들에 도전하고 급진적 차이를 위한 가능성을 창출하기 위해 '난해한' 글쓰기로 난해한 질문들을 던지고 있다.

> 내게는 우리가 특히 인간이 된다는 것과 관련하여 무엇을 당연하게 여겨야 할지를 질문할 수 있을 때 세계에는 더 많은 희망이 존재할 것으로 생각된다 …… 인간의, 인간 주체의, 인간의 발화의, 인간의 욕망의 자격을 얻는다는 것은 무엇인가? 어떻게 우리는 인간의 발화와 욕망의 한계를 정할 것인가? 무슨 비용으로? 누구에게 비용을 지불하며? 이러한 질문들이 내 생각에는 중요한 것들이며, 일상적인 문법, 일상적인 언어생활에서 당연하게 간주되는 개념으로 기능하는 것들이다. 우리는 우리가 이러한 질문에 대한 해답을 알고 있다는 사실을 어렴풋이 느끼고 있다. …….(CTS : 764-5)

이 책은 버틀러에 대해 혹은 버틀러가 자신의 저서에서 제기한 어떤 질문에든 '해답'을 제공하려 하지 않았다. 버틀러가 비판적 사유 과정의 결정적 부분으로 간주한 불안과 불편을 피할 수 없었다 하더라도, 이 책이 미미하나마 차이에 대한 새롭고 더 급진적인 사유의 방식을 보여주었기를 바란다.

버틀러의 모든 것

■ 주디스 버틀러가 쓴 글

버틀러와 관련한 완전한 작품 목록은, 에디 예기아얀Eddie Yeghiayan이 작성한 다음의 탁월한 참고문헌을 보라.

http : //sun3.lib.uci.edu/indiv/scctr/Wellek/butler/html (accessed on 23 January 2001).

〈버틀러의 모든 것〉에서는 버틀러가 쓴 가장 중요한 텍스트들은 물론이고, 이 책과 관련한 글을 정리해놓았다. 특히 '필수적'이라고 제목 붙인 목록을 주의 깊게 보길 바란다.

● 저서

(1987 ; reprint 1999) *Subjects of Desire : Hegelian Reflections in Twentieth-Century France*, New York : Columbia University Press.

20세기 프랑스 철학자들의 헤겔 읽기를 다룬 버틀러의 첫 책. 헤겔이나 사르트르와 '안 친한' 사람도 한번쯤 읽어볼 만하다. 특히 첫 장 '헤겔의 『정신현상학』에 나타난 욕망과 수사학, 인정Desire, Rhetoric and Recognition in Hegel's *Phenomenology of Spirit*'과, 넷째 장 '욕망을 향한 삶과 죽음의 투쟁 : 헤겔과 현대 프랑스 이론The Life and Death Struggles of Desire : Hegel and Contemporay French Theory'을 읽어보면 헤겔과 그 프랑스 독자들에 대한 감을 잡을 수 있다. 1999년판 서문 역시 매우 유용하다.

(1990 ; Anniversary edition 1999) *Gender Trouble : Feminism and the Subversion of*

Identity, New York : Routledge.

이 책은 다각도로 살펴보면 좋은 책이지만, 시간이 없는 독자라면 최소한 첫 장의 1절과 둘째 장의 3, 4절, 셋째 장의 4절이라도 읽기를 바란다. 이 절들은 섹스/젠더/욕망, 우울증, 권력・금지・저항적 행위, 패러디적 전복, 수행성에 관한 논의를 담고 있다. 출간 10주년 기념판의 서문도 꼭 읽어보기를.

(1993) *Bodies That Matter : On the Discursive Limits of 'Sex'*, New York : Routledge.(한국어판 : 『의미를 체현하는 육체』, 김윤상 옮김, 인간사랑, 2003.)

이 책에서 얘기되는 '섹스'에 관한 광범위한 해석은 『젠더 트러블』의 논쟁과 연결된다. 비록 둘째 장에도 레즈비언 팔루스 논의가 있지만, 첫째 장과 여덟째 장('의미를 체현하는 육체Bodies that Matter'와 '비판적 퀴어Critical Queer')는 결정적이다. 서론도 유용하다.

(1997) *Excitable Speech : A Politics of the Performative*, New York : Routledge.

증오의 언어와 재현에 관한 버틀러의 논의는 그리 길지 않다. 그나마 개중에 이해하기 쉬운 책. 각 장들을 분리된 에세이로 읽을 수 있다. 각자 관심 가는 부분을 골라 읽어도 무방하나, 첫째 장 '언어의 취약성On Linguistic Vulnerability'은 오스틴과 알튀세 등을 경유한 중요한 발화 이론화 작업을 다루었다.

(1997) *The Psychic Life of Power : Theories in Subjection*, Stanford : Stanford University Press.(한국어판 : 『안티고네의 주장』, 조현순 옮김, 동문선, 2005.)

푸코를 통한 정신분석 읽기, 정신분석을 통한 푸코 읽기. 이 책에서 버틀러는 유용한 양자의 재독해를 제공한다. 첫째 장에는 프로이트, 푸코, 니체, 알튀세로 이어지는 헤겔에 관한 논의가 담겨 있다. 넷째 장 '양심이 우리 전체를 주체로 만든다 : 알튀세의 복종"Conscience Doth Make Subjects of Us All" : Althusser's Subjection'은 알튀세적인 행인 각본으로 회귀하지만, 여섯 째 장인 '정신의 개시 : 우울, 모순, 인종Psychic Inception : Melancholy, Ambivalence, Race'은 우울증에 관한 더 심도 깊은 이론화 작업을 담고 있다.

(2000) *Antigone's Claim : Kinship Between Life and Death*, New York : Columbia University Press.

이 두껍지 않은 책은, 버틀러가 이성애적 헤게모니 내부의 혈족 관계 구조에 관해 논의한 세 개의 강연을 담았다. 고대 그리스 시인 소포클레스가 버틀러의 논의에 어떻게 이용되는지 굳이 알 필요는 없어도, 세 번째 강연인 '문란한 순종Promiscuous Obedience'에서 버틀러의 현대 혈족 관계 구조 분석과 그 대안인 '급진적인 혈족 관계'가 무엇인지 확인할 수 있다.

- 공저

Benhabib, Seyla, Judith Butler, Drucilla Cornell and Nancy Fraser (1995) *Feminist Contentions : A Philosophical Exchange*, London : Routledge.

Buttler, Judith, Ernesto Laclau and Slavoj Žižek (2000) *Contingency, Hegemony, Universality : Contemporary Dialogues on the Left*, London : Verso.

Butler, Judith, John Guillory and Kendall Thomas (2000) *What's Left of Theory? New Work on the Politics of Literary Theory*, London : Routledge.

● 논설

(1986) 「Sex and Gender in Simone de Beauvoir's *Second Sex*」, in *Yale French Studies* 72 : 35-41, New Haven : Yale University Press.

이 글과 이어지는 논설은 매우 유사하게도 진행, 구성, 변증법의 측면에서 초기 젠더의 형성을 다루었다. 둘 다 읽어보면 좋다.

(1987) 「Variations on Sex and Gender : Beauvoir, wittig and Foucault」, in Seyla Benhabib and Drucilla Cornell (eds) *Feminism as Critique : Essays on the Politics of Gender in Late-Capitalist Societies*, Cambridge : Polity Press, pp. 129-42.

(1989) 「Foucault and the Paradox of Bodily Inscriptions」, *Journal of Philosophy* 86 (11) : 601-7.

버틀러가 『젠더 트러블』과 『의미를 체현하는 육체Bodies that Matter』 및 이후 작에서 발전시킨 섹스와 젠더 형성에서 '미완성의' 논의를 담고 있는 초기의 중요한 논설.

(1989) 「Sexual Ideology and Phenomenological Description : A Feminist Critique of Merleau-Ponty's *Phenomenology of Perception*」, in Jeffner Allen and Iris Marion Young (eds) *The Thinking Muse : Feminism and Modern French Philosophy*,

Bloomington : Indiana University Press, pp. 85-100.

(1990) 「The Force of Fantasy : Mapplethorpe, Feminism, and Discursive Excess」, *differences : A Journal of Feminist Cultural Studies* 2 (2) : 105-25.

검열에 관한 버틀러의 논의. 일부 재기 넘치는 주장은 반포르노그래피 계몽 운동의 취약성과 변칙성을 드러낸다.

(1990) 「Gender Trouble, Feminist Theory, and Psychoanalytic Discourse」, in Linda J. Nicholson (ed.) *Feminism/Postmodernism*, London : Routledge, pp. 324-40.

(1990) 「Imitation and Gender Insubordination」, in Diana Fuss (ed.) *Inside Out : Lesbian Theories*, Gay Theories, London : Routledge, pp. 13-31.

(1991) 「The Nothing That Is : Wallace Stevens' Hegelian Affinities」, in Bainard Cowan and Joseph G. Kronick (eds) *Theorizing American Literature : Hegel, the Sign, and History*, Baton Rouge : Louisiana State University Press, pp. 269-87.

헤겔과 시인 월리스 스티븐스에 관심이 있는 사람이라면.

(1992) 「Contingent Foundations : Feminism and the Question of Postmodernism」, in Judith Butler and Joan Scott (eds) *Feminists Theorize the Political*, London : Routledge, pp. 3-21.

걸프전의 맥락에서 포스트모더니즘과 페미니즘, '주체the subject' 문제를 이론화한 중요한 논설.

(1992) 「Gender」, in Elizabeth Wright (ed.) *Feminism and Psychoanalysis : A Critical Dictionary*, Oxford : Blackwell, pp. 140-5.
빨리 기초를 다져야 할 때 유용하고 효과적인 글.

(1993) 「Endangered/Endangering : Schematic Racism and White Paranoia」, in Robert Gooding Williams (ed.) *Reading Rodney King/Reading Urban Uprising*, New York : Routledge, pp. 15-22.
로드니 킹 공격자들에 대한 재판과 관련 지어 '인종'의 문제를 논했다. 이 논설에 담긴 일부 주장은 저서 『흥분하기 쉬운 발화』를 예비한다.

(1994) 「Against Proper Objects」, differences : A Journal of Feminist Cultural Studies 6 (2), (3) : 1-26.
퀴어 이론과 게이 레즈비언 연구, 페미니즘 이론의 '영토화'에 대한 반대 주장. 다소 어려울 수 있다.

(1995) 「For a Careful Reading」, in Seyla Benhabib, Judith Butler, Drucilla Cornell and Nancy Fraser (co-authors) *Feminist Contentions : A Philosophical Exchange*, London : Routledge, pp. 127-43.
버틀러가 자신의 비평가들에게 답한 이 글은 '수행성'에 관한 유용한 기술을 담고 있다.

(1996) 「Sexual Inversions」, in Susan J. Hekman (ed.) *Feminist Interpretations of Michel Foucault*, Philadelphia : Pennsylvania University Press, pp. 344-61.

시의 적절한 푸코 재독해. 여기서 버틀러는 오늘날 죽음이, 동성애자들이 병리학적으로 취급되고, 정작 에이즈에 걸린 사람들은 쉽사리 의료 기술 발전의 혜택을 입기 어려운 '전염병' 시대의 광범위한 산업이 되었다고 강변한다.

(1996) 「Universality in Culture」, in Joshua Cohen (ed.) *For Love of Country : Debating the Limits of Patriotism : Martha C. Nussbaum with Respondents*, Boston : Beacon Press, pp. 43-52.

여기서 버틀러는 문화적 번역이라는 난제에 착수해야 할 필요성과 보편성을 논한다.

(1997) 「Performative Acts and Gender Constitution : An Essay on Phenomenology and Feminist Theory」, in Katie Conboy, Nadia Medina and Sarah Stanbury (eds) *Writing on the Body : Female Embodiment and Feminist Theory*, New York : Columbia University Press, pp. 401-17. (Also in Sue-Ellen Case (ed.) *Performing Feminisms. Feminist Critical Theory and Theatre*, Baltimore : Johns Hopkins University Press, 1990.)

(1999) 「Revisiting Bodies and Pleasures」, *Theory, Culture and Society* 16 (2) : 11-20.

버틀러는 섹스와 욕망 대신 육체와 쾌락을 채택한 『성의 역사』 1권에서 제시된 푸코의 주장에는 반대한다. 버틀러는 또한 「고유한 대상에 반하여Against Proper Objects」에서 퀴어 이론의 일부 의제에 관한 단서를 제시한다.

(2000) 「Restaging the Universal : Hegemony and the Limits of Formalism」; 「Competing Universalities」; 「Dynamic Conclusions」, in Judith Butler, Ernesto Laclau and Slavoj Žižek (co-authors) *Contingency, Hegemony, Universality : Contemporary Dialogues on the Left*, London : Verso, pp. 11-43, 136-81, 263-80.

우연성이 정치적 전략으로서 지닌 가치를 확언하며, 보편성과 표준을 논평한 버틀러의 세 편의 기고문. 여기서 버틀러는 다음의 질문들을 던진다. 일반적인 정신분석과 정치학·특히 라캉주의와 헤게모니의 공존 가능성, 페미니즘의 미래, 저항적 행위의 가능성, 이론 분야에서 칸트주의와 보편주의 및 역사주의의 역할, 비평 이론가에게 자기비판의 필요성.

(2001) 「What is Critique? An Essay on Foucault's Virtue」, in David Ingram (ed.) *The Political : Readings in Continental Philosophy*, London : Basil Blackwell.

누구를 주체로서 간주하고, 무엇을 인생이라 할 것인지 묻는 하나의 비평 형식으로의 자기 스타일화에 관한 버틀러의 자기 스타일 '에세이'. 명료하고 핵심을 찌르는 이 글은, 초기 작품에 관한 유용한 반추도 담고 있다. 버틀러가 왜 그렇게 많은 질문을 던지는지도 분명해진다.

● 인터뷰

(1992) 「The Body You Want : Liz Kotz Interviews Judith Butler」, *Artforum International*, 3 Nov., (XXXI) : 82-9.

이 책자가 있다면 꼭 읽어보라. 버틀러의 논조는 편안하고 허물이 없다. 핵심적인 얘기도 나온다. "나는 젠더와 인종 또는 섹슈얼리티가 정체성이 돼야 한다고 생각하지 않는다. 그것들은 권력의 벡터이다." "나는 퀴어로 산다는 게 약간 피곤하다. …… 물론 언제나 그랬듯, 나는 완전 퀴어이다."

(1994) 「Gender as Performance : An Interview with Judith Butler」, *Radical Philosophy : A Journal of Socialist and Feminist Philosophy* 67 (Summer) : 32-9. (Also in Peter Osborne (ed.) A Critical Sense. Interviews with Intellectuals, London : Routledge, 1996, pp. 109-25.)

이 인터뷰는 버틀러가 수행, 수행성, 정신분석, '인종'과 레즈비언 팔루스 등을 논의하며 『젠더 트러블』과 『의미를 체현하는 육체』를 연이어 내놓는 와중에 이루어졌다. 유용하고 이해하기 쉽다.

(1999) 「On Speech, Race and Melancholia : An Interview with Judith Butler」, *Theory, Culture and Society* 16 (2) : 163-74.

여기서 초점은 정신분석에 맞춰져 있지만, '인종'과 '인종화', 우울증 이야기도 있다.

(1999) 「A Bad Writer Bites Back」, *New York Times*, 20 March. Accessed on 31 October 2000.

힘차고 핵심을 찌른다.

(2000) 「Politics, Power and Ethics : A Discussion Between Judith Butler and William Connolly」, *Theory and Event* 4 (2). Online. Available at : http : //euterpe-muse.press.jhu.edu/journals/theory_and_event/v004/4.2butler.html

이론적으로 깊이가 있는 책. 윤리학과 보편성, 변증법 등 버틀러가 질문하고 비판하는 모든 것에 관한 흥미로운 담화가 담겨 있다.

(2000) 「Changing the Subject : Judith Butler's Politics of Radical Resignification」, Gary Olson and Lynn Worsham, JAC 20 (4).

자신의 문체를 비판하는 목소리에 대한 버틀러의 신중한 답변을 포함하여 최근의 유용한 인터뷰.

■ '필수적인' 이론적 읽을거리

Althusser, Louis [1969] 「Ideology and Ideological State Apparatuses」, in *Lenin and Philosophy and Other Essays*, trans. Ben Brewster, London : New Left Books, 1971.

비록 버틀러는 『흥분하기 쉬운 발화』와 『권력의 정신적 삶』에서 알튀세를 비판했지만, 호명은 그녀의 주체-형성 이론화 작업에 필수적이다. 전체를 다 읽어보기를. 그리 길지도 않고, 그리 어렵지도 않다.

Austin, J. L. [1955] 『*How To Do Things With Words*』, Cambridge, Mass : Harvard University Press, 1962.

짧고 이해하기 쉽다. 버틀러가 알튀세와 정신분석의 맥락에서 어떻게 언어적 수행성을 배치시켰는지 이해하는 데 필수적이다.

de Beauvoir, Simone [1949] 『*The Second Sex*』 (*La Deuxième Sexe*), trans. H.M. Parshley, London : Everyman, 1993.

이 책의 두께에 절대 주눅 들지 말기를. 아마도 IV와 V부는 버틀러를 이해하는 데 가장 유용한 부분일 테니, 곧바로 여기부터 읽어도 좋다. 12장은 '여성은 태어나는 것이 아니라, 여성으로 만들어진다.'라는 유명한 말로 시작된다.

Derrida, Jacques [1972] 「Signature Event Context」 ('Signature Evénement Contexte'), trans. A. Bass in Peggy Kamuf (ed.) *A Derrida Reader : Between the Blinds*, New York : Columbia University Press, 1991.

데리다의 짧고 그리 어렵지 않은 이 에세이는, 버틀러가 『의미를 체현하는 육체』에서 할 '인용성'의 이론화 작업을 예고한다. 저자의 의도와 문맥, 의미의 한계를 지적하며, 데리다는 문맥과 관례를 강조한 오스틴에게 응답한다. 오스틴과 달리, 데리다는 '인용성, 복제, 이중성…… 표지의 반복 가능성'을 강조한다.

Foucault, Michel [1976] 『*The History of Sexuality Vol. I : La Volonté de Savoir*』, trans. Robert Hurley, London : Penguin, 1990.

퀴어 이론을 '세운' 텍스트 중 하나. 『성의 역사』는 부르주아와 자본가, 유럽 사회에서 성이 어떻게 생산되었는지 추적한다. 푸코는 성이 16세기 말 이후 담론에 포함됐으며, 그때 성의 억압과 함께 이른바 성 담론의 '실제적 광범위한 폭발'이 동시에 일어났다고 주장한다. 버틀러는 그녀의 작업 전체에서 이 텍스트를 끌어온다. 버틀러는 논설 「성도착Sexual Inversions」에서 에이즈의 맥락에서 푸코의 주장을 재고한다.

Freud, Sigmund 〔1917〕「Mourning and Melancholia」 ('Trauer und Melancholie'), in Angela Richards (ed.) *The Pelican Freud Library Vol. 11*, London : Penguin, 1984.

버틀러의 우울증적으로 섹스화되고 젠더화된 정체성의 형성을 이해하는 데 결정적인 글.

_____, 〔1923〕『*The Ego and the Id (Das Ich und das Es)*』, In Angela Richards (ed.) *The Pelican Freud Library Vol. 11*, London : Penguin, 1984.

그리 짧지도 이해하기 쉽지도 않지만, 품을 들일 만한 필수불가결한 책. 프로이트는 여기서 모든 에고의 형성을 우울증 구조와 금지된 욕망의 저장소로 묘사하고, 이것이 젠더화된/섹스화된 정체성 형성의 토대가 된다고 주장한다. 버틀러는 유아의 욕망이 그 원초적 기질로 결정된다는 프로이트의 주장에 동의하지 않지만, 성적 기질이 법의 산물이라고 얘기한다.

Hegel, G. W. F. 〔1807〕『*Phenomenology of Spirit (Phänomenologie des Geistes)*』, trans. A.V. Miller, Oxford : Oxford University Press, 1979.

시도만이라도 해볼 만한 책. 이 책 전체를 읽을 여력이 없다면 Ⅳ부 (A)와 (B) '자기의식의 자립성과 비자립성 : 지배와 예속', '자기의식의 자유 : 스토아주의와 회의주의, 불행한 의식'으로 건너뛰어도 될 듯. 여기서 헤겔은 주인과 노예의 조우와 그 여파를 묘사한다. 그 내용이 정 궁금하다면 피터 싱어와 조너선 리를 참조하라. 두 사람 다 헤겔에 관한 짧고 탁월한 개괄을 제공한다.

Kristeva, Julia 〔1980〕 『*Powers of Horror : An Essay on Abjection*』 (Pouvoirs de l'Horreur. Essai sur l'Abjection), trans. Leon S. Roudiez, New York : Columbia University Press, 1982.

주체에 의해/로부터 거부되고 추방되는 것인 '아브젝시옹'은 『젠더 트러블』을 이루는 또 다른 토대이다. 크리스테바는 이렇게 쓴다. '이것은 …… 아브젝시옹을 일으키는 청결함이나 건강의 부족이 아니라, 정체성과 체계, 질서를 교란하는 것이다. 이것은 경계, 위치, 규칙을 중시하지 않는다. 사이에 있는, 모호하고, 혼성적인 것.' 버틀러에 따르면, 이성애자에게 '타자'를 내팽겨치는 것이 동성애이지만, 정신분석 이론을 적용한 버틀러의 탁월한 분석에 따르면, 내팽겨침은 이성애적 주체의 핵심이다. 첫 장인 '아브젝시옹에 접근하기'는 읽어보기를.

Lacan, Jacques (1977) 『*Écrits : A Selection*』, London : Routledge.

사람들은 항상 라캉이 얼마나 어려운지 얘기하지만, 버틀러를 읽은 사람이라면 똑같은 문제에 부닥칠 것이다. '정신분석적 경험에서 드러나는 나I의 기능을 형성하는 거울 단계'와 '팔루스의 중요성'은 버틀러를 이해하려는 사람이라면 꼭 읽어봐야 할 에세이이다. '나I'가 공간적이며 지형학적인 구조라는 개념은 첫 번째 에세이를 읽어보면 이해가 갈 것이다. 또 두 번째 에세이에서 라캉이 '팔루스가 표명하는 기능'이라고 일컬은 것도.

MacKinnon, Catharine A. (1993) 『*Only Words*』, Cambridge, Mass. : Harvard University Press.

포르노그래피와 인종적 · 성적 괴롭힘을 미국 수정헌법 제1조의 '비호' 아래 보호하는 법체계를 맹렬히 고발한다. 중요하고 짧고 이해하기 쉽다.

Nietzsche, Friedrich [1887]『*On the Genealogy of Morals*』(*Zur Genealogie der Moral*), trans. Douglas Smith, Oxford : Oxford University Press, 1998.

노예의 도덕, '노여움', 수난, 죄, 금욕주의에 관한 니체의 생각을 엿볼 수 있는 중요한 텍스트. '행위의 뒤편에 존재는 없다.' 등은 첫 번째 에세이의 13번째 단락에 있다.

Rée, Jonathan (1987)『*Philosophical Tales : An Essay on Philosophy and Literature*』, London : Methuen.

딱히 '필수적인 이론'이라고 하기는 어렵지만, 리가 쓴 이 짧고 유용한 책 속에는 헤겔의 현상학을 다룬 탁월한 장이 담겨 있다. 절대 지식을 찾아가는 정신의 '여정'을 담은 도식도 완비. 3장 '헤겔의 비전'도 읽어보길.

Rubin, Gayle (1975) 'The Traffic in Women : Notes on the "Political Economy" of Sex', in Rayna R. Reiter (ed.) *Towards An Anthropology of Women*, New York : Monthly Review Press.

사회적으로 부과된 배열과 구획으로서 '섹스/젠더 체계'를 페미니스트 인류학적으로 분석한 글로, 버틀러의 작업에 중요한 영향을 끼쳤다. '젠더는 사회적으로 부과된 성 구분'이라는 진술을 루빈이 왜, 언제 했는지 찾아보길.

Singer, Peter (1983) Hegel, Oxford : Oxford University Press.

헤겔 사상을 간결하게 소개.

Wittig, Monique (1992) *The Straight Mind and Other Essays*, Boston : Beacon Press.

버틀러는 여러 가지 점에서 위티그와 견해가 다르지만, 위티그의 '유물론자 레즈비언'은 버틀러에게 중대한 영향을 미쳤다. '젠더라는 표지'와 함께, 적어도 처음 나오는 세 편의 에세이('섹스의 범주', '여성은 여성으로 태어나지 않는다', '이성애적 마음')는 꼭 읽어보도록. '젠더라는 표지'에서, 위티그는 버틀러처럼 섹스와 젠더가 '자연적인' 선험 명제가 아니라고 주장한다.

이 책에 등장하는 주디스 버틀러의 저작들은 〈버틀러의 모든 것〉에 정리되어 있다.

Althusser, Louis [1969] 'Ideology and Ideological State Apparatuses', in *Lenin and Philosophy and Other Essays*, trans. Ben Brewster, London : New Left Books, 1971, pp. 123-73.

Austin, J. L. [1955] *How To Do Things With Words*, Cambridge, Mass. : Harvard University Press, 1962.

Barbin, Herculine (1980) *Herculine Barbin. Being the Recently Discovered Journals of a Nineteenth-century French Hermaphrodite*, trans. Richard McDougall, introduced by Michel Foucault, Brighton : The Harvester Press Ltd.

Bell, Vikki (1999a) 'Mimesis as Cultural Survival : Judith Butler and Anti-Semitism', *Theory, Culture and Society* 16 (2) : 133-61.

— (1999b) 'On Speech, Race and Melancholia. An Interview with Judith Butler', *Theory, Culture and Society*, 16 (2) : 163-74.

Benhabib, Seyla, Judith Butler, Drucilla Cornell and Nancy Fraser (1995) *Feminist Contentions : A Philosophical Exchange*, London : Routledge.

Bhabha, Homi (1994) *The Location of Culture*, London : Routledge.

Bordo, Susan (1993) *Unbearable Weight : Feminism, Western Culture, and the Body*, Berkeley : California University Press.

Bourdieu, Pierre [1980] *The Logic of Practice* (Le Sens Pratique), trans. Richard Nice, Cambridge : Polity Press, 1990.

— (1991) *Language and Symbolic Power*, trans. Gino Raymond and Matthew Adamson, John B. Thompson (ed.), Cambridge : Polity Press.

de Beauvoir, Simone [1949] *The Second Sex* (La Deuxième Sex), trans. H.M.

Parshley, London : Everyman, 1993.

de Lauretis, Teresa (1987) *Technologies of Gender : Essays on Film, Theory and Fiction*, Bloomington : Indiana University Press.

Derrida, Jacques [1968] 'The Pit and the Pyramid : An Introduction to Hegel's Semiology', trans. A. Bass, in *Margins of Philosophy*, Brighton : Harvester, 1982, pp. 69-108.

— [1972] 'Signature Event Context' ('Signature Evénement Contexte'), in Peggy Kamuf (ed.) *A Derrida Reader : Between the Blinds*, New York : Columbia University Press, 1999, pp. 80-111.

Dollimore, Jonathan (1996) 'Bisexuality, Heterosexuality, and Wishful theory', *Textual Practice* 10 (3) : 523-39.

Eaglestone, Robert (1997) *Ethical Criticism. Reading After Levinas*, Edinburgh : Edinburgh University Press.

Eagleton, Mary (1996) 'Who's Who and Where's Where : Constructing Feminist Literary Studies', *Feminist Review* 53 : 1-23.

Eliot, T. S. [1932] *Sweeney Agonistes : Fragments of an Aristophanic Melodrama*, in *The Complete Poems and Plays of T.S. Eliot*, London : Faber, 1969, pp. 83-119.

Epstein, Barbara (1995) 'Why Post-Structuralism is a Dead End for Progressive Thought', *Socialist Review* 25 (2).

Eribon, Didier (1991) *Michel Foucault*, trans. Betsy Wing, Cambridge, Mass. : Harvard University Press.

Foucault, Michel [1961] *Madness and Civilisation : A History of Insanity in the Age of Reason* (Histoire de la Folie), trans. Richard Howard 1971, London : Routledge, 1992.

— [1971] 'Nietzsche, Genealogy, History' ('Nietzsche, Généalogie, Histoire'), in Paul Rabinow (ed.) *The Foucault Reader : An Introduction to Foucault's Thought*, London : Penguin, 1984, pp. 76-100.

— [1975] *Discipline and Punish : The Birth of the Prison* (Surveiller et Punir : Naissance de la Prison), trans. Alan Sheridan, London : Penguin, 1977.

— [1976] *The History of Sexuality Vol. I* (*La Volonté de Savoir*), trans. Robert Hurley, London : Penguin, 1990.

— [1978] 'What Is Critique?', in Sylvère Lotringer and Lysa Hochroth (eds) *The Politics of Truth : Michel Foucault*, New York : Semiotexte, 1997.

Fraser, Nancy (1995) 'False Antitheses', in Seyla Benhabib, Judith Butler, Drucilla Cornell and Nancy Fraser (co-authors) *Feminist Contentions : A Philosophical Exchange*, London : Routledge, pp. 59-74.

Freud, Sigmund [1911] 'On the Mechanism of Paranoia', in *Sigmund Freud : Collected Papers Vol. 3*, trans. Alix and James Strachey, New York : Basic Books, 1959, pp. 444-66.

— [1913] *Totem and Taboo : Some Points of Agreement between the Mental Lives of Savages and Neurotics* (Totem und Tabu), *The Pelican Freud Library Vol. 13*, London : Penguin, 1990, pp. 43-224.

— [1914] 'On Narcissism : An Introduction' ('Zur Einführung des Narzismus'), *The Pelican Freud Library Vol. 11*, London : Penguin, 1991, pp. 59-97.

— [1917] 'Mourning and Melancholia' ('Trauer und Melancholie'), *The Pelican Freud Library Vol. 11*, London : Penguin, 1991, pp. 245-68.

— [1923] *The Ego and the Id* (Das Ich und das Es), *The Pelican Freud Library Vol. 11*, London : Penguin, 1991, pp. 339-407.

— [1930] *Civilisation and Its Discontents* (Das Unbehagen in der Kultur), *The Pelican Freud Library Vol. 12*, London : Penguin, 1991, pp. 243-340.

Gates, Henry Louis Jr (1992) 'The Master's Pieces : On Canon-Formation and the African-American Tradition', in H.L. Gates (ed.) *Loose Canons : Notes on the Culture Wars*, Oxford : Oxford University Press, pp. 17-42.

Gilroy, Paul (1993) *The Black Atlantic : Modernity and Double Consciousness*, London : Verso.

Goldberg, Jonathan (1997) 'Strange Brothers', in Eve Sedgwick (ed.) *Novel-Gazing : Queer Readings in Fiction*, Durham and London : Duke University Press, pp. 465-82.

Hardy, Thomas [1891] Tess of the d'Urbervilles, David Skilton (ed.), London : Penguin, 1978.

Hegel, G. W. F. [1807] *Phenomenology of Spirit* (Phänomenologie des Geistes), trans. A.V. Miller, Oxford : Oxford University Press, 1979.

Hood Williams, John and Wendy Cealy Harrison (1998) 'Trouble With Gender', *The Sociological Review* 46 (1) : 73-94.

hooks, bell (1996) 'Is Paris Burning?', in bell hooks *Reel to Real : Race, Sex, and Class At the Movies*, London : Routledge, pp. 214-26.

Hovey, Jaime (1997) "'Kissing a Negress in the Dark" : Englishness as Masquerade in Woolf's *Orlando*', *PMLA* 112 (3) : 393-404.

Hull, Carrie (1997) 'The Need in Thinking : Materiality in Theodor W. Adorno and Judith Butler', *Radical Philosophy* 84, July/August : 22-35.

Hyppolite, Jean [1946] *Genesis and Structure of Hegel's 'Phenomenology of Spirit'* (*Genèse et Structure de la 'Phenomenologie de l'Esprit'*), trans. Samuel Cherniak and John Heckman, Evanston : Northwestern University Press, 1974.

Inwood, Michael (1982) *Hegel Dictionary*, Oxford : Blackwell.

Kojève, Alexandre [1941] *Introduction to the Reading of Hegel : Lectures on the Phenomenology of Spirit* (*Introduction à la Lecture de Hegel : Leçons sur la Phenomenologie de l'Esprit*), trans. James H. Nichols Jr, New York : Basic Books, 1969.

Kristeva, Julia (1982) *Powers of Horror : An Essay on Abjection* (Pouvoirs de l'Horreur. Essai sur l'Abjection), trans. Leon S. Roudiez, New York : Columbia University Press.

Lacan, Jacques [1949] 'The Mirror Stage as Formative of the Function of the I as Revealed in Psychoanalytic Experience', in Jacques Lacan *Écrits : A Selection*, London : Routledge, 1977 ; reissued 2001, pp. 1-7.

— [1958] 'The Signification of the Phallus', in Jacques Lacan *Écrits : A Selection*, London : Routledge, 1977 ; reissued 2001, pp. 281-91.

Larsen, Nella (1928, 1929) *Quicksand and Passing*, Deborah E. MacDowell (ed.), New Brunswick, New Jersey : Rutgers University Press, 1986.

Lovell, Terry (1996) 'Feminist Social Theory', in Brian S. Turner (ed.) *The Blackwell Companion to Social Theory*, Oxford : Blackwell, pp. 307-39.

MacKinnon, Catharine A. (1993) *Only Words*, Cambridge, Mass. : Harvard University Press.

McNay, Lois (1999) 'Subject, Psyche and Agency : The Work of Judith Butler', *Theory, Culture and Society* 16 (2) : 175-93.

Moi, Toril (1999) *What Is a Woman? and Other Essays*, Oxford : Oxford University Press.

Nietzsche, Friedrich [1887] *On the Genealogy of Morals* (*Zur Genealogie der Moral*), trans. Douglas Smith, Oxford : Oxford University Press, 1996.

Nussbaum, Martha (1999) 'The Professor of Parody', *New Republic*, 22 February. Online. Available at : http : //www.tnr.com/archive/0299/022299/nussbaum

02_2299.html
O'Driscoll, Sally (1996) 'Outlaw Readings : Beyond Queer Theory', *Signs : Journal of Women in Culture and Society* 22 (1) : 30-49.
Prosser, Jay (1998) *Second Skins : The Body Narratives of Transsexuality*, New York : Columbia University Press.
Rajan, Tilottama (1993) 'Autonarration and Genotext in Mary Hays' *Memoirs of Emma Courtney*', *Studies in Romanticism* 32 : 149-76.
Rée, Jonathan (1987) *Philosophical Tales : An Essay on Philosophy and Literature*, London : Methuen.
Rubin, Gayle (1975) 'The Traffic in Women : Notes on the "Political Economy" of Sex', in Rayna R. Reiter (ed.) *Towards An Anthropology of Women*, New York : Monthly Review Press, pp. 157-210.
Sartre, Jean Paul [1943] *Being and Nothingness : An Essay in Phenomenological Ontology* (*L'Être et le Néant : Essai d'Ontologie Phénoménologique*), trans. Hazel E. Barnes, London : Methuen, 1977.
Saussure, Ferdinand de [1916] *Course in General Linguistics* (*Cours de Linguistique Générale*), trans. Roy Harris, London : Duckworth, 1983.
Sedgwick, Eve (1990) *Epistemology of the Closet*, London : Penguin.
— (1994) *Tendencies*, London : Routledge.
Shildrick, Margrit (1996) 'Judith Butler', in Stuart Brown, Dina Collinson and Robert Wilkinson (eds) *Blackwells Biographical Dictionary of Twentieth-Century Philosophers*, Oxford : Blackwell, pp. 117-18.
Sinfield, Alan (1996) 'Diaspora and Hybridity : Queer Identities and the Ethnicity Model', *Textual Practice* 10 (2) : 271-93.
Singer, Peter (1983) *Hegel*, Oxford : Oxford University Press.
Thurschwell, Pamela (2000) *Sigmund Freud*, London : Routledge.
Warner, Michael (1993) *Fear of a Queer Planet : Queer Politics and Social Theory*, Minneapolis : University of Minnesota Press.
Watts, Carol (1992) 'Releasing Possibility into Form : Cultural Choice and the Woman Writer', in Isobel Armstrong (ed.) *New Feminist Discourses : Critical Essays on Theories and Texts*, London : Routledge, pp. 83-102.
Wittig, Monique (1992) *The Straight Mind and Other Essays*, Boston : Beacon Press.

Elizabeth Wright (ed.) (1992) *Feminism and Psychoanalysis : A Critical Dictionary*, Oxford : Blackwell.

Yeghiayan, Eddie (2001) *Bibliography of Works By and On Judith Butler.*

Online. Available at : http : //sun3.lib.uci.edu/indiv/scctr/Wellek/butler/html (accessed on 23 January 2001).

● 버틀러의 저작

ㄱ

ㄴ

주디스 버틀러의 철학과 우울

2009년 7월 1일 초판 1쇄 발행
2015년 1월 15일 3쇄 발행

지은이 | 사라 살리
옮긴이 | 김정경
펴낸이 | 노경인 김주영

펴낸곳 | 도서출판 앨피
출판등록 | 2004년 11월 23일 제2011-000087호
주소 | 우)120-842 서울시 영등포구 영등포로5길 19 동아프라임밸리 1202-1호
전화 | (02)336-2776 팩스 | 0505-115-0525
전자우편 | lpbook12@naver.com
홈페이지 | www.lpbook.co.kr

ISBN 978-89-92151-11-5